GRIEBEN/ZENTRALSCHWEIZ

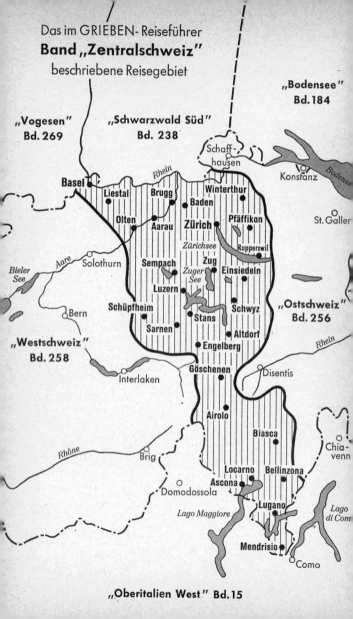

GRIEBEN-REISEFÜHRER

Band 257

ZENTRALSCHWEIZ

mit Tessin

Basel
Luzern
Zürich
Vierwaldstätter See

VERLAG KARL THIEMIG AG MÜNCHEN

Vorbemerkung

Diese Auflage wurde wiederum in Zusammenarbeit mit den zuständigen Stadt- und Gemeindeverwaltungen sowie den Verkehrsämtern des Gebiets vollständig überarbeitet und auf den neuesten Stand gebracht. Ihnen und ebenso allen GRIEBEN-Benutzern welche diese Arbeit durch freundliche Mithilfe und Hinweise unterstützt haben, danken Verlag und Redaktion.

Die Informationen wurden von fachkundigen Mitarbeitern und der Redaktion sorgfältig zusammengestellt und überprüft. Für Irrtümer kann jedoch keine Verantwortung übernommen werden.

Falls Sie bisher noch nicht mit GRIEBEN gereist sind, ist sicher der Hinweis nützlich, daß alle Bände unserer Serie nach einem einheitlichen Schema aufgebaut sind. Das folgende Inhaltsverzeichnis gibt hierüber Aufschluß. Damit ist GRIEBEN einerseits für die **Vorbereitung**, zum andern zum Gebrauch **während** der Reise, also an Ort und Stelle, und schließlich zur Vertiefung der Eindrücke **nach** der Reise geeignet.

Wie lassen sich die vielfältigen Informationen dieses Reiseführers erschließen? — Zur Vorbereitung gibt die Lektüre des ALLGEMEINEN TEILS einen möglichst umfassenden Überblick. Die PRAKTISCHEN VORBEMERKUNGEN weisen auf wichtige Details wie Währung und Zollbestimmungen, Verkehrsverhältnisse, Fragen der Unterkunft und Küche, Camping, Jugendherbergen und vieles andere hin. Der HAUPTTEIL schließlich informiert in alphabetischer Reihenfolge über die bedeutsamen Orte und Landschaften, ebenso über die Wander- und Ausflugsziele der jeweiligen Umgebung.

Die **Streckenbeschreibungen** und **Tourenvorschläge** erleichtern die Ausarbeitung der individuellen Reiseroute. Das **Orts- und Sachverzeichnis** enthält alle im Hauptteil erwähnten Orte, auch die Wander- und Ausflugsziele; schlagen Sie also stets auch hier nach. — Die mehrfarbige **Einsteckkarte** soll lediglich einer Vor-Information dienen; ziehen Sie auch die Kartenhinweise zu Rate. Die **Übersichtskarten** im Text stellen die Verkehrsnetze für Eisenbahn, Bus, Fährlinien usw. dar, die **Gebietsübersichten** heben Schwerpunkte des betreffenden Reisegebietes hervor, die **Stadtpläne** und Lageskizzen erleichtern Stadtbesichtigungen und Rundgänge.

Und schließlich: Waren Sie mit diesem GRIEBEN-Reiseführer zufrieden, freut uns Ihre Zustimmung. Haben Sie Verbesserungsvorschläge, lassen Sie sie uns wissen. So tragen auch Sie zur ständigen Aktualisierung bei, denn jeder Band wird alle zwei bis drei Jahre neu bearbeitet. Für Ihre Hilfe danken wir Ihnen.

Verlag Karl Thiemig AG
— GRIEBEN-Redaktion —
Postfach 90 07 40, 8000 München 90

Inhaltsverzeichnis

Allgemeines

Landschaftsbild und geographische Gliederung 7
Klima und Wetter 12
Pflanzen- und Tierwelt 13
Bevölkerung und Brauchtum 15
Aus der Geschichte 15
Staat und Verwaltung 21
Aus der Kunstgeschichte 23
Wirtschaft 26

Praktische Vorbemerkungen

Auskunftstellen 28
Reisezeit und Reiseziele 29
Grenzverkehr 31
Zollbestimmungen 31
Währung 32
Spezielle Hinweise 32
Unterkunft und Verpflegung 34
Campingplätze 38
Jugendherbergen 39
Verkehrshinweise 39
Sportmöglichkeiten 44
Veranstaltungen 45
Kartenhinweise 45

Streckenbeschreibungen und Tourenvorschläge

Für den Autoreisenden 46
Für den Bahnreisenden 57
Für den Schiffsreisenden 57
BAHNSTRECKENKARTE 59
Für den Wanderer 60
Für den Radwanderer 61

Sehenswürdigkeiten

Burgen, Schlösser, Ruinen 62
Kirchen und Klöster 62
Profanbauwerke 64
Museen und Sammlungen 64

Orts- und Landschaftsbeschreibungen

Aarau — Basel . . . . 66—80
BASEL, Innenstadtplan 83
Beinwil am See—Erstfeld . . . . 85—104
Faido — Lago di Lugano . . . . 105—111
LUGANER SEE, Übersichtskarte 113
LAGO MAGGIORE, Übersichtskarte 115
Liestal — Luzern . . . . 116—126
LUZERN, Innenstadtplan 129
Magadino — Rigi . . . . 135—152
Sarnen — Ticino . . . . 153—163
TESSIN, Übersichtskarte 165
Uster — Vierwaldstätter See . . . . 166—169
VIERWALDSTÄTTER SEE, Übersichtskarte 171
Wägitaler See — Zürich . . . . 172—179
ZÜRICH, Innenstadtplan 181
Zürichsee — Zurzach . . . . 189—192

Orts- und Sachverzeichnis 194

Titelbild: Urner See mit Urirotstock. (Foto: Verkehrssekretariat Zentralschweiz, Luzern; Diplomfotografin Rs. Aschwanden, Flüelen)
Zeichnungen und Pläne: B. und F. Lerche

© 1962, 1967, 1971, 1975, 1979 GRIEBEN-Verlag GmbH, München

Gesamtherstellung:
Karl Thiemig, Graphische Kunstanstalt und Buchdruckerei AG, München
Printed in Germany

ISBN 3-521-00237-3

Allgemeines

Landschaftsbild und geographische Gliederung

Eine stets aufs neue beeindruckende Vielfalt gewinnt die Schweiz einerseits aus ihren drei großen Landschaftsteilen — dem Jura, dem Mittelland und den Alpen — und andererseits aus ihren vier Kulturkreisen — dem deutschen, französischen, italienischen und dem rätoromanischen Sprachraum.

Der Jura bildet den nordwestlichen Teil des Landes. Er setzt sich bei Genf aus dem Französischen Jura fort und zieht sich in langen Parallelketten nach Nordosten bis zum Bodensee, wo er in den Schwäbischen Jura übergeht. Nach Nordwesten grenzt er mit den Hochflächen der Franches Montagnes (der Freiberge) und um La Chaux-de-Fonds an den Burgundischen Jura, nach Südosten bricht er jäh zum Schweizer Mittelland ab.

An den Jura schließt sich nach Südosten das Schweizer Mittelland an, das sich mit Höhenlagen bis 450 m vom Genfer See zum Bodensee hinzieht. Mit seinen Hügeln und Flüssen, seinen Wäldern und Matten und seinen Seen vor dem immer wieder sichtbaren Hintergrund der Alpenkette ist es ausgesprochen abwechslungsreich und lieblich. Mit Sandstein und Nagelfluh gehört es vor allem dem Tertiär an, die breiteren Täler und vorgelagerten Seen sind das Ergebnis eiszeitlicher Gletscherströme. Das Mittelland ist äußerst fruchtbar, und hier konzentriert sich mit den größten Städten der Schweiz auch das kulturelle und wirtschaftliche Leben des Landes.

Südlich an das Mittelland grenzt jene Landschaft an, die — eigentlich zu Unrecht für die beiden anderen Teile — die Schweiz in der ganzen Welt berühmt gemacht hat: die Alpen. Den Übergang vom Mittelland zu den Hochalpen vermitteln die nördlich gelegenen Kalksteinketten der Voralpen mit berühmten Aussichtsbergen wie Säntis, Rigi, Pilatus und Niesen.

Die Massive der Zentralkette weisen fast ausnahmslos hochalpines Gepräge auf und umfassen in den Berner Alpen die gewaltigsten Gletscherbildungen der Alpen überhaupt. Sie beginnt im Westen mit den Waadtländer Alpen, die abrupt aus dem Rhonetal zwischen Martigny und Villeneuve ansteigen und sich in den Berner Alpen fortsetzen, die bis zum Haslital und Grimselpass reichen. Unter ihren Gipfeln sind zehn Viertausender; der höchste

Allgemeines

ist das Finsteraarhorn (4274 m), der berühmteste die Jungfrau (4158 m).

Die Südkette grenzt sich von der Zentralkette durch die Linie Rhonetal–Furka–Gotthard–Vorderrheintal ab. Nicht unmittelbar zu ihr gehörend, liegen zunächst ganz im Westen der Savoyer Alpen zwischen dem Col du Bonhomme im Westen und dem Rhonetal im Osten. Die höchsten Erhebungen auf Schweizer Boden sind die Dents du Midi (Haute Cime, 3257 m). Zwischen dem Großen St. Bernhard und dem Simplon schließt sich nach Osten das gewaltige Gebirgsmassiv der Walliser Alpen an, auf deren Hauptkamm die schweizerisch-italienische Grenze verläuft. Im Westen bis zum Theodulpass erhebt sich zunächst die Arollagruppe mit zahlreichen Viertausendern. Vom Hauptkamm zweigen mehrere Höhenzüge mit gewaltigen Gipfeln wie dem 4506 m hohen Weisshorn und der 4357 m hohen Dent Blanche nach Norden ab. In ihrer Mitte erhebt sich das Matterhorn, der schönste und kühnste der Alpengipfel. Zwischen Theodulpass und Simplon liegt die Monte-Rosa-Gruppe mit der Dufourspitze (4634 m), der höchsten Erhebung der Schweiz.

Im Hauptkamm folgen die Simplongruppe mit dem Monte Leone (3553 m), darauf die Gotthardgruppe (Piz Blas 3019 m) bis etwa zum Lukmanierpass und die Adula-Alpen (Rheinwaldhorn 3402 m) bis zum Splügen. Die drei zuletzt genannten Gruppen umschließen von Norden her das Massiv der Tessiner Alpen (Monte Basodino 3273 m), die sich nach Süden zum Lago Maggiore und zum Lago di Lugano absenken. Vor der oberitalienischen Tiefebene liegen noch die Luganer Alpen mit dem 1702 m hohen Monte Generoso als Teil des südlichen Kalkalpenzuges der Ostalpen.

Die Hochregion der Zentralalpen ist vergletschert. Der größte Schweizer Gletscher, der Große Aletschgletscher, liegt in den Berner Alpen im Kanton Wallis und ist mit seinen 170 qkm genauso groß wie der ganze Halbkanton Appenzell-Innerrhoden.

Die Schweiz besitzt viele Hochalpenpässe. Die bekanntesten unter ihnen sind Gotthard, Simplon, Furka, Grimsel, Klausen, Susten, Brünig, Oberalp, Lukmanier, San Bernardino, Maloja und Bernina.

Alpenpässe der Zentralschweiz

		Höhe	Länge	Steigung
St.-Gotthard-Pass	Andermatt–Airolo	2108 m	27 km	12 %
Furkapass	Gletsch–Hospental	2431 m	28 km	10 %
Grimselpass	Meiringen–Gletsch	2165 m	37 km	10 %
Oberalppass	Andermatt–Disentis	2044 m	34 km	10 %

Landschaftsbild und geographische Gliederung

Sustenpass	Wassen–Innertkirchen	2224 m	47 km	9 %
Lukmanierpass	Disentis–Biasca	1916 m	62 km	9 %
Klausenpass	Altdorf–Linthal	1948 m	48 km	9 %
Brünigpass	Meiringen–Sarnen	1007 m	27 km	8 %
Nufenenpass	Ulrichen–All'Acqua	2478 m	38 km	10 %

Die Schweizer Alpenpässe sind im allgemeinen von etwa Mitte Juni bis Ende September schneefrei; bei unsicherer Witterung und in den Wintermonaten sind die Mitteilungen der Automobilclubs zu beachten.

Zu den wichtigsten Flüssen der Schweiz gehören im Engadin der Inn, in der Nordostschweiz der aus verschiedenen Quellflüssen entstehende Rhein, der den Bodensee und den Untersee durchfließt und von Sargans bis Basel die Ost- und Nordgrenze der Schweiz bildet, ferner im Wallis die Rhone, die an der Furka aus dem nach ihr benannten Gletscher entspringt und durch den Genfer See fließt. Südlich des Gotthard entspringt der Ticino, der durch den Lago Maggiore dem Po zustrebt. Ein großer Fluß, dem eine besondere Bedeutung zukommt, ist die Aare. Sie entspringt an der Grimsel, durchfließt in einem weiten Halbkreis die ganze westliche Deutschschweiz und berührt dabei u. a. den Brienzer und Thuner See, Bern, den Bieler See, Olten und Aarau; bei Koblenz (Kanton Aargau) mündet sie in den Rhein. Zudem nimmt sie noch die vom Gotthard kommende und durch den Vierwaldstätter See fließende Reuss sowie den Abfluß des Zürichsees, die Limmat, auf.

Die Gewässer der Schweiz fließen in drei verschiedene Meere: durch den Rhein in die Nordsee; durch den Tessin und den Po sowie die Rhone in Adria und Mittelmeer; durch den Inn und die Donau ins Schwarze Meer.

Im Gebiet der Zentralschweiz findet man einige größere Seen vor, die eiszeitlichen Ursprungs sind. Größter ist der Vierwaldstätter See mit mehreren Verzweigungen (113 qkm), ihm folgen der Zürichsee (88 qkm) und der Zuger See (38 qkm). Am Lago Maggiore (212 qkm) hat die Schweiz nur geringen Anteil, während der größere Teil des Lago di Lugano (49 qkm) zum Tessin gehört.

Das in diesem Band besprochene Gebiet umspannt die Kantone Uri, Schwyz, Unterwalden mit den Halbkantonen Obwalden und Nidwalden, Luzern, Zug und Zürich sowie Aargau, Basel-Landschaft und Basel-Stadt, ferner, im Süden, den Tessin.

Kanton Uri

Umgeben von den Kantonen Schwyz, Glarus, Graubünden, Tessin, Wallis, Bern und Unterwalden, umfaßt der Kanton Uri, trotz sei-

Allgemeines

ner geringen Bevölkerungszahl von nur 34 000 Einwohnern, eine Fläche von 1075,2 qkm, die sich vom Urner See bis zum Gotthardmassiv erstreckt. Es ist ein typisches Hochalpen- und Paßland, das als Urkanton die eidgenössische Geschichte mitgestaltete. Hier liegen am Urner See, dem Südarm des Vierwaldstätter Sees, das Rütli, die Stätte des Treueschwures, am anderen Ufer die Tellplatte, auf die der flüchtende Tell seinen Fuß gesetzt haben soll, und am Ende des Sees Altdorf, heute Kantonshauptort und sehr wahrscheinlich der Ort des Gessler-Gerichtes. Der Gotthardpass bildet den Mittelpunkt der großen transkontinentalen Verkehrsachse zwischen Nord und Süd; er ist zugleich Trennungslinie von Klima und Gewässern, von Kultur, Sprache und Sitten.

Kanton Schwyz

Einer der Urkantone ist der Kanton Schwyz. Zu ihm gehören der nordöstliche Arm des Vierwaldstätter Sees, das Südufer des Zuger Sees, ein Stück des Zürichsees und schließlich das Gebiet des Obersees, Sihlsees und Wägitaler Sees. Hier vereinen sich der königliche Rigi (ursprünglich die Rigi, neuerdings jedoch vorwiegend der Rigi genannt), gegen Südosten die Bergwelt des Muotatales, die Skigebiete an Sattel und Oberiberg und schließlich, als Wahrzeichen des Kantons, die beiden Mythen, zu deren Füßen die Kantonshauptstadt, der Flecken Schwyz, liegt. Gegen Norden liegt der Wallfahrtsort Einsiedeln mit seiner berühmten Barockabtei.

Kanton Unterwalden

Der Kanton Unterwalden mit seinen beiden Halbkantonen **Obwalden** und **Nidwalden** ist durchwegs Gebirgsland. Er grenzt im Norden an Luzern und den Vierwaldstätter See, dessen Ufer bei Hergiswil, Beckenried und Ennetbürgen zu Nidwalden gehören. An der Südgrenze ragt der vergletscherte Titlis auf, an dessen nördlichen Ausläufern Engelberg liegt, der bekannte Kur- und Wintersportplatz mit zahlreichen Bahnen und Liften. Im Norden erhebt sich steil über den Ufern des Vierwaldstätter Sees der Bürgenstock.

Kanton Luzern

Der Kanton Luzern grenzt an das Nordwestende des Vierwaldstätter Sees und zieht sich von hier aus nach Norden. Er ist landschaftlich sehr vielgestaltig. Das Mittelland umschließt den Baldegger, den Sempacher und, zur Hälfte, den Hallwiler See. Anziehend ist die Landschaft des Entlebuch mit den von hier aus sich nach Süden ziehenden Tälern und Bergrücken (Brienzer Rothorn an der Südgrenze). Am Vierwaldstätter See erstreckt sich gegen Süden die

Bucht von Hergiswil, und auf der Rigiseite liegen die klimatisch begünstigten Ufergebiete um Weggis und Vitznau, Kur- und Badeorte von internationalem Ruf.

Am Fuß des Pilatus liegt die sehenswerte, gepflegte alte Stadt Luzern, mit schönen Kais an den Seeufern und herrlichen Ausblicken auf die Berge. Die alljährlichen Musikfeste finden ein weit über die Schweiz hinausreichendes Interesse.

Kanton Zug

Der Kanton Zug zählt zu den kleineren Kantonen der Schweiz. Hier gehen Mittelland und Voralpen ineinander über. Die Hauptstadt Zug liegt am Ufer des Zuger Sees, an dessen östlicher Seite Bahn und Straße in die Innerschweiz und zum Gotthard entlangführen. Auch der liebliche Ägerisee gehört zu diesem Kanton. Im Süden ragt das Rigimassiv empor.

Kanton Zürich

Auch der Kanton Zürich gehört noch zum Schweizer Mittelland, nur das Zürcher Oberland reicht bis an die Vorberge der Alpen. Flußtäler, Moränenlandschaft, Höhenzüge und See kennzeichnen dieses fruchtbare Gebiet mit seinen Wiesen, Obstbaumkulturen, Rebhängen, seinem reichen Ackerland und einer beachtlichen Industrie. Zürich, Hauptstadt und Mittelpunkt des Kantons, ist das bedeutende Verkehrs- und Wirtschaftszentrum der Schweiz, auf kulturellem und wissenschaftlichem Gebiet eine Stadt von internationaler Bedeutung.

Kanton Aargau

Das Gebiet zwischen Rhein, Aare und Reuss umfaßt der Kanton Aargau, ein anmutiger Teil des Mittellandes mit Jurahöhen an der Westgrenze, von wo u. a. die Hochwacht, 772 m, auf dem Homberg westlich des Hallwiler Sees einen prachtvollen Rundblick in die Alpen bietet. Der Aargau ist ein lohnendes Wandergebiet, zugleich aber auch Durchgangsland großer Verkehrslinien. Hauptverkehrsknotenpunkt ist Brugg, in dessen Nähe bereits die Römer die Stadt „Vindonissa", das heutige Windisch, erbauten. Die Kantonshauptstadt Aarau besitzt ein sehenswertes mittelalterliches Stadtbild.

Kanton Basel-Stadt und Basel-Landschaft

Basel-Stadt und Basel-Landschaft sind Halbkantone, von denen ersterer lediglich das Basler Stadtgebiet (37 qkm) an der Dreiländerecke zwischen Deutschland, Frankreich und der Schweiz umfaßt. Juraberge und Schwarzwald laufen dort in einer weiten Talmulde

Allgemeines

aus, durch die der Rhein, hier bereits ein schiffbarer Strom, seinen Weg nach Norden nimmt.

Basel-Landschaft umfaßt die Randgebiete des Jura, die Gegend zwischen Rheintal und Birs sowie die Höhenzüge westlich der Aare. Hauptort ist Liestal; er hat sich noch viel von seinen mittelalterlichen Baudenkmälern bewahrt. Die Berge im Jura (Blauen, Bölchen, Passwang, Hauenstein) sind zwischen 600—900 m hoch und wegen ihrer Aussicht über das Mittelland auf die Alpen berühmt.

Kanton Tessin (Ticino)

Der Tessin ist der südlichste Kanton der Schweiz; er erstreckt sich wie ein mächtiges Dreieck von den Höhen des Gotthardmassivs, sich stets verjüngend, bis zum Lago Maggiore, zum Lago di Lugano und bis zu den Hügeln vor Como in der Lombardei. Nach der Fahrt über den Gotthardpaß oder durch den Tunnel hat man das alpine Hochtal der Valle Leventina vor sich, mit steilen Berghängen und von Felswänden herabstürzenden Wasserfällen. Hoch oben kleben kleine Bergdörfer an den Hängen, und die Vegetation ist noch ganz alpin. Dann weitet sich das Tal, je weiter nach Süden man kommt, und hier beginnt nun der sonnige und vielgepriesene Tessin, die Südterrasse der Schweiz, wo der Weg von den hochalpinen Regionen zu den südlichen Tälern und blauen Seen führt, von den Zirbelkiefern zu den Palmen und einer großartigen, stets wechselnden Landschaft. In den Gärten an den Seeufern wachsen Feigenbäume und Lorbeerbüsche, Pinien und Zypressen, Kamelien, Magnolien und schon Zitrusfrüchte. Die malerischen Orte steigen oft in Terrassen an, sie besitzen schöne Kirchen mit kostbaren Fresken, Altarbildern und anderen Kunstwerken. Burgengekrönt zeigt sich Bellinzona, Locarno bietet ein reizvolles Stadtbild mit schönen Uferpromenaden, Laubengängen und Bauten mit vergitterten Fenstern. Lugano ist Kurstadt mit typisch südlicher Vegetation.

Klima und Wetter

Ebenso unterschiedlich wie die Landschaftsformen sind auch die klimatischen Verhältnisse in der Schweiz. Auf den Höhen des Jura ist das Klima so rauh, daß es bisweilen der Gegend den Beinamen „Schweizer Sibirien" eingetragen hat. Keineswegs in den Hochalpen, sondern um La Brévine im Neuenburger Jura, hart an der französischen Grenze, werden die tiefsten Temperaturen des Landes gemessen. Nur die stark eingeschnittenen Täler bieten mehr Schutz, so daß hier noch Mais und Wein, Gemüse und Obst gedeihen. Im Mittelland ist das Klima mit einem Jahresmittel von 7° bis

10° C milder als in ähnlichen Landschaften Bayerns und Österreichs. Besonders an den Seeufern nimmt es oftmals geradezu südländischen Charakter an.

Das ausgesprochene Hochgebirgsklima hat kühlere Luft. Niederschläge bringen auch im Sommer schnell Abkühlung.

Der Gotthard gilt als Wetterscheide: So herrscht oft auf der Nordseite schlechtes Wetter mit Niederschlägen, während auf der Südseite die Sonne scheint. Ähnliches kann man aber auch am Simplon, am Lötschberg oder am Knie des Rhonetales bei Martigny erleben. Wenn dagegen der Himmel im Norden blau und im Süden grau ist, dann weht vermutlich der Föhn, dem besonders das obere Reusstal, das Tal der Linth mit dem Walensee, das Rhein-, das Rhone- und das Haslital ausgesetzt sind.

Das mildeste Klima der Schweiz mit einem Jahresmittel von 11°–13° C verzeichnet der untere Tessin, „die Sonnenterrasse der Schweiz", an den Ufern des Lago Maggiore, des Lago di Lugano und im Mendrisiotto. Hier strahlt die Sonne schon italienisch heiß, so daß die Gegend für Frühling- und Herbstferien ideal ist, im Sommer kann das Klima drückend, feucht und schwül werden. Ähnlich liegen die Verhältnisse an der „Schweizer Riviera", am Nordufer des Genfer Sees.

Pflanzen- und Tierwelt

Die **Flora** der Schweiz bietet ein vielgestaltiges Bild und wechselt in großer Regelmäßigkeit von den Pflanzengesellschaften des Mittellands und der Täler bis zu den Grenzen, die Schnee und Eis in der Hochregion der Alpen dem pflanzlichen Leben setzen.

Seit dem vorigen Jahrhundert gliedert man die Pflanzenwelt wegen der fortschreitenden Veränderung nach der Höhe in einige übereinanderliegende Stufen.

Die unterste, die Kulturstufe (auch Hügelstufe, colline Stufe, genannt), wird bis zur oberen Grenze der Rebkultur gerechnet. Sie geht im Mittel in der Nordschweiz bis 550 m; in ihr finden sich die Getreidefelder und Obst- und Weingärten. Im Tessin reicht sie bis 700 m, im Wallis bis 800 m. An einzelnen Stellen steigt die Rebe sogar noch höher; so wächst der „Heidenwein" im Vispertal bei Vispertermiken noch bei 1200 m und erreicht damit die größte Höhe in der Schweiz.

Von der Grenze der Rebkultur bis zur oberen Grenze des Laubwaldes bei ungefähr 1700 m erstreckt sich die Laubwaldstufe (montane, auch Bergstufe). In den Laubwäldern wird die Buche mit ihren mittleren Klimaansprüchen als Waldbaum führend; sie

Allgemeines

nimmt etwa 25 % der Schweizer Waldgebiete ein, wogegen auf die anderen Laubbäume nur 5 % entfallen. Von diesen ist der Bergahorn ein rechtes Kind des Bergwaldes.

Nach dem Alpeninnern zu nehmen die Buchenbestände ab, zum vorherrschenden Waldbaum der großen Längstäler wird die Kiefer. Im südlichen Tessintal übernimmt die Edelkastanie, begleitet von der Traubeneiche, die Herrschaft; an geschützten Stellen sind hier und da Lorbeer- und Feigenbäume eingestreut.

An die Laubwaldstufe schließt sich nach oben die **Nadelwaldstufe** (subalpine Stufe) mit den bescheideneren Nadelhölzern an. Hier überwiegt die Fichte. Als wichtigster Waldbaum steht sie mit 40 % der bewaldeten Fläche obenan, allerdings ist mit ihr viel Areal künstlich aufgeforstet worden. Ihre dämmerigen Wälder werden in der Höhe gelockerter, und nun entfalten sich die lichtbedürftigen Lärchen und schließlich die überaus zähen Arven (Zirben), die sich im Engadin und im Aletschwald in der Nähe der Gletscher behaupten. Neben ihnen ist die Bergföhre der genügsamste und widerstandsfähigste Nadelbaum; sie tritt als Legföhre oder in der Landschaft des Ofenpasses als hochstämmiger Baum auf.

In der **alpinen Stufe** (baumlosen Stufe), die von etwa 2350 m bis zur Schneegrenze reicht, kommt neben der strauchartigen Grünerle und den Nadelbüschen der Legföhre oder Krummholzkiefer (Latschen) keine Baumart mehr vor. Dagegen entfalten sich zahlreiche Alpenblumen und Gräser. Vor allem findet sich hier die Königin der Alpenpflanzen, die herrliche Alpenrose. Im Zwergstrauchgürtel wächst noch der Zwergwacholder, die buschige Preisel- und Moorbeere und die Alpen-Azalee. Über dieser Strauchvegetation tun sich in sommerlicher Pracht die Hochweiden mit ihren saftigen Kräutern und Gräsern auf; hier findet man vom Frühsommer bis zum Herbst die zahlreichen Viehherden.

Aber selbst bis in die **Schneestufe** (vivale Stufe) dringen einzelne Vorposten ein; es sind Polsterpflanzen mit kleinen, filzig behaarten Blättern und leuchtenden Blütensternen, die inmitten der gewaltigen Hochgebirgsnatur den Bergsteiger erfreuen.

Die **Fauna** im Mittelland ähnelt der der angrenzenden Gebiete. Dagegen leben in den Alpen charakteristische Tierarten, die die Ebene nicht aufweist und die der Naturfreund auf seinen Wanderungen in den Bergen antreffen kann. Beliebt sind vor allem unter den Säugetieren die Gemsen, die Murmeltiere und der wieder eingebürgerte Steinbock. Hirsche, früher fast ausgerottet, haben sich stark vermehrt und sind fast eine Plage geworden. Ähnlich das Wildschwein, das sich erneut im waadtländischen Jura festgesetzt hat. Die großen Raubtiere Bär, Wolf und Luchs sind seit dem vorigen

Jahrhundert ausgestorben. Der Adler ist selten geworden. In den großen Bergwäldern leben Auerwild, Birkhuhn und Haselhuhn. An Giftschlangen finden sich in einigen Teilen die Kreuzotter und die Viper. Vielgestaltig ist die Insektenwelt in den sonnigen südlichen Tälern.
Die Jagdleidenschaft führte Mitte des vorigen Jahrhunderts dazu, daß alle größeren Alpentiere nahezu ausgerottet waren. Im Jahr 1875 wurde die Verfolgung der Jagdtiere durch ein Bundesgesetz eingeschränkt. Es entstanden nun eine Reihe Reservate, unter denen der vom Schweizer Bund für Naturschutz im Jahr 1909 eingerichtete Schweizer Nationalpark in Graubünden der größte ist.

Bevölkerung und Brauchtum

74 % der Bevölkerung sprechen Deutsch oder vielmehr „Schwyzerdütsch", das sich wiederum in verschiedene Dialekte gliedert (Walliser, Berner, Baseler, Nordostschweizer Dialekt u. a.). In den Schulen lernt der Schweizer jedoch auch Hochdeutsch, in dem er sich mühelos unterhalten kann. 20 % der Schweizer sprechen Französisch, 5 % Italienisch und 1 % Rätoromanisch, jene eigenartige, dem Ladinischen der Dolomiten verwandte Sprache, die sich in Graubünden erhalten hat, dort amtlich anerkannt und in den Schulen gepflegt wird.
Die deutsch-französische Sprachgrenze verläuft quer durch die Schweiz, von Moutier/Münster im Jura über Biel/Bienne, Fribourg/Freiburg, Saanen/Gessenay bis Sierre/Siders im Wallis.
Der deutschsprachige Schweizer gilt in seiner Wesensart als bedächtig, die französisch und italienisch sprechenden Bewohner des Landes besitzen die ganze Lebhaftigkeit ihrer westlichen und südlichen Nachbarn, und die Rätoromanen sind ein Hochgebirgsschlag eigener Prägung. Unzählige Schweizer haben die Geschicke Europas und der abendländischen Kultur entscheidend mitbestimmt: Paracelsus, Zwingli und Calvin, Rousseau und Pestalozzi, Euler, Dunant, Gotthelf, Keller und C. F. Meyer sind nur einige von ihnen.

Aus der Geschichte

Die Schweiz war schon lange vor jeglicher Geschichtsschreibung Siedlungsraum. Zahlreiche Funde in Kiesgruben und in den Höhlen von „Wildkirchli" und „Schweizerbild" sowie in einigen Tälern des Voralpenlandes geben Aufschluß über Menschen des P a l ä o l i t h i k u m s bis etwa 5000 v. Chr., nomadische Jäger, die in den dichten Wäldern des Mittellandes Wild in großer Zahl vorfanden.

Allgemeines

Den Jägern folgten in jahrhundertelangen Bewegungen Siedlergruppen aus dem Norden jenseits des Rheins; sie sind im **Neolithikum** (seit etwa 3000 v. Chr.) an den offenen Seen des Mittellandes sicher nachgewiesen. Es entstanden allenthalben Pfahlbausiedlungen, vor allem am Zürichsee, am Pfäffikersee und am Neuchâteler See, die bis in die La-Tène-Zeit reichen. Um 400 v. Chr. drangen Kelten ein, die den Stamm der **Helvetier** bildeten, ein aktives und sozial höher entwickeltes Volk, das schon eine Art demokratischer Gemeinschaft zusammenhielt. Im Jahr 58 v. Chr. kam es in Gallien zur Schlacht von Bibracte, in der Caesar die Helvetier schlug. Damals begann die Zeit der **Pax Romana** und mit ihr auch die eigentliche Geschichte der Schweiz. Helvetien wurde römische Provinz und erlebte eine Zeit reger Kolonisation; Schutzwälle, Kastelle und Legionslager wurden errichtet und bereits vorhandene Orte zu richtigen Städten ausgebaut, darunter die Plätze „Augusta Rauricorum" (Basel-Augst am Rhein), „Aventicum" (Avenches im Mittelland), „Aquae" (Baden an der Limmat), „Castrum Turicense" bzw. „Turicum" (Zürich am See), „Vitodurum" (Winterthur), „Tenedo" (Zurzach am Rhein) und „Arbor felix" (Arbon am Bodensee). Die Römer nützten die Heilquellen und brachten ihre hochentwickelte Kunst des Haus- und Straßenbaus mit.

Im Land selbst ließen sich nur wenige Römer nieder, jedoch übernahm die einheimische Bevölkerung mehr oder weniger römische Lebensgewohnheiten, eignete sich römisches Kulturgut an und assimilierte sich auch sprachlich. – Auch die schon früh besiedelten Täler des Tessins wurden von Süden her von den Römern besetzt. Diese bauten die ersten Paßwege über die Alpen, so den Großen St. Bernhard, den San Bernardino, den Splügen. So sind Spuren der römischen Militärstraßen und Kunstbauten in den Alpen noch heute sichtbar.

Im 3. Jahrhundert brach von Norden her zum ersten Mal der germanische Volksstamm der **Alemannen** ins Land ein und verheerte es; die Hauptstadt Aventicum ging in Flammen auf. Diesem Einfall folgten später weitere, so daß nur wenige Jahrzehnte lang unter tüchtigen römischen Kaisern Ruhe herrschte. Nach dem Zusammenbruch des römischen Kaiserreichs in den Stürmen der **Völkerwanderungszeit** wanderten germanische Stämme ein. Von Südwesten her kamen um die Mitte des 5. Jh. als friedliche Zuwanderer die Reste der **Burgunder** in die Westschweiz; ihre Könige wählten Genf zur Hauptstadt. Von Norden her drangen, nunmehr als Eroberer, die Alemannen wieder ein und setzten sich in der nördlichen Schweiz für immer fest. Diese Vorgänge erklären das gegenwärtige Bild mit der Zweiteilung in die welsche (französische) und deutsche Schweiz. Das raetische Graubünden blieb als abgelegenes Gebirgsland unberührt, es war Rückzugsgebiet romanischer Bevölkerung. Im 3. und 4. Jh. waren nordische Stämme über den Alpenkamm nach Süden vorgedrungen und hatten die Lombardei besetzt. Nun überschritten 590 die Franken den Lukmanierpass und schlugen die Langobarden im Tessin, dabei wurde erstmals die Festung Bellinzona genannt. Aber für die nächsten Jahrhunderte blieb der Tessin im Einflußbereich oberitalienischer Herzöge.

In späteren Jahrhunderten geriet das Gebiet der Schweiz unter die Herrschaft der F r a n k e n und gehörte dann auch zum Reich Karls des Großen. Schon zur Römerzeit war der neue Glaube des Christentums gelehrt worden; nun legte der hl. Gallus, aus dem keltischen Irland stammend, den Grund für die Christianisierung der Alemannen. Unter den schwächlichen Nachfolgern Karls des Großen löste sich das Land wieder in seine Hauptteile auf: Raetien und Alemannien verblieben beim Reich, wogegen die Westschweiz einen Teil des selbständigen Königreichs Burgund bildete.

Die Anfänge der heutigen **Eidgenossenschaft** gehen ins 13. Jh. zurück. In der „kaiserlosen, der schrecklichen Zeit", in der einzelne mächtige Fürstenhäuser ihren Besitz auf Kosten der schwachen Teile des Reiches vermehrten, beunruhigte die Bauerngemeinden und Städtchen der Innerschweiz die wachsende Macht und Bogehrlichkeit des Hauses H a b s b u r g, das in der Nord- und Ostschweiz Besitzungen hatte. Die drei Waldstätten U r i, S c h w y z und U n t e r w a l d e n, kleine Länder im Herzen der heutigen Schweiz, wollten sich die freie und genossenschaftliche Form des Zusammenlebens erhalten. Uri, das waren die Bewohner der Talschaften der oberen Reuss und deren Seitentäler; Schwyz bildete der Ort Schwyz und das Muotatal; Unterwalden bestand aus Nidwalden an der Engelberger Aa und Obwalden an der Sarner Aa. Als im Jahr 1291 Rudolf, der erste Habsburger auf dem Königsthron, starb und schwere Kämpfe um die Nachfolge vorauszusehen waren, schlossen sich die drei Nachbarlandschaften (Uri, Schwyz und Nidwalden) auf dem Rütli (unterhalb Seelisberg am Vierwaldstättersee) zu einem Landfriedensbund („Ewiger Bund") zusammen, in dem sie sich Schutz und Beistand bei Bedrängnis gelobten und zugleich erklärten, jeden Richter abzulehnen, der nicht Einwohner der Täler sei. Damit war die Eidgenossenschaft geboren. Im Gebäude des Bundesarchivs in Schwyz wird ein in lateinischer Sprache zwischen Schwyz, Uri und Nidwalden abgefaßter, vom 1. August 1291 datierter Bundesbrief aufbewahrt. Mit dem Beitritt von Obwalden wurden es „Vier Waldstätten". (Der 1. August ist der Nationalfeiertag der Schweiz.) Die Reaktion der Habsburger ließ auf sich warten;

Allgemeines

erst im Jahre 1315 rückte ein glänzendes Ritterheer der Herzöge Friedrich und Leopold zur Unterwerfung der bäuerlichen Waldstätten siegesbewußt heran. Es wurde jedoch von deren Volksheer bei Morgarten im Engpaß am Ägerisee überrascht und in die Flucht geschlagen. Erst später entstand die urschweizerische Befreiungssage vom Rütlischwur und von der Tat des Schützen Tell.

Im gleichen Jahr des Sieges erneuerten die drei Waldstätten feierlich in Brunnen den „Ewigen Bund". Luzern, durch den Vierwaldstätter See mit den drei Ländern verbunden, schloß sich 1332 als erste Stadt an. Zürich, schon damals eine ansehnliche Reichsstadt, folgte 1351, das gleiche taten im nächsten Jahr Glarus und Zug, 1353 trat das angesehene Bern, eine Gründung des Herzogs von Zähringen, nun auch Freie Reichsstadt, dem Bund bei. So hatte sich dieser von den drei kleinen Ländern, der sogenannten Urschweiz, auf acht erweitert.

Im Jahr 1386 besiegte ihr Aufgebot ein neues Ritterheer der Habsburger bei Sempach (nordwestlich von Luzern). Die Glarner hatten im Jahr 1388 in der Schlacht bei Näfels (nördlich Glarus) ebenfalls ein Habsburgerheer besiegt. So erkannten endlich im Friedensvertrag von 1394 die Habsburger die Eidgenossenschaft an.

Bei ersten Ausdehnungsbestrebungen besetzten die Urner das Livinental jenseits des Gotthard, das bisher im Besitz des Herzogs von Mailand gewesen war. Im Norden eroberten die Eidgenossen den bisher habsburgischen Aargau; nun war das Haus Habsburg aus seinen Gebieten links des Rheins verdrängt.

Nach einer kurzen Zeit wirtschaftlichen Aufstiegs, der vor allem dem Durchgangsverkehr von Nord nach Süd auf den hohen Paßstraßen, besonders über den Gotthard, zu verdanken war, gerieten die Eidgenossen durch das nach Westen ausgreifende, gewichtige Bern in eine Auseinandersetzung mit Herzog Karl dem Kühnen von Burgund. Sie schlugen im März 1476 dessen heranziehendes Heer bei Grandson (am Südwestufer des Neuenburger Sees) in die Flucht und vernichteten ein zweites im Juni des gleichen Jahres bei Murten. Schließlich wurde Karl bei Nancy nochmals geschlagen und verlor in der Schlacht sein Leben. Durch diese mit großer Tapferkeit errungenen Siege hatten die Eidgenossen in Europa starkes Ansehen gewonnen. Schweizer Krieger wurden von anderen Mächten gern als Söldner („Reisläufer") eingestellt und kämpften in deren Kriegen für fremde Interessen. Auch im sogenannten Schwabenkrieg von 1499 und in der blutigen Schlacht an der Calven (am Eingang vom Vinschgau ins Münstertal) waren die Eidgenossen gegen Österreich siegreich und ihre Geltung stieg weiter. Nun traten auch Fribourg (1481), Solothurn (1481), Basel

(1501) und Schaffhausen (1501) dem Bund bei. Nach dem Frieden von Freiburg (1516) fiel auch der überaus bedeutsame Weg über den Gotthardpaß endgültig an die Eidgenossen.

Die Lehren Luthers, die im 16. Jahrhundert das deutsche Volk erregten und in zwei Lager spalteten, erfaßten auch das Schweizervolk. Zum Führer der Reformation wurde hier Ulrich Zwingli (1484–1531), zuletzt Pfarrer in Zürich. In den Kantonen überließ man die Entscheidung über den neuen Glauben den einzelnen Gemeinden. So kam es zur konfessionellen Zersplitterung des ganzen Landes, ja schließlich zu erbitterten Auseinandersetzungen mit den Waffen. Im Kampf zwischen Zürich und den inneren Orten, die am alten Glauben festhielten, fiel Zwingli in der Schlacht bei Kappel, an der er als Feldprediger teilgenommen hatte. In der Westschweiz wurde Genf unter Johann Calvin (1509–1564) zur Hochburg der Reformierten. Als Oberhaupt der Stadt schuf er die moralisch strenge Lehre des Calvinismus, die stark auf Frankreich und England wirkte. Zwar rissen die konfessionellen Streitigkeiten immer wieder Klüfte in der Eidgenossenschaft auf, doch blieben dem Land die großen Verwüstungen erspart, wie sie Deutschland im Dreißigjährigen Krieg erlitt. Am Ende des Großen Krieges gelang es dem Basler Bürgermeister Rudolf Wettstein, in Münster beim Westfälischen Friedensschluß die allgemeine Anerkennung der Eidgenossenschaft als unabhängiger und selbständiger Staat zu erreichen. Dagegen brachten die Wirren um das wichtige Paßland Graubünden, um das sich Frankreich und Venedig mit Österreich-Spanien stritten, schweres Leid über dieses Bergland (das übrigens damals noch nicht zur Eidgenossenschaft gehörte), für dessen Selbständigkeit vor allem die widerspruchsvolle Persönlichkeit Jürg Jenatsch (1596–1639) kämpfte.

Das 18. Jahrhundert brachte eine Zeit reicher Kulturentfaltung. Die schweizerischen Universitäten gewannen Ruhm. Mit Bodmer, Haller und Pestalozzi trat das Land in die europäische Literaturgeschichte ein. Und schließlich vollzog sich in diesem Jahrhundert eine Bewegung der Rückkehr zur Natur. 1705 bezeichnete der Züricher Professor Johann Jakob Scheuchzer in seiner Abhandlung „Von dem Heimwehe" die Schweiz ihrer Berge wegen als ein „Asylum languentium – ein Trost und Heilhaus der Krancken", 1732 veröffentlichte Albrecht von Haller sein Gedicht „Die Alpen", das eine gewaltige Wirkung in ganz Europa hinterließ, und Jean-Jacques Rousseau endlich vollzog den endgültigen Durchbruch zum Drang nach dem Naturerlebnis. Mit seinem 1759–60 entstandenen Roman „La Nouvelle Héloïse" wurde er zum publizistischen Wegbereiter des Zuges nach der Schweiz. Überhaupt verlief dieses Jahrhundert

Allgemeines

ruhiger. In einigen Landstrichen konnte sich eine ausgesprochene Heimindustrie entwickeln (Uhrenherstellung in Genf und im Jura, Textilindustrie im Norden und Osten), ebenso blühte das Handwerk in den Städten auf.

Neue Wirren schuf erst die Französische Revolution von 1789. Wenn auch die sozialen Zustände der Schweiz keinen Vergleich mit denen Frankreichs zuließen, so brachen doch Unruhen aus, und schließlich marschierten die französischen Revolutionsheere ein und proklamierten die **„Helvetische Einheitsrepublik"**. Die alte Eidgenossenschaft ging zugrunde. Die neue von Paris aufgezwungene Staatsverfassung von 1798 galt für ein verkleinertes Staatsgebiet (ohne Genf, Neuenburg, Biel, das Fürstentum Basel, das Veltlin, ja von 1802 ab auch ohne das Wallis). Es waren unruhige Jahre. Große Kriegskosten waren an Frankreich zu zahlen, obgleich bereits die beträchtlichen Goldschätze nach Paris abgeliefert waren. Napoleon zog mit einem Heer über den Großen St. Bernhard. Der russische General Suworow kämpfte sich über den Gotthard durch. Die Ostschweiz wurde zum Kriegsschauplatz im neuen Koalitionskrieg. Durch von Napoleon verfügte Kontinentalsperre traf Produktion und Handel der Schweiz schwer. Schweizer Regimenter mußten an den meisten Feldzügen Napoleons teilnehmen; im furchtbaren Winter des Rußlandfeldzuges von 1812 deckten sie den Rückzug über die Beresina, und nur 700 von Zehntausenden kehrten — meist als Invaliden — in die Heimat zurück.

Nach der Absetzung des Korsen stellte der Wiener Kongreß von 1814/15 die alte Legitimität wieder her und gab der Schweiz die alten Grenzen wieder; das Veltlin ging freilich endgültig verloren. Der Tessin war 1803 souveräner Kanton geworden. Zugleich wurde durch die Großmächte die immerwährende Neutralität der Schweiz anerkannt. Ein neuer Bundesvertrag bildete nun das Grundgesetz der Eidgenossenschaft, er bestand jedoch nur bis zum Jahr 1848. In den inneren Kämpfen um eine liberale Erneuerung, bei denen es 1847 sogar zum „Sonderbundskrieg" gekommen war, wurde im Sommer des Revolutionsjahres 1848 eine neue, zeitgemäße Verfassung geschaffen, auf der nach einer Revision im Jahre 1874 der heutige moderne Bundesstaat beruht.

Der Schweiz ist es gelungen, bewußt und entschlossen in beiden Weltkriegen ihre Neutralität zu wahren, obwohl die geographische und politische Lage für dieses kleine Binnenland äußerst schwierig war. Ihre Bemühungen um Verständigung und Frieden sind durch einige wichtige Ereignisse gekennzeichnet: Unter dem Eindruck des Schlachtfeldes von Solferino (1859) stiftete der Genfer Bürger Henry Dunant das Komitee vom Roten Kreuz, dem die Genfer

Konvention von 1864 zu verdanken ist. In Genf wurde 1920 der Völkerbund ins Leben gerufen, der sich zwei Jahrzehnte lang, wenn auch vergeblich, um Frieden bemühte. Und schließlich wurde dieselbe Stadt nach dem Zweiten Weltkrieg Sitz mehrerer internationaler Institutionen mit dem Ziel der Verständigung und der friedlichen Zusammenarbeit.

Staat und Verwaltung

Die Schweiz ist ein Bundesstaat, der sich aus 23 Kantonen (von denen drei wiederum in je zwei Halbkantone unterteilt sind) zusammensetzt, die allesamt freiwillig der Eidgenossenschaft beigetreten sind. Auf Grund dieser historischen Entwicklung, die auch der Art und den Lebensbedingungen der Bewohner entsprach, ist der Staat weitgehend dezentralisiert, d. h. föderalistisch organisiert, und die Kantone, sowie innerhalb dieser die Gemeinden, haben eine recht große Eigenständigkeit bewahrt. Eine strenge Hierarchie, die ein möglichst reibungsloses Ineinandergreifen der verschiedenen Kompetenzbereiche ermöglicht, ist jedoch schon früh festgelegt worden. Der Bund behielt Alleinrechte (Monopole) wie das Zollwesen, Post, Telegraf und Telefon, Bahnen, das Münzwesen, die Organisation der Armee, Forstwirtschaft, Jagd, Fischerei und Nutzung der Wasserkräfte sowie das Alkoholmonopol. Darüber hinaus „bricht Bundesrecht kantonales Recht", d. h. die kantonalen Verfassungen dürfen in keinem Falle der Bundesverfassung widersprechen. Ein ähnliches Abhängigkeitsverhältnis besteht auch zwischen den Kantonen und Gemeinden. Diese aufgefächerte Kompetenzverteilung kommt der Freiheitsliebe der Bürger zwar entgegen, hat aber auch zu einer Aufblähung der Verwaltung geführt.

Die Demokratie der Schweiz beruht auf der 1848 angenommenen, 1974 revidierten und sich gegenwärtig in einer völligen Revision befindenden Bundesverfassung. Sie erklärt jeden Schweizer vor dem Gesetz gleich, wehrpflichtig und mit 20 Jahren wahlberechtigt. Sie gewährleistet die Freiheit der Niederlassung, des Glaubens, der freien Meinungsäußerung und der Vereinigungen.

Direkten politischen Einfluß nehmen die Bürger bei Volksabstimmungen und Wahlen sowie bei der Ergreifung des Referendums gegen Bundesbeschlüsse und langfristige Staatsverträge (innerhalb von 90 Tagen nach deren Verabschiedung im Parlament). Dazu sind 30 000 Unterschriften stimmberechtigter Bürger erforderlich. Das weitestgehende Recht ist das Initiativrecht, das festlegt, daß 50 000 stimmberechtigte Bürger eine Verfassungsrevision beantragen können.

Allgemeines

Die Kantone und ihre Hauptstädte
(* Halbkantone)

Name	Eintritt in die Eidgen.	Fläche in qkm	Einwohner rund	Hauptort	Einw. rund
Aargau	1803	1404	433 300	Aarau	18 000
Appenzell AR*	1513	242	49 000	Herisau	15 500
Appenzell IR*	1513	172	13 100	Appenzell	5 100
Basel-Landschaft*	1501	428	213 000	Liestal	13 000
Basel-Stadt*	1501	37	234 900	Basel	207 000
Bern	1353	6050	915 800	Bern	146 500
Fribourg	1481	1670	181 000	Fribourg	43 000
Genève	1814	282	330 000	Genève	174 600
Glarus	1352	684	38 200	Glarus	7 000
Graubünden	1803	7108	162 100	Chur	34 000
Jura	1353	837	67 500	Delémont	32 400
Luzern	1332	1494	289 700	Luzern	70 000
Neuchâtel	1814	796	164 000	Neuchâtel	38 000
Nidwalden*	1291	273	25 600	Stans	5 600
Obwalden*	1291	49	24 500	Sarnen	7 000
St. Gallen	1803	2015	384 500	St. Gallen	77 000
Schaffhausen	1501	298	74 300	Schaffhausen	37 000
Schwyz	1291	907	92 100	Schwyz	12 600
Solothurn	1481	791	223 000	Solothurn	19 000
Thurgau	1803	1006	182 800	Frauenfeld	18 500
Ticino (Tessin)	1803	2811	245 500	Bellinzona	18 000
Uri	1291	1075	34 100	Altdorf	9 000
Valais (Wallis)	1814	5230	191 000	Sion/Sitten	22 000
Vaud (Waadt)	1803	3211	493 000	Lausanne	140 000
Zürich	1351	1728	1 107 800	Zürich	378 000
Zug	1352	238	68 000	Zug	24 000

Bedeutend sind auch Teilnahme und Mitwirkung an Gemeindeversammlungen, die teilweise verpflichtend sind. Diese Bürgerversammlungen finden als jährlich stattfindende „Landsgemeinde" in den Kantonen Appenzell-Ausser- und Innerrhoden, Glarus, Unterwalden (Ob- und Nidwalden) und teilweise auch im Kanton Schwyz ihren Ausdruck. Auf dem Landsgemeindeplatz versammeln sich alle stimmberechtigten Bürger, können selbst das Wort ergreifen und in offener Abstimmung über Annahme oder Ablehnung kantonaler Gesetze beschließen, auch die Kantonsregierung und den Landammann wählen.

Die Bundeshauptstadt ist Bern. Hier residieren zwei der drei „Gewalten", nämlich die B u n d e s v e r s a m m l u n g (Legislative) und der B u n d e s r a t (Exekutive), während das Bundesgericht (Judikative) sich in Lausanne befindet. Die Bundesversammlung setzt sich aus Nationalrat und Ständerat zusammen. Beide Räte werden vom Volk gewählt. Die Mitgliederzahl des N a t i o n a l r a t s ist auf

200 beschränkt, wobei die Anzahl pro Kanton von dessen Bevölkerungszahl abhängt. Jeder Kanton hat jedoch Anrecht auf mindestens einen Sitz. Der Ständerat umfaßt 44 Sitze, wobei 19 Kantone je zwei, die sechs Halbkantone je einen Vertreter entsenden. Bundesbeschlüsse oder Gesetze bedürfen der Zustimmung beider Räte. Die Regierungsgewalt liegt beim Bundesrat (Kabinett), einer Kollegialbehörde von sieben Bundesräten (Ministern), die von der Bundesversammlung auf vier Jahre gewählt werden. An ihrer Spitze stehen der Bundespräsident und der Vizepräsident, die beide auf ein Jahr gewählt werden. Dem Bundespräsidenten kommen in erster Linie Repräsentationspflichten zu. Er wird denn auch gewohnheitsrechtlich in einem Turnus nach Dienstalter gewählt. Es hat sich die Praxis ergeben, daß der Vizepräsident im folgenden Jahr als Präsident amtet. Der Alt-Bundespräsident ist erst nach Ablauf eines amtsfreien Jahres wieder wählbar.

Nach der Volkszählung von 1970 betrug die Gesamtbevölkerung der Schweiz etwa 6,37 Millionen Einwohner.

Die Schweiz nimmt ein Gebiet von 41 295 qkm ein. Die Grenzen des Landes sind 1885,3 km lang; davon entfallen auf die Bundesrepublik Deutschland 366,2 km, auf Frankreich 573,3 km, auf Italien 739,9 km, auf Österreich 164,8 km und auf Liechtenstein, mit dem es eine Währungs-, Post-, Zoll- und Militärunion eingegangen ist, 41 km.

Die Zentralschweiz, im Rahmen des vorliegenden Reiseführers, umfaßt die Kantone Aargau, Basel-Landschaft, Basel-Stadt, Luzern, Nidwalden, Obwalden, Schwyz, Ticino/Tessin, Uri, Zürich und Zug. – Beschreibungen der Kantone s. Abschnitt Landschaftsbild und geographische Gliederung.

Aus der Kunstgeschichte

Vorgeschichte und Römerzeit bilden den Anfang der schweizerischen Kunstgeschichte. Mosaiken, Keramiken, Schmuckgegenstände und Waffen leiten über zu der goldenen Büste des Kaisers Marc Aurel, die 1939 bei Ausgrabungen in Avenches-La Romaine (Kt. Vaud), dem römischen Aventicum, gefunden wurde.

Was in den folgenden Jahrhunderten der schweizerischen Kunstgeschichte ihre eigene Prägung verleiht, ist einerseits die Tatsache, daß sich hier drei Kulturkreise, der deutsche, französische und italienische, berührten und durchdrangen, und andererseits der Umstand, daß die Träger der Kunst nicht Könige und Fürsten, sondern Patrizier und Bürger, ja teilweise auch Bauern waren. Dies wird vor allem im Bau der größeren Städte deutlich, an Bern, Fribourg u. a.; charakteristische Beispiele sind aber auch in kleineren Ortschaften, wie Liestal, Rheinfelden, Lenzburg, Sursee, Willisau, Zofingen, Beromünster und anderswo zu finden.

Allgemeines

Das frühe Mittelalter schuf eine Reihe bedeutender Kulturstätten, allen voran die Klöster St. Gallen und Reichenau, Muri und St. Urban (Chorstuhlschnitzereien) sowie die Alpenklöster Disentis, Münster, Engelberg, Pfäfers und Einsiedeln. Hier entwickelte sich eine großartige Buchmalerei mit kunstvollen Initialen, Schmuckseiten, in Elfenbein geschnittene Bucheinbände sowie eine figurenreiche Freskomalerei. Die Bilderhandschriften der Stiftsbibliothek St. Gallen haben Weltruf, berühmt sind auch der Chor und die Wandmalereien in der Kirche von Müstair (Münster) und in Zillis (bemalte Holzdecke, 12. Jh.) in Graubünden.

Aus romanischer Zeit sind das Allerheiligen-Münster von Schaffhausen, die Stiftskirche von St. Imier, die Säulenbasilika von Grandson, die Kirche von Payerne, der Dom von Chur und das Münster in Basel zu nennen. Den Übergang zur Gotik zeigt die Kirche von Kappel. Viele romanische Plastiken sind erhalten, besonders Holzskulpturen. Im Kanton Tessin ist der italienische Einfluß stark und vor allem in schönen Wandmalereien nachzuweisen.

Die Gotik rief die Städte- und Kirchenbauer auf. Prächtige Zeugnisse dieser Epoche sind die frühgotische Kathedrale von Lausanne, das Münster von Bern, die Kirche von Winterthur. Zahlreich sind die gotischen und spätgotischen Landkirchen mit Netz- und Sterngewölben und goldfunkelnden Schnitzaltären. Im 14. Jh. entstanden im Schloß Chillon Fresken, die berühmt geworden sind, ebenso wie das „Engelskonzert" in Genf (15. Jh.) und die „Madonna in den Erdbeerstauden" in Solothurn. Der Maler des ausgehenden Mittelalters war Konrad Witz, der von Süddeutschland nach Basel zugewandert war. Ergreifende Darstellungen religiöser Themen kennzeichnen sein Werk, aus dem das Altarblatt „Petri Fischzug" (1444) vom Hochaltar der Kathedrale von Genf (jetzt Kunstmuseum) am bekanntesten ist. Hier wird erstmals die schweizerische Landschaft in die Komposition einbezogen.

Burgen über Burgen entstanden: Noch war das Rittertum lebendig. Der Burgenreichtum des Domleschg (Graubünden) ist fast dem Südtirols gleichzustellen. Die „historische Ecke" am Zusammenfluß von Aare, Reuss und Limmat mit den Burgen Habsburg, Lenzburg, Wildegg u. a. hat die Schweizer und europäische Geschichte beeinflußt. Liebevoll wurde das Kunsthandwerk gepflegt. Und es entstanden die ersten der würdevollen Rathäuser, die Zeughäuser und Kornhäuser mit ihren schönen Sälen und getäfelten Stuben. In der Spätgotik bauten Patrizier die Zunfthäuser und statteten diese mit Wappenscheiben, Täfelungen und Schnitzarbeiten aus.

Bedeutende Künstler der Renaissance waren u. a. Urs Graf, Nikolaus Manuel Deutsch, Hans Leu d. Ä. und d. J. Während der

Aus der Kunstgeschichte

Berner Nikolaus Manuel Deutsch — ein „uomo universale" seiner Zeit — malte, dichtete, Stücke schrieb, beschränkte sich Urs Graf aus Solothurn, einer der bedeutendsten Zeichner jener Epoche, im wesentlichen auf die Darstellung des Landsknechtslebens um 1500. Holbein kam 1515 nach Basel und wurde dort 1520 Bürger. In Schaffhausen wirkte als Zeichner, Glas- und Freskenmaler Tobias Stimmer. Zur selben Zeit entstanden im Tessin Architekturschöpfungen von Bedeutung, so u.a. auch die Fassade des Doms in Lugano.

Es gehört zu den bemerkenswerten Einzelheiten der europäischen Kunstgeschichte, daß während der zwei Jahrhunderte der Renaissance zahlreiche Künstler — Baumeister, Bildhauer und Maler —, die führend an diesem Stil mitgebildet haben und in Italien zu Ruhm und Ansehen gelangten, aus dem Schweizer Kanton Tessin stammten. Die rege Bautätigkeit insbesondere der oberitalienischen Städte lockte die einfachen „stuccatori" (Stuckarbeiter) oder erfahrenen Baumeister aus ihren Dörfern um den Luganer See. Diese „ticinesi" avancierten häufig binnen kurzer Zeit zu leitenden Meistern und konnten so ihren Ideenreichtum in stilvollen großen Kunstbauten mitteilen, die alle Welt noch heute bewundert.

Einer der bekanntesten dieser „ticinesi" war Giovanni Solari aus Carona, der als Stadtbaumeister von Mailand wesentlichen Anteil an den statischen Berechnungen der gewaltigen Fundamente des Domes hatte, später am Bau der berühmten Certosa di Pavia beteiligt war und schließlich zur Errichtung des Kremls in Moskau beigezogen wurde. Pietro Solari, ein Verwandter von ihm, war Baumeister an der Schule von San Marco in Venedig, sein Werk waren auch die Palazzi Vendramin-Calergi (um 1509) und Gussoni (um 1478/80) in Venedig. Giambino da Bissone schließlich baute u. a. die Fassade des Doms von Parma.

Zu hohen Ehren gelangte auch Domenico Fontana (1543—1607), der im Dienste des Kardinals Felice Pereti und späteren Papstes Bibliothek und Wohngebäude im Vatikan, den Lateranpalast sowie Teile der Kirche Santa Maria Maggiore errichtete. Eines seiner populärsten Bauwerke aber war die große Wasserleitung, zu Ehren des Papstes Sixtus V. „Acqua Felice" genannt. Ein anderer, Carlo Maderna (1556—1629), stand Papst Paul V. zu Diensten. Ihm war aufgegeben, das Werk Michelangelos, den Petersdom (Fassade), zu vollenden. Er und manch anderer „ticineso" haben zahlreichen Bauten, nicht nur in Rom, ihr Gepräge gegeben.

Nördlich der Alpen gelangte ein anderer „ticineso" zu Berühmtheit, Enrice Zuccali, 1642 in Rovereto geboren, 1724 in München gestorben, einer der großen Baumeister der Barockzeit und der Erbauer der Theatinerkirche in München, des Palastes Porcia (1693) an der Kardinal-Faulhaber-Straße sowie einer Reihe schöner Münchner Bürgerhäuser. Auch am Ausbau der Nymphenburger Sommerresidenz der bayerischen Herrscher war Zuccali schöpferisch beteiligt — ein Hauch des südlichen Tessin vor den Toren Münchens.

Die Reformation wirkte hemmend auf die Entwicklung der schönen Künste. Erst im Barock lebten sie wieder auf. Es war die katholische Kirche, die, teils aus Süddeutschland, teils aus Italien, den neuen Stil übernahm. Kirchen und Klöster, allen voran

Allgemeines

St. Gallen und Einsiedeln, schmückten sich mit barocker Pracht. Die bisher romanische und gotische Form der Türme lösten Kuppelhelme ab. Für die evangelischen Kirchen gab die französische Architektur das Vorbild, die gleichzeitig den Stil bürgerlicher Stadt- und Landsitze beeinflußte. In den Altstädten von Bern, Fribourg, Lausanne, Genève und Neuchâtal entstanden prachtvolle Patrizierhäuser, und diese Städte erhielten dadurch überhaupt erst ihr bis heute gewahrtes Gesicht. In der Malerei wirkten Füssli, Liotard und Anton Graff als bedeutende Meister ihrer Zeit.

Der Klassizismus des 19. Jh. brachte strengere Formen. Die Dekorationen wurden härter und nüchterner. Die Malerei entdeckte den Reiz und die Dramatik der Landschaft. Nicht nur Schweizer wie Wolf, Birmann und Calame fühlten sich von ihr angezogen, sondern auch der Engländer Turner und der Italiener Segantini. Dagegen schwelgte der Historismus des späten 19. Jh. in allen Kunstformen der abendländischen Vergangenheit. Es war eine Zeit der Gegensätze, ein Umbruch zur Moderne, der noch vor der Jahrhundertwende folgte. Maler wie Böcklin, Nachfolger der Romantiker, Maler der Faune, Neréiden und mythologischen Szenen, Hodler mit seinen der Wirklichkeit entfremdeten „idealen" Gebirgslandschaften und Karl Stauffer, dessen fotografische Genauigkeit psychologische Tiefe enthüllt, standen einander gegenüber.

Der Internationalismus des 20. Jh. hielt auch in der Schweiz Einzug. Der berühmteste aus der Schweiz gebürtige Architekt war LeCorbusier (eigentlich Charles-Eduard Jeanneret, 1887–1965), der jedoch in seiner Heimat nur sehr wenige Zeugnisse seiner revolutionären Baukunst hinterließ. Die meisten Schweizer Künstler der Moderne lebten für einige Zeit im Ausland. Immer wieder stellte sich das Problem neu, die Ausgewogenheit zwischen fremden Einflüssen und der Prägung durch die Heimat zu finden. Bedeutende Schweizer Künstler des 20. Jh. sind Sophie Taeuber-Arp und Paul Klee, Otto Meyer-Amden und Meret Oppenheim. Besondere Erwähnung verdienen auch Jean Tinguély und Bernhard Luginbühl, deren geistreich-elegante oder aggressiv-mächtige Eisenplastiken eine ausdrucksvolle Antwort auf die Welt der Technik sind.

Wirtschaft

Die Schweiz ist ein kleines, meerfernes Land, das nur eine schmale natürliche Grundlage für seine Wirtschaft besitzt. Ein bedeutender Teil der Bodenfläche ist unproduktiv; dazu gehören im Gebirge die Gletscher, Schneefelder, Steilhänge, die Fels- und Schutthänge, in den Talungen die Seen und Moore. Die vorhandene landwirtschaftlich nutzbare Fläche reicht für die Versorgung der Bewohner

Wirtschaft

bei weitem nicht aus. Bodenschätze wie Kohle und Erdöl, die für die Energiewirtschaft eine große Rolle spielen, fehlen.

Für die Landwirtschaft, in der ungefähr 7 % der Erwerbstätigen arbeiten, kommt vor allem das Mittelland und das angrenzende Hügel- und Bergland am Saum der Alpen in Frage. Hier hat sich seit alters her der Bauer die günstigen Voraussetzungen für die Grünlandwirtschaft zunutze gemacht und die Viehzucht und Milchwirtschaft hoch entwickelt. Schweizer Viehrassen stehen hoch im Preis; die Milch- und Käseprodukte sind weltbekannt und nehmen im Export zwar nicht die erste Stelle ein, bilden aber zusammen mit der Schokoladenindustrie wichtige Ausfuhrgüter. Der Ackerbau bleibt demgegenüber etwas zurück, doch wird durch Obst und Gemüse ein kleiner Ausgleich geschaffen.

War die Schweiz noch im vorigen Jahrhundert ein „grünes" Land, so hat sie sich seither stark industrialisiert; auch das Gewerbe, das Qualitätserzeugnisse herstellt, ist hochentwickelt. Die großen Nachteile durch die ungünstigen natürlichen Voraussetzungen wie der Mangel an Roh- und Energiestoffen zwangen dazu, die notwendigen Rohmaterialien, Halbfabrikate und Betriebsstoffe zu importieren und dabei auch weite Transportwege in Kauf zu nehmen. So hat sich die Wirtschaft auf den Absatz ihrer Verarbeitungs- und Veredelungsindustrie in Europa und der übrigen Welt eingestellt (Außenhandel).

An erster Stelle der Ausfuhr stehen seit Jahren Maschinen, Instrumente und Apparate. Ihnen folgen die Uhren, die durch ihre Präzision die Schweiz in der ganzen Welt bekanntmachten. Die Uhrenindustrie ist vor allem im Jura heimisch, sie gründet sich auf spezielle handwerkliche Feinarbeit. Nach dem Ausfuhrwert stehen Erzeugnisse der chemischen Industrie an dritter Stelle. Schließlich nimmt die Textilindustrie, die vor allem in der Ostschweiz groß wurde, eine hervorragende Stelle ein; auch der Schweizer Beitrag in der Bekleidung (Wintersportmode) ist beachtlich. Erwähnenswert ist noch der hohe Stand des graphischen Gewerbes, wie er sich in der Buch- und Kunstdruckerei äußert. Zuletzt sei noch an die Schweizer Bijouterie (Juwelen, Gold- und Silberarbeiten, Schmuck) erinnert.

Der Mangel an Energiestoffen zwang zur höchstmöglichsten Ausnutzung der Wasserkräfte. Jedem Besucher werden die großen Stauwerke auffallen, die in den Bergen errichtet worden sind. Zwar steht der Fremdenverkehr im Schweizer Wirtschaftsleben rein zahlenmäßig hinter der Industrie zurück, hat aber eine größere Bedeutung als ihm statistisch zukommt.

Praktische Vorbemerkungen

Auskunftstellen
Informationsbüros

In der Schweiz:
Schweizer Fremdenverkehrsverband, 3000 Bern, Kapellenstr. 28, Tel. 0 31/25 26 28.
Verkehrsverband Zentralschweiz, 6002 Luzern, Pilatusstr. 14, Tel. 0 41/22 52 22.
Schweizer Verkehrszentrale, 8023 Zürich, Talacker 42. Tel. 01/23 57 13.
Handelskammer Deutschland–Schweiz, 8001 Zürich, Talacker 41, Tel. 01/25 37 02.

In der Bundesrepublik Deutschland:
Schweizer Verkehrsbüro, 6 Frankfurt, Kaiserstr. 23, Tel. 06 11/23 60 61.

In Österreich:
Schweizer Verkehrsbureau, 1010 Wien, Kärntner Str. 20, Tel. 02 22/52 74 05.

Automobilclubs

In der Schweiz:
Touring Club der Schweiz (TCS), 1211 Genève 3, Rue Pierre Fatio 9, Tel. 0 22/35 76 11. – 8002 Zürich, Alfred-Escher-Str. 38, Tel. 01/36 25 36.
Automobilclub der Schweiz (ACS), 3001 Bern, Laupenstr. 2, Tel. 0 31/25 08 44.
Beide Clubs unterhalten Geschäftsstellen in zahlreichen größeren Schweizer Orten.

In der Bundesrepublik Deutschland geben die Geschäftsstellen des **ADAC** Auskünfte über Einreisebestimmungen, Reisewege und die örtlichen Verkehrsvorschriften; darüber hinausgehende detaillierte Angaben enthalten die vom ADAC herausgegebenen Länder-Hefte der „Touring-Information"-Reihe.

Diplomatische Vertretungen

In der Schweiz:
Botschaft der Bundesrepublik Deutschland, 3000 Bern, Willadingweg 83, Tel. 0 31/44 08 31/35.
Konsulate der Bundesrepublik Deutschland: 4000 Basel, Steinenring 40 (Generalkonsulat), Tel. 061/39 08 13/15; 1200 Genève, 49, Chemin Petit-Saconnex 28 D (Generalkonsulat), Tel. 0 22/33 50 00; 6900 Lugano, Via

Ariosto 1 (Wahlkonsulat), Tel. 0 91/2 78 82; 8001 Z ü r i c h , Kirchgasse 48 (Generalkonsulat), Tel. 01/32 69 36/38.
Österreichische Botschaft, 3000 B e r n , Kirchenfeldstr. 28, Tel. 0 31/43 01 11.
Österreichische Konsulate: 4000 B a s e l , Münchensteinerstr. 38 (Generalkonsulat), Tel. 0 61/35 60 80; 7000 C h u r , Martinsplatz 8, Tel. 0 81/22 46 51; 1206 G e n è v e , Rue Bellot 6 (Generalkonsulat), Tel. 0 22/47 82 13; 6900 L u g a n o , Via San Giorgio 11, Tel. 0 91/51 61 61; 9000 S t. G a l l e n , Schreinerstr. 1, Tel. 0 71/22 33 66; 8032 Z ü r i c h , Minervastr. 116 (Generalkonsulat), Tel. 01/34 81 11 und 34 72 00.

In der Bundesrepublik Deutschland:
Schweizerische Botschaft, 5300 Bonn-Bad Godesberg, Gotenstr. 156, Tel. 0 22 21/37 66 55.
Schweizerische Konsulate: 1 B e r l i n 21, Fürst-Bismarck-Str. 4 (Schweizerische Delegation), Tel. 0 30/3 94 40 21; 4 D ü s s e l d o r f 30, Cecilienallee 17 (Generalkonsulat), Tel. 02 11/43 46 01; 6 F r a n k f u r t a. M a i n 4, Zürich-Haus, Am Opernplatz (Generalkonsulat), Tel. 06 11/72 59 41/42; 78 F r e i b u r g i. B r . , Holbeinstr. 9, Tel. 07 61/7 50 19; 2 H a m b u r g 13, Grindelberg 3/III (Generalkonsulat), Tel. 0 40/44 06 46/48; 775 K o n s t a n z , Hussenstr. 6 (Konsularagentur), Tel. 0 75 31/2 35 98; 8 M ü n c h e n 40, Leopoldstr. 33/II ("Schweizer Haus"; Generalkonsulat), Tel. 0 89/34 70 63/64; 66 S a a r b r ü c k e n , Richard-Wagner-Str. 17 (Konsularagentur), Tel. 06 81/ 3 19 27/28; 7 S t u t t g a r t 1, Hirschstr. 22 (Generalkonsulat), Tel. 07 11/ 29 39 95 und 29 39 07.

In Österreich:
Schweizerische Botschaft, 1030 W i e n 3, Prinz-Eugen-Str. 7/9, Tel. 02 22/ 72 51 11/15.
Schweizerisches Konsulat: 6901 B r e g e n z , Römerstr. 35, Tel. 0 55 74/ 2 32 32/33.

Reisezeit und Reiseziele

Wie in allen Gebirgsländern, so gibt es auch in der Schweiz eine Sommer- und eine Wintersaison. Die S o m m e r s a i s o n erstreckt sich von Juni bis Oktober. Schon mit der Schneeschmelze erschließen sich dem Besucher die Schönheiten einer vielgestaltigen und vielfältigen Natur, die Landschaft des Mittellandes zeigt sich dann bald schon in voller Blüte. Zu Ostern eröffnen die großen Hotels und Kursäle den Jahresbetrieb. Die Badezeit nimmt ihren Anfang etwa Mitte Mai, wenn sich die kalten Bergwasser genügend erwärmt haben. Der Spätherbst bringt oft das eigenartige Nebelmeer: tiefe Nebelwolken, über denen klar die Berge der Alpenkette und der blaue Himmel stehen. Dann beginnt in den Städten die Saison der kulturellen und künstlerischen Veranstaltungen. Von Ende Dezember bis in den März hinein schließt sich in den Bergen und im höheren Voralpenland die W i n t e r s a i s o n an, mit ihren vielen, auch internationalen Sportveranstaltungen. Ein ständig ausgebautes Netz von Sesselliften und Schleppliften erschließt Skigebiete bis in Gletschernähe.

Praktische Vorbemerkungen

Im **Tessin**, zumal am Lago di Lugano und am Lago Maggiore, setzt die Saison bereits Ende Februar ein mit dem Höhepunkt um Ostern. Eine zweite Hauptsaison fällt in den Herbst von Anfang September bis Anfang Oktober.

Für den **Jura** eignet sich zweifellos der Sommer am besten. Hier gibt es allerdings auch einige sehr bekannte und bedeutende Wintersportplätze. Das gleiche gilt auch für das **Voralpenland**, doch erfreuen sich zunehmend auch Vor- und Nachsaison zu ermäßigen Preisen großer Beliebtheit.

Heilbäder und heilklimatische Kurorte

Acquarossa, 528 m, Heilbad. Heilanzeigen: Rheuma, Arthritis; Hautkrankheiten. — Kurmittel: Arsen- und eisenhaltige Quellen; Roter Schlamm.

Baden, 382 m, Thermalbad. Heilanzeigen: Rheuma; Arthritis; Gicht; Ischias; Lähmungen; Frauenleiden; Zahnfleischerkrankungen; Störungen der Blutzirkulation. — Kurmittel: Schwefelquellen (48 °C); Bäder; Inhalationen; Trinkkuren.

Bad Schinznach, 411 m, Kurort. Kurmittel und Heilanzeigen: Stark radioaktive Schwefelquellen (34 °C) für rheumatische Leiden.

Locarno, 213 m, Kurort. Heilanzeigen: Rekonvaleszenz; Bronchitis; Nervosität; Schlaflosigkeit; Herzschäden; chronische Nierenleiden; Rheuma. — Kurmittel: Terrainkuren.

Lugano, 273 m, klimatischer Kurort. Heilanzeigen: Herzschäden, chronische Bronchitis; Emphysem; chronische Nierenerkrankungen; Nervosität; Rekonvaleszenz.

Rheinfelden, 280 m, Solebad. Heilanzeigen: Allgemeine Schwächezustände; Frauenleiden; Rheuma; Ischias; Herz- und Kreislaufstörungen; chronische Katarrhe der Atemwege. — Kurmittel: Solebäder, Inhalationen; Trinkkuren; therapeutische Anwendungen.

Stabio, 387 m, Heilbad. Heilanzeigen: Rheuma; Gicht; Ischias. — Kurmittel: Schwefel- und eisenhaltige Quellen.

Tesserete, 514 m, Kurort. Heilanzeigen: Rheuma, Kreislaufstörungen; Rekonvaleszenz.

Zurzach, 340 m, Thermalbad. Heilanzeigen: Rheumatische Erkrankungen. — Kurmittel: Thermalhallenbad, Thermalfreibad (35 °C), Rheuma-Klinik.

Luftkurorte

- **Ambri-Piotta**
- **Andermatt**
- **Arosio**
- **Ascona**
- **Astana**
- **Beckenried**
- **Bironico**
- **Breganzona**
- **Brissago**
- **Buochs**
- **Cademario**
- **Comano**
- Eigenthal
- Emmetten
- Feusisberg
- Flühli
- Gersau
- Giswil
- Hergiswil
- Hospental
- Ibergeregg
- Intragna
- Kerns
- Langenbruck
- Melchtal
- Melide
- Menzingen
- Meride
- Montagnola
- Morschach
- Muzzano
- Oberrickenbach
- Pura
- Realp
- Rigi-Kaltbad und
- Rigi-Klösterli

Reiseziele – Grenzverkehr – Zoll

Ruswil	Seelisberg	Stans
Sachseln	Sewen	Vitznau
Schwarzenberg	Sonvico	Wald
Schwendi-Kaltbad	Stalden bei Sarnen	Wolfenschiessen
Schwyz		

Grenzverkehr

Für die Einreise aus der Bundesrepublik Deutschland und aus Österreich genügt ein gültiger Personalausweis oder Reisepaß; Kinder unter 16 Jahren benötigen einen Kinderausweis (ab 10 Jahren mit Lichtbild) oder müssen im Familienpaß eingetragen sein. Bei Benutzung eines Kraftfahrzeugs werden lediglich Führerschein und Kraftfahrzeugschein benötigt. Die Internationale Grüne Versicherungskarte ist bei Fahrzeugen mit deutschem Kennzeichen nicht erforderlich, erleichtert jedoch die Abwicklung von Schadenfällen. Für die Schadenregulierung ist die „Zürich", Allgemeine Unfall- und Haftpflichtversicherungs-AG, Mythenquai 2, 8000 Zürich, Tel. 01/27 46 10, zuständig.

Bei Mitnahme eines Hundes oder einer Katze benötigt man eine Einfuhrgenehmigung des Eidgenössischen Veterinäramts in Bern (Auskunft erteilen die Schweizer Konsulate). Außerdem ist ein Tollwutimpfzeugnis erforderlich. Die Impfung muß mindestens 30 Tage vor der Einreise erfolgt sein und darf nicht länger als ein Jahr zurückliegen. Bei der Wiedereinreise in die Bundesrepublik wird für das Tier als Identitätsbescheinigung ein Tollwutimpfzeugnis (nicht älter als ein Jahr) oder ein amtstierärztliches Gesundheitszeugnis verlangt, das vor Antritt der Reise beim Amtstierarzt am Heimatort oder am ausländischen Aufenthaltsort beschafft werden kann.

Zollbestimmungen

Bei der Einreise in die Schweiz dürfen neben dem Reisebedarf für den persönlichen Gebrauch folgende Gegenstände vorübergehend abgabenfrei eingeführt werden: 2 Fotoapparate mit 10 Filmen, 25 Blitzlichtlampen, 2 Amateur-Filmkameras mit Zubehör, 1 kleiner Projektionsapparat, 1 Reiseschreibmaschine, 1 Tonbandgerät mit Tonbändern, 1 Plattenspieler mit 20 Platten, 2 Musikinstrumente, 1 Fernglas, 1 Kofferradio, 1 tragbares Fernsehgerät, 1 Autoradio, 1 Autotelefon, Sportgeräte aller Art, Kfz-Ersatzteile im Wert bis zu sfrs 400,–, Campingausrüstung, 1 Fahrrad, 2 Jagd- oder Sportgewehre mit 100 Schuß Munition, 1 Gaspistole (Waffen müssen an der Grenze deklariert werden). – Folgende Waren sind nur bis zur genannten Menge zollfrei: Reiseproviant für 1 Tag, 1 l Spirituosen über 25° Alkoholgehalt und 2 l Spirituosen geringeren Alkoholgehalts, 200 Zigaretten oder 100 Zigarillos oder 50 Zigarren oder 250 g Tabak, Geschenke im Wert bis zu sfrs 100,– (Personen unter 17 Jahren sfrs 50,–), Waren zum eigenen Gebrauch im Wert bis zu sfrs 50,–. Tabak und Alkohol sind nur für Personen über 17 Jahre zollfrei.

Bei der Rückreise (deutscher Zoll) sind Geschenke und Andenken im Wert bis zu DM 100,– zollfrei, folgende Waren nur bis zur genannten Menge: 200 Zigaretten oder 100 Zigarillos oder 50 Zigarren oder 250 g Tabak, 1 l Spirituosen über 22° Alkoholgehalt oder 2 l Spirituosen geringeren Alkoholgehalts oder 2 l Schaumwein und 2 l sonstiger Wein, 50 g Parfüm und 0,25 l Toilettenwasser, 250 g Kaffee oder 100 g Kaffeeauszüge, 100 g Tee oder 40 g Teeauszüge. Tabak, Alkohol und Kaffee sind nur für Personen über 15 Jahre zollfrei.

Währung

Die Schweizer Währungseinheit ist der Franken (sfr) = 100 Rappen. Wechselkurs (Stand Winter 1978/79):

100 DM = ca. 89,— sfrs
100 sfrs = ca. 112,50 DM
1000,— öS = ca. 121,60 sfrs
100,— sfrs = ca. 825,— öS

Die Ein- und Ausfuhr von Zahlungsmitteln aller Art ist unbeschränkt.

Spezielle Hinweise
Öffnungszeiten

Ladengeschäfte: Montag 13.30–18.30 Uhr, Dienstag bis Freitag 8.00–12.15 Uhr, 13.30–18.30 Uhr, Samstag 8.00–16.00 Uhr.

Banken: Montag bis Freitag 8.00–12.00 Uhr, 14.00–17.00 Uhr, in Zürich 8.00–16.15 Uhr.

Postämter: Montag bis Freitag 7.30–13.00 Uhr, 13.30–18.30 Uhr, Samstag 7.30–12.00 Uhr.

Feiertage

1. Januar, Neujahr; **Karfreitag, Ostermontag; Christi Himmelfahrt; Pfingstmontag;** 1. **August,** Nationalfeiertag; **25./26. Dezember,** Weihnachten.

Portokosten

Briefe	
im Inland	0,40 sfr.
in EG-Länder	0,80 sfr.
in Nicht-EG-Länder	0,90 sfr.
Postkarten	
im Inland	0,40 sfr.
ins Ausland	0,80 sfr.

Zollbestimmungen – Währung – Spezielle Hinweise

Tips für den Einkaufsbummel

Die Schweiz ist nicht nur für ihre Uhren und Präzisions-Instrumente berühmt. Guten Ruf genießen darüberhinaus die Schweizer Törtchen und Kleingebäck in den verlockenden Schaufenstern der Confiserien, und natürlich die Schokolade. Spezialitäten sind weiter die Basler Spitzen und Schmuckwaren aus Zürich. Gerade die berühmten Zürcher Geschäftsstraßen zwischen Hauptbahnhof und Limmatquai sind voller Verlockungen.

Schweizer Volkskunst: Ständige Ausstellungen (Kunsthandwerk, Handwebereien, Stickereien, Holzschnitzereien, Keramik, Trachten, Gold- und Silberschmuck u. a.) zeigt das Schweizer Heimatwerk in Zürich an der Rudolf-Brun-Brücke, in der Bahnhofstr. 2 und am Rennweg 14.

Trinkgeld

In der Schweiz wird in der Regel ein Bedienungsgeld von 10–15 % erhoben, das in Hotels und Restaurants bereits in der Rechnung inbegriffen ist. Bei Taxis ist es ebenfalls im Preis enthalten (10–15 %). Gepäckträger, Portiers usw. erwarten jedoch ein Trinkgeld von 10 % extra.

Auszahlung vom Postsparbuch

Für Besitzer von Postsparbüchern besteht in der Schweiz die Möglichkeit, bei den örtlichen Postämtern DM 100,– oder ein Mehrfaches davon (nur volle 100-DM-Beträge), jedoch nicht mehr als DM 1000,– innerhalb von 30 Zinstagen abzuheben. Die Auszahlung erfolgt nur an den im Postsparbuch namentlich aufgeführten Sparer oder Zeichnungsberechtigten gegen Vorlage des Personalausweises/Reisepasses, der Ausweiskarte und des Postsparbuchs.

Eurocheque

Scheckkarteninhaber können bei den mit „ec" (Eurocheque) gekennzeichneten Banken Schecks bis zu einem Höchstbetrag von DM 300,– in Landeswährung einlösen.

Telefon-Selbstwählfernverkehr

Anstelle der ersten Null der inländischen Vorwählnummer werden im Ausland folgende Kennzahlen vorgewählt: Für Orte in der Bundesrepublik Deutschland **0049**, für Orte in Österreich **0043** und für die Schweizer Orte **0041**.

Beispiel: „0 93" für Locarno innerhalb der Schweiz, „00 41 93" von Anschlüssen außerhalb der Schweiz.

Praktische Vorbemerkungen

Radiosendung für Touristen

Von Ende Juni bis Anfang September bringt die Schweizerische Verkehrszentrale eine Radiosendung für Touristen mit Wetterbericht sowie touristischen Hinweisen und Ratschlägen. Die Sendung wird Montag bis Samstag zwischen 8.30 und 9 Uhr im ersten Programm ausgestrahlt. Während der übrigen Monate beschränkt sich die Sendung auf Nachrichten in deutscher, französischer, italienischer und englischer Sprache.

Unterkunft und Verpflegung

Das schweizerische Hotel- und Gaststättengewerbe hat einen ausgezeichneten internationalen Ruf. Ob der Tourist in einem teuren oder in einem billigen Hotel absteigt, immer wird er erstklassig bedient werden. Die Unterkunft ist im allgemeinen nicht billig, dafür sind aber auch die einfacheren Betriebe stets sauber und ordentlich geführt. Erfreulicherweise gibt es in der Schweiz eine große Zahl guter Mittelklassehotels. Die Bestimmungen in den Schweizer Hotels unterscheiden sich kaum von denjenigen in Deutschland. Das Bedienungsgeld in den Hotels beträgt bei einem Aufenthalt bis zu zwei Tagen 15 %, ab drei Tagen 12 % der Hotelrechnung, ist aber in manchen Hotels im Zimmerpreis inbegriffen. Während der Hauptsaison, besonders über Juli und August und im Winter, sind die Preise vielfach erhöht. In weniger stark frequentierten Hotels und Gasthöfen gibt es auch abseits der eigentlichen Fremdenverkehrsgebiete verschiedentlich Arrangements für eine Woche oder 14 Tage (Pensionspreis ab 3 oder 5 Tagen oder einer Woche), die oft sehr günstig sind.

Die Schweiz zählt zu jenen Reiseländern, in denen die allgemeinen Lebenshaltungskosten vergleichsweise denen in der Bundesrepublik entsprechen. Ausnahmen, wie sie in einigen erstrangigen Fremdenverkehrsorten gegeben sind, bestätigen lediglich die Regel. Grundsätzlich kann man in der Schweiz „je nach Kassenlage" leben. Dabei bieten auch preiswerte Hotels und Pensionen (vor allem, wenn sie erst in den letzten Jahren erbaut wurden) im allgemeinen den in der Bundesrepublik üblichen Wohnkomfort. Die Schweizer Küche und der Service stehen bekanntermaßen über dem mitteleuropäischen Durchschnitt. Der Führer „Passeport Bleu Suisse" (Neuauflage 1977) enthält Kurzbeschreibungen von 600 Hotels und Restaurants sowie 11 Übersichtskarten der Schweiz und 10 Stadtpläne. Die Restaurants sind nicht klassifiziert.

Besondere Bedeutung für die Schweiz haben alkoholfreie Hotels und Restaurants. Ein Verzeichnis gibt die Schweize-

rische Stiftung zur Förderung von Gemeindestuben, Postfach, CH-8039 Zürich, Tel. 01/2 01 20 40, heraus.
Hotels, die dem „Klub kinderfreundlicher Schweizer Hotels" angehören, gewähren Kindern von 6 bis 12 Jahren eine Preisermäßigung von 50 %. Ein Prospekt mit näheren Angaben ist erhältlich bei dem genannten Klub, Postfach 116, CH-3823 Wengen.
Inhabern des Seniorenpasses der Deutschen Bundesbahn oder des Schweizer Altersabonnements der SBB (s. Abschnitt Bahnverkehr, S. 41) werden, vor allem außerhalb der Saison, ermäßigte Hotel-Pauschalpreise eingeräumt. Näheres in der Broschüre „Saison für Senioren", erhältlich durch das Schweizer Verkehrsbüro.
Einen Hotelführer für Behinderte erhält man durch den Schweizerischen Invalidenverband, Froburgstr. 4, CH-4600 Olten, Tel. 0 62/21 10 37.
Verzeichnisse von Ferienwohnungen und Chalets geben die „Swiss Chalets", Elsastr. 16, CH-8040 Zürich, sowie die Schweizerische Gemeinnützige Gesellschaft heraus; letzteres enthält ca. 5000 Wohnungen und ist beim Schweizer Verkehrsbüro, Kaiserstr. 23, 6000 Frankfurt am Main, erhältlich gegen Vorauszahlung von DM 6,30 auf Postscheckkonto Frankfurt/Main Nr. 1557 15–608, oder an die Deutsche Verkehrs-Kredit-Bank AG, Frankfurt/Main, Konto Nr. 62 160.
Noch ein Tip: Wer sich für den Winter eine Chaletwohnung mieten will, tut gut daran, sich spätestens im Sommer anzumelden. Wer zur Hauptsaison einen größeren Kurort aufsuchen möchte, dem ist anzuraten, sich Monate zuvor vormerken zu lassen. Auch für Campingplätze empfiehlt sich eine entsprechende Voranmeldung.

Die Küche

Auch auf der Speisekarte macht sich die Dreiteilung der Schweiz bemerkbar. Während sich die deutsch-schweizerische Küche nicht allzusehr von jener ihres nördlichen Nachbarn unterscheidet, überwiegt im westlichen Landesteil der Einfluß der französischen Kochkunst, und die Tessiner Küche weist, bei aller Eigenständigkeit, Ähnlichkeiten mit der italienischen auf. Jede Region wartet aber auch mit Spezialitäten auf, und ein Gericht mit einem zunächst unverständlichen, also schweizerdeutschem, Namen auf der Speisekarte sollte von einem Versuch nicht abhalten. Stellvertretend für andere sei hier nur die aus der Berner Gegend stammende, jedoch in der gesamten Schweiz verbreitete „Rösti" erwähnt. Sie besteht aus geriebenen, rohen oder vorgekochten Kartoffeln, die in Öl gebraten und oft mit Zwiebeln, Kräutern oder Speck bereichert werden.

Praktische Vorbemerkungen

Restaurants sind zahlreich, und kleinere Imbisse können auch in Cafés eingenommen werden. Die Gaststätten in den Dörfern sind oft besonders gemütlich. Hier trifft sich auch die einheimische Bevölkerung, der Besitzer kocht meistens selbst und läßt es sich nicht nehmen, mit dem Gast einige Worte zu wechseln.

Die meisten Restaurants servieren ein Menü, das, geschickt zusammengestellt, preiswerter ist als das Essen à la carte. Es ist jedoch normalerweise nur zwischen 11.00 Uhr (manchmal 11.30 Uhr) und 14.00 Uhr sowie zwischen 19.00 Uhr und 21.00 Uhr erhältlich. Außerhalb dieser Zeit bleibt die Küche meistens kalt. Gelegentlich werden auch warme Speisen durchgehend von 11.00 Uhr bis 23.00 Uhr angeboten. — Das Bedienungsgeld von 15 % ist in der Rechnung eingeschlossen.

Einen besonderen Rang nehmen in vielen Schweizer Orten die Bahnhofsbuffets ein.

Spezialitäten

Schweizerische Käsesorten

Ohne Zweifel haben die Schweizer Käse einen Anspruch auf besondere Erwähnung. Zwei der berühmtesten und bestbekannten sind der Emmentaler von den Hügeln des Mittellandes und der Gruyere aus der Westschweiz, beides großlaibige Hartkäse, die aus der Milch der Alpenkühe bereitet werden. Der Emmentaler, der zur Gärung ein Stück trockenen Milchkälbermagens mitbekommt, was die vielberedeten Löcher erzeugt, ist groß gelocht, fein und mild im Teig, saftig und aromatisch. Der Gruyere, ein weiterverarbeiteter Emmentaler, ist etwas kleiner in der Form, zumeist stärker gesalzen und intensiver im Geruch. Berühmt sind auch zwei Käsesorten aus dem Jura; der Vacherin, ein feiner Sahnekäse, der im Sommer auf den Almen bereitet wird und, in Dosen aus frischer Fichtenringe verpackt, Harzduft annimmt; ferner die Tete de moine (Mönchskopf), der wie ein spitzer Zuckerhut geformt ist und geschabt wird; man ißt ihn mit Brot und Kümmel. Im Wallis, dem Heimatland der Bagnes und Conches, werden die Käse lange gelagert, im Tessin zählen die Piora und Muggio zu den Spezialitäten. Ein ausgesprochen harter Reibekäse ist der parmesanartige Sbrinz.

Nicht nur bei Fondue und Raclette findet der Käse natürlich bei den verschiedensten Spezialitäten seine Verwendung: Zu empfehlen sind die zentralschweizerische, ursprünglich aus dem Kanton Schwyz stammende Käsesuppe (mit Schwyzer Käse), eine Käsewähe nach Schwyzerart (ebenfalls mit Schwyzer Käse), ein Pitz aus dem Unterwallis (mit Walliser Käse) sowie die westschweizerische Salée au fromage, der Käsekuchen, mit seinem kleineren Bruder, dem Gâteau au fromage.

Gebäck und Süßwaren

Schweizer Gebäck und Süßwaren gehören zu den besten ihrer Art in Europa. In den Cafés bzw. Tea-Rooms werden fast niemals die uns bekannten Kuchen oder Torten angeboten, dafür aber die reizendsten Törtchen, Küchlein und Petits fours, wobei sich niemand von ihren Dimensionen täuschen lassen sollte. Sie sind sehr süß und schwer, und wer sich etwa fünf Törtchen auf den Teller geladen hat, wird schon nach dem zweiten merken, daß die Augen größer waren als der Magen. Die Schweizer Süßwaren, besonders die mit Schokolade zubereiteten, sind ein Genuß für Auge und Zunge.

Die Schweizer Weine

Die Weißen: Welch außerordentlichen Rang der einheimische Wein in der Schweiz einnimmt, merkt man eigentlich erst, wenn man die Grenzen des Landes überschritten hat, weil nur ein geringer Teil der (gar nicht einmal unerheblichen) Ernten exportiert wird. Dem Schweizer gilt sein Wein, was dem Deutschen sein Bier — kaum wird man am Abend zwei Schweizer beim gemütlichen Gespräch zusammen sitzen sehen ohne drei „Dezi" (Deziliter), die offen ausgeschenkt werden. Ein hervorragendes Weißweinland ist die **Waadt**, ihre Erzeugnisse teilen sich in drei Gruppen. Zwischen Genf und Lausanne wächst an den weiten und sanft abfallenden Hängen ein vorzüglicher und preiswerter Tischwein, La Côte genannt und nach seinen Heimatorten als Fechy, Luins, Begnins, Bougy, Mont-sur-Rolle usw. bekannt. Von Lausanne an gegen das Wallis zu wachsen die Lavaux, „les grands vins", wie die Einheimischen stolz versichern. Dreimal, so sagen sie, wird hier an den steilen Hängen der Wein von der Sonne beschienen: einmal direkt, zweitens durch die Rückstrahlung aus dem See und drittens von den Mauern und der Erde, die tagsüber Wärme speichern und sie noch lange nach Sonnenuntergang ausströmen. So entstehen klare und sehr fruchtig duftende Weine: der berühmte Dézaley von Lausanne, aber auch die St. Saphorin, Rivaz, Espesses, Grandvaux usw. Im Waadtländer Rhonetal dann, zwischen Villeneuve und Aigle, wird der Chablais gezogen, weniger feurig, dafür feiner nuanciert und oft reicher im Bukett. Die Waadtländer Weinberge sind fast ausschließlich mit Weißweinreben bepflanzt.

Die **Walliser Weine** kommen ausschließlich aus dem Rhonetal, dessen brütende Hitze im Sommer, ebenfalls von Steinen und Erde reflektiert, und dessen lange und schöne Herbste feurige und edle Tropfen reifen lassen. Im Wallis sind die Weine nicht nach ihren Heimatdörfern benannt, sondern nach der Pflanze. Hier gewinnt man aus der Chasselasrebe den berühmten Fendant sowie die lieblichen Johannisberg und Riesling, die aus dem Rheinland hierher verpflanzt wurden. Daneben reifen aus Weine alteingesessener Sorten: Der Arvine, der Armigne und der Humagne. Die starke Sonnenstrahlung bringt mit der weißen Burgunderrebe sogar Süßweine wie den Malvasier, einen Dessert- oder Aperitifwein, hervor. Bei Visperterminen wächst auf 1200 m Höhe der Paien, auch Heidenwein genannt, der höchstgezogene Wein Europas, der von den Hunnen hierher gebracht worden sein soll.

Die **Neuchâteler Weine**, die gewöhnlich unter dem Namen ihres Kantons in den Handel kommen, gelten als besonders leicht und spritzig. Der kreideartige Boden auf dem westlichen Seeufer zwischen Vaumarcus und St. Blaise bringt eine Chasselas-Qualität hervor, die dem natürlichen Champagner ähnlich ist. Am **Bieler See** wachsen der hitzig gärende Schaffiser und der Twanner, am **Zürichsee** die Meilener und

Praktische Vorbemerkungen

Herrliberger, in **Graubünden** der Completer, und **im Tessin** wird bei Mezzana ein guter Weißwein gezogen. Eine Entdeckung für jeden sind der **Spiezer Weiße** und **Rote**, die man fast nur dort bekommt.

Die Roten: Auch in bezug auf Rotwein ist die Schweiz reich gesegnet. Zweifellos die kräftigsten, vollmundig aromatischen Gewächse dieser Gattung kommen als Produkt der blauen Burgunderrebe aus dem **Walliser Rhonetal** und heißen Dôle. Auch der **Neuchâteler Rote**, der Cortaillod, ist erstaunlich reich und mundig und wird bei guten Jahrgängen sogar von verwöhnten französischen Weinkennern gelobt. Die bedeutendsten Rotweine kommen aber aus dem **Tessin**, wo vor allem der in den letzten Jahren lebhaft verstärkte Anbau des angenehmen Merlot dazu angetan ist, den südlichsten Schweizer Kanton zu einem immer wichtigeren Weinbaugebiet zu machen. Der **Nostrano**, der etwas robuste und herbe Landwein, wird hauptsächlich von der einheimischen Bevölkerung getrunken. Aus der Inner- und Ostschweiz kommen Rotweine von **Schaffhausen**, aus dem **Thurgau** und vom **Zürichsee**. Der schwere Veltliner, eigentlich ein italienischer Wein, wird im untersten Teil des Poschiavotals (Puschlav), bei Tirano, gezogen.

In der ganzen Schweiz wird überall ein gutes **Bier** ausgeschenkt, das zwar leichter, aber dafür süffiger ist als die deutschen Sorten. Das **Mineralwasser** ist besonders zu empfehlen. Die bekanntesten Marken stammen aus Henniez und Eptingen, aber auch weniger bekannte Quellen, wie etwa die von Adelboden, Passugg, Elm und Weissenburg sollte man versuchen. **Kaffee** bekommt man in der Schweiz, sofern man ihn sich nicht ausdrücklich anders bestellt, mit einer großen Portion warmer Milch geliefert, so daß man ihn sich auch nach Belieben zu „Kaffee verkehrt" mischen kann.

Der Kanton **Tessin** hat seine spezielle Küche, die in vielem der italienischen ähnlich ist. Reis und Teigwaren spielen eine große Rolle, die Suppen sind scharf und würzig, wie auch die üblichen Gerichte ganz auf südländische Art zubereitet werden. Flüsse und Seen sind reich an Fischen, die man vorzüglich herzurichten versteht. Es gibt verschiedene Salamisorten und Käsesorten von ausgesprochener lokaler Prägung. Dazu herrliches Obst, Südfrüchte, Nüsse, im Winter Maronen und immer hervorragenden Wein.

Campingplätze

Auskunft über Campingplätze erteilt der **Schweizerische Camping- und Caravanning-Verband (SCCV)**, Zentralsekretariat 6000 Luzern, Habsburgerstr. 35, Postfach, Tel. 0 41/23 48 22. — Auskünfte in Deutschland erteilen der **DCC** (Deutscher Camping Club), 8 München 40, Mandlstr. 28, Tel. 0 89/33 40 21, sowie die Geschäftsstellen des **ADAC**. Beide Clubs bringen jährlich Campingführer mit ausführlichen Angaben heraus.

Aarburg	Andermatt	Basel
Agno bei Lugano	Ascona	Bellinzona
Alpnachstad	**Avegno** bei Locarno	Biasca

Campingplätze — Jugendherbergen — Verkehrshinweise

Brunnen
Bubendorf bei Liestal
Buochs
Cadenazzo
 bei Bellinzona
Chiggiogna bei Faido
Cugnasco
 bei Bellinzona
Engelberg
Giswil bei Sarnen
Gordevio bei Locarno
Gordola bei Locarno
Gudo bei Bellinzona

Horgen bei Zürich
Küssnacht am Rigi
Locarno
Lungern
Luzern
Maroggia bei Bissone
Melano bei Bissone
Meride bei Mendrisio
Mumpf bei Rheinfelden
Muzzano bei Lugano
Ponte Tresa
Rapperswil
Sarnen

Sempach
Sihlwald bei Zürich
Stäfa bei Zürich
Taverne bei Lugano
Tenero bei Locarno
Türlersee bei Zürich
Vitznau
Weggis
Wetzikon bei Pfäffikon,
 Kt. Zürich
Zürich
Zug
Zurzach

Jugendherbergen

Auskunft über Jugendherbergen erteilt der **Schweizerische Bund für Jugendherbergen (SJH),** CH-8958 Spreitenbach, Hochhaus 9, Postfach 132, Tel. 0 56/71 40 46. — Auskünfte in Deutschland erteilt das **Deutsche Jugendherbergswerk,** 4930 Detmold 1, Bülowstr. 26, Tel. 0 52 31/2 27 72, das jährlich ein Verzeichnis der Jugendherbergen herausgibt.

Aarau
Baden
Basel
Beinwil am See
Bristen bei Amsteg-
 Silenen
Brugg
Bürglen bei Altdorf
Engelberg

Eptingen bei Olten
Fällanden bei Uster
Figino bei Lugano
Gersau
Giswil bei Sarnen
Göschenen
Hegi bei Winterthur
Hospental
 bei Andermatt

Innerthal bei Pfäffikon,
 Kt. Schwyz
Luzern
Melano bei Bissone
Muotathal bei Schwyz
Rapperswil
Zürich
Zug

Verkehrshinweise
Straßenverkehr

Im Verlauf des Ausbaus des Schweizerischen A u t o b a h n n e t z e s sind Teilstrecken der Autobahnen N 1 Bodensee—Genfer See—Frankreich, N 2 Basel—Olten—Luzern (—St.-Gotthard-Pass), N 3 Basel—Baden—Zürich—Walensee (—Chur) fertiggestellt. — In dem vorliegenden Band sind die Nationalstraßen 2. Klasse nur noch mit der betreffenden Straßennummer (also „Straße 1") gekennzeichnet; die neuen Nationalstraßen 1. Klasse, die den deutschen Autobahnen entsprechen, tragen ein N vor der Straßennummer (also „N 1").

In der Schweiz gelten im wesentlichen die in der Bundesrepublik Deutschland üblichen Verkehrsregeln. A u s n a h m e n : Die zulässige H ö c h s t g e s c h w i n d i g k e i t in bebauten Gebieten ist grundsätzlich auf 60 km/h festgesetzt. In „Blauen Zonen" ist die Benutzung von Parkscheiben obligatorisch (diese sind bei den Schweizer Automobilclubs, in Hotels, bei Tankstellen, Garagen und Poli-

Praktische Vorbemerkungen

zeidienststellen erhältlich; Höchstparkzeit 1¹/₂ Std. — Auf den Autobahnen ist eine Mindestgeschwindigkeit von 60 km/h und Höchstgeschwindigkeit von 130 km/h vorgeschrieben. Auf den übrigen Straßen gilt, sofern nicht anders angezeigt, eine Höchstgeschwindigkeit von 100 km/h. Geschwindigkeitsüberschreitungen werden hart bestraft. — Für Wohnanhänger über 2,10 m Breite und 6 m Länge sind Sondergenehmigungen erforderlich. — Nebelschlußleuchten dürfen nicht eingeschaltet werden.

Wichtig: Kann auf Bergstraßen nicht ausgewichen werden, so hat das aufwärtsfahrende Fahrzeug Vorrang. Auf den sog. „Bergposttrassen" (Schild mit gelbem Posthorn auf blauem Grund) haben in allen Fällen die Postomnibusse Vorfahrt-

In Autos, die mit Sicherheitsgurten ausgerüstet sind, besteht Anschnallpflicht, außerdem dürfen Kinder bis zum 12. Lebensjahr nicht auf dem Vordersitz befördert werden.

Bei Pannen muß das Warndreieck auf Straßen mit schnellem Verkehr mindestens 150 m vom Fahrzeug entfernt aufgestellt werden, auf anderen Straßen 50 m. Die Warnblinkanlage muß auf dem Pannenstreifen der Autobahn ausgeschaltet werden, sobald das Warndreieck aufgestellt ist.

Im Winter sollte man unbedingt mit Winterreifen in die Schweiz fahren. Wer auf schneebedeckten Straßen mit Sommerreifen einen Verkehrsstau verursacht, wird mit einer Geldbuße bestraft.

Spikes-Reifen dürfen nur von November bis März gefahren werden. Für Fahrzeuge mit Spikes-Reifen beträgt die Höchstgeschwindigkeit 80 km/h; Autobahnen (mit Ausnahme der N 13 zwischen Thusis und Mesocco) und als solche gekennzeichnete Autostraßen dürfen nicht befahren werden.

Die Vorschrift zur Benutzung von Schneeketten wird durch ein Schild (Reifen mit Schneekette auf blauem Grund) gekennzeichnet.

Auskünfte über den Straßenzustand im Winter erteilen die Schweizer Automobilclubs, die Geschäftsstellen des ADAC sowie die Nachrichtendienste der Rundfunkstationen. Telefonische Informationen über Rufnummer 1 63 (von der Bundesrepublik aus: 0 04 11/1 63), bei der man auch Auskünfte über die Schneeverhältnisse in den wichtigsten Wintersportorten der Schweiz erhält.

Pannenhilfe: Touring-Hilfe des TCS, Tag und Nacht erreichbar, Tel. 1 40.

Treibstoffpreise pro Liter (Stand Winter 1978/79):

Normalbenzin (90–94 Oktan)   sfrs 0,88 bis 1,00 (= DM 0,99 bis 1,13)
Superbenzin (98–100 Oktan)   sfrs 0,89 bis 1,01 (= DM 1,— bis 1,14)
Dieselkraftstoff   sfrs 0,90 bis 1,10 (= DM 1,01 bis 1,24)

Mautstraßen: Tunnel durch den Großen St. Bernhard (5,8 km), Bourg St. Pierre – Saint-Rhémy (ganzjährig geöffnet: Einfache Durchfahrt: Motorräder 4,– sfrs, Pkw 12,– bis 27,– sfrs je nach Radstand. – Hin- und Rückfahrt (innerhalb 3 Tagen): Motorräder 5,50 sfrs, Pkw 17,– bis 38,– sfrs. Außerdem gibt es eine Zehnerkarte mit ca. 63 % Ermäßigung auf den einfachen Fahrpreis.
Autoverladung: GOTTHARD-TUNNEL Göschenen–Airolo, Pkw 28,– sfrs. – LÖTSCHBERG-TUNNEL Kandersteg–Goppenstein, Pkw 28,– sfrs. – LÖTSCHBERG/SIMPLON-TUNNEL Kandersteg–Brig, Pkw 40,– sfrs. Brig–Iselle, Pkw 37,– sfrs. Kandersteg–Iselle 67,– sfrs. – ALBULA-TUNNEL Thusis–Samedan, Pkw 62,– sfrs.
Autoreisezüge für die Anfahrt aus der Bundesrepublik Deutschland verkehren auf folgenden Strecken:
Hamburg/Hannover–Lörrach (bei Basel)–Chiasso
Hamburg/Hannover–Neu Isenburg (bei Frankfurt a. M.)–Chur
Düsseldorf/Köln–Lörrach (bei Basel)
Berlin–Lörrach (bei Basel).
Autofähren verkehren auf dem Bodensee (Konstanz–Meersburg. Friedrichshafen–Romanshorn), auf dem Vierwaldstätter See (Gersau–Beckenried) und dem Zürichsee (Horgen–Meilen). Auskünfte über die Fährverbindungen (und Fahrpreise) auf dem Bodensee erteilt der ADAC, für den Vierwaldstätter und den Zürichsee das Schweizer Verkehrsbüro, 6 Frankfurt/Main, Kaiserstr. 23, Tel. 06 11/23 60 61. – Die Autofähren verkehren mehrmals täglich.

Bahnverkehr

Schnell- und D-Züge sind in der Schweiz zuschlagfrei. Einfache Fahrkarten haben zwei Tage Gültigkeit, Rückfahrkarten mit einer Ermäßigung von 15 % zehn Tage; ihre Geltungsdauer kann durch Nachzahlung verlängert werden. Sonntagsrückfahrkarten sind um 50 % ermäßigt. Ferner werden auf Strecken innerhalb der Schweiz für bestimmte Verbindungen Rundfahrtkarten mit zehntägiger Geltungsdauer und 25 % Ermäßigung ausgegeben. Eine Besonderheit sind Rundfahrtbillets mit Wandermöglichkeit. Eine Gültigkeitsdauer von einem Monat haben sogenannte Ferienbilletts für Hin- und Rückfahrt oder Rundreise, die zur Benützung sowohl der Schweizerischen Bundesbahnen als auch der Privatbahnen berechtigen und auf die bei einer Grundgebühr von 30,– sfrs. (2. Klasse) bzw. 45,– sfrs. (1. Klasse) für den Streckenpreis eine Verbilligung von maximal 50 % gewährt wird; sie berechtigen den Inhaber zudem zum Erwerb von fünf Ausflugsbilletts zum ermäßigten Preis (bis 150 km halber Preis). Das Altersabonnement wird an Damen ab 62 Jahre und Herren

Praktische Vorbemerkungen

ab 65 Jahre abgegeben. Es kostet 77,– sfrs., ist ein Jahr gültig und ermöglicht die Benutzung von Bahn, Schiff, Postbussen und Luftseilbahnen zum halben Preis (Paß/Personalausweis vorlegen).
Die Schweizer Ferienkarte berechtigt zur Benutzung aller Bahn-, Postauto- und Schiffslinien zu Pauschalpreisen und ermöglicht Preisermäßigungen bei Fahrten mit Bergbahnen (Kinder von 6 bis 16 Jahren halber Preis; Preise für 1. Klasse in Klammern): Für 8 Tage 110,– sfrs. (155,–), für 15 Tage 150,– sfrs. (210,–), für einen Monat 215 sfrs. (300,–). Die Schweizer Ferienkarte ist erhältlich bei DER-Reisebüros und beim Schweizer Verkehrsbüro in Frankfurt/Main, Kaiserstr. 23.
Das Familienbillett ist von Familien (einschließlich Verwandten, Hausangestellten und dem Hund) zu beziehen, sofern wenigstens ein Elternteil an der Reise teilnimmt. Für mindestens zwei Fahrkarten muß der volle Preis bezahlt werden, die übrigen sind um 50 % ermäßigt.

Busverkehr

Die Schweiz ist mit einem dichten Netz von Buslinien überzogen, die entweder von der Post (PTT) oder von privaten Unternehmern betrieben werden. Diese Linien wirken vor allem schienenergänzend und erschließen abgelegene Gebiete, in die keine Bahnlinie führt. Viele Linien, vor allem die hochalpinen Paßstrecken, sind touristisch außerordentlich sehenswert und zu Ausflügen geeignet.
Das Schweizer Postauto-Ferienabonnement umfaßt alle fahrplanmäßigen Postautobusse der Schweiz. Es ermöglicht unbeschränkte Fahrten an drei, innerhalb eines Monats frei wählbaren Tagen, an den restlichen Tagen eine Preisermäßigung von 50 %. Das Abonnement kostet 40,– sfrs., für Inhaber von Ferienbilletts (s. Bahnverkehr) und Kinder von 6 bis 16 Jahren 20,– sfrs. Das Ferienabonnement und ein Prospekt darüber sind erhältlich beim Schweizer Verkehrsbüro, Frankfurt/Main, Kaiserstr. 23.
Für die Anreise aus der Bundesrepublik Deutschland (Wiesbaden, Heidelberg, Freudenstadt bzw. München, Garmisch, Landeck) sowie im Innerschweizer Liniendienst verkehren Bahnbusse der Europäischen Eisenbahnen im Rahmen des Europabus-Netzes. Nähere Auskünfte erteilen die Deutsche Bundesbahn und das Schweizer Verkehrsbüro, Frankfurt/Main.

Flugverkehr

Internationaler Flughafen ZÜRICH AIRPORT in Kloten, 15 km nördlich von Zürich. – Internationaler Flughafen AIRPORT BASEL-MULHOUSE bei Blotzheim/Frankreich, 15 km nordwestlich von Basel (Zollfreistraße, Autobahn im Bau). – AGNO/Tessin, am Nordende des westlichen Arms des Lago di Lugano.

Schiffsverkehr

Ägerisee: Linienverkehr: Unterägeri, Oberägeri, Ländli, Eierhals, Naas, Morgarten Gasthaus, Morgarten Denkmal und zurück.
Greifensee: Maur, Uster, Greifensee, Fällanden-Rohr, Greifensee, Maur.
Hallwilersee: Meisterschwanden Delphin, Birrwil, Meisterschwanden Delphin, Meisterschwanden Seerose, Beinwil am See. – Rundfahrten Mosen – Äsch sowie Seengen – Boniswil (bei schönem Wetter).
Luganer See (Lago Ceresio): Linienverkehr Lugano–Ponte Tresa (Castagnola, Lugano Centrale, Lugano Giardino, Lugano-Paradiso, Campione, Bissone, Melide La Romantica, Melide, Brusino Arsizio, Brusino Arsizio Funivia, Morcote, Porto Ceresio, Figino, Ponte Tresa); Lugano–Porlezza (Lugano-Paradiso, Lugano Giardino, Lugano Centrale, Lugano Vedetta, Castagnola, Gandria Vedetta, Gandria Paese, Gandria Confine, S. Margherita, Oria, S. Mamele, Osteno, Porlezza); Lugano–Capolago (Lugano Centrale, Lugano-Paradiso, Campione, Bissone, Melide La Romantica, Melide, Poiana, Capolago); Lugano–Gandria (Lugano-Paradiso, Lugano Centrale, Lugano Vedetta, Cassarate, Castagnola, Campione, Cartivo, San Domenico, Grotto Elvezia, Cavallino, San Rocco, Caprino, Grotto Pescatori, Gandria Cantine, Gandria Vedetta, Gandria Paese, Gandria Confine).
Lago Maggiore: Linienverkehr Locarno, Magadino, Vira, S. Nazzaro, Ascona, Gerra, Ranzo, Porto Ronco, Isole di Brissago, Brissago, Cannobio, Luino, Intra, Villa Taranto, Pallanza, Isola Madre, Baveno, Isola Pescatori, Isola Bella, Stresa, Arona und zurück.
Rheinschiffahrt: Gesellschaftsfahrten Basel–Rheinfelden (Basel Rheinhafen, Basel Schifflände, Kraftwerk Augst, Kaiseraugst, Rheinfelden); Rundfahrten zu den Kembser Schleusen (ab Basel-Schifflände und Rheinhafen).
Vierwaldstättersee: Linienverkehr Luzern–Brunnen–Flüelen (Luzern Bahnhofquai, Seeburg, Kehrsiten-Bürgenstock, Hertenstein, Weggis, Lützelau, Vitznau, Ennetbürgen, Buochs, Beckenried, Gersau, Treib, Brunnen, Rütli, Sisikon, Tellsplatte, Bauen, Isleten-Isenthal, Flüelen); Luzern–Stansstad–Alpnachstad (Luzern Bahnhofquai, Seeburg, St. Nikolausen, Kastanienbaum, Kehrsiten-Bürgenstock, Kehrsiten Dorf, Stansstad, Hergiswil, Rotzloch, Alpnachstad); Luzern–Küssnacht (Luzern Bahnhofquai, Verkehrshaus/Lido, Seeburg, Tribschen, Hertenstein, Vordermeggen, Hintermeggen, Merlischachen, Greppen, Küssnacht); Alpnachstad – Stansstad – Kehrsiten – Vitznau–Flüelen (Alpnachstad, Hergiswil, Stansstad, Kehrsiten Dorf, Kehrsiten-Bürgenstock, Seeburg, Hertenstein, Weggis, Vitznau, Beckenried, Gersau, Treib, Brunnen, Flüelen); Luzern–Verkehrshaus–Hermitage (Luzern Schweizerhofquai, Luzern-Bahnhofquai, Verkehrshaus/Lido, Seeburg, Tribschen, Hermitage); Autofähre Beckenried–Gersau.
Zürichsee: Linienverkehr Zürich Bahnhofstraße, Z.-Theater, Zürichhorn, Z.-Tiefbrunnen, Wollishofen, Wollishofen Badeanstalt, Mönchhof, Kilchberg-Bendlikon, Schooren, Rüschlikon, Zollikon, Küsnacht Goldbach, Küsnacht, Küsnacht Strandbad, Erlenbach, Thalwil, Oberrieden, Herrliberg, Horgen, Meilen, Au Obermeilen, Uetikon, Männedorf, Wädenswil, Stäfa,

Richterswil, Bächau, Uerikon, Insel Ufenau, Rapperswil. — **Querfahrten rechtes–linkes Ufer** (Küsnacht, Küsnacht Strandbad, Erlenbach, Thalwil, Rüschlikon, Schooren, Kilchberg-Bendlikon; Uetikon, Männedorf, Stäfa, Richterswil, Wädenswil. — Autofähre Horgen–Meilen (15 Min.).
Zuger See: Linienverkehr Cham, Zug Stadt, Zug Bahnhof, Oberwil, Buonas, Risch, Lothenbach, Baumgarten, Immensee, Walchwil, Arth am See.

Sportmöglichkeiten

Bergsport: Die Innerschweiz ist ein ideales Gebiet für leichtere Bergwanderungen, ebenso sind aber auch Felsbegehungen und Klettertouren möglich. Auch Eistouren und Überquerungen von Gletschern bieten sich an. Ein dichtes Netz von Buslinien bis in entlegene Täler hinauf sowie eine große Anzahl von Standseilbahnen, Luftseilbahnen und Sesselbahnen verkürzen zeitraubende Anmarschwege. Zahlreiche Hüttenstützpunkte ermöglichen zudem zusammenhängende Hochtouren.

Bei der Planung von Bergfahrten sollten zwei Begriffe unterschieden werden:

1. **Die Bergwanderung ist im allgemeinen gefahrlos und bei klarem Wetter meist ohne Führer durchführbar.** Hierzu gehören: Almbegehungen, Wanderungen in die Hüttengebiete oder von Hütte zu Hütte auf bezeichneten Wegen sowie Übergänge und Gipfelbesteigungen auf bezeichneten oder durch Drahtseile usw. gangbar gemachten Wegen und sämtlich als „leicht" bezeichneten Bergfahrten. Für viele Bergwanderungen ist jedoch Schwindelfreiheit und Trittsicherheit erforderlich!

2. **Die Hochtour kann nur von geübten Bergsteigern ohne Führer durchgeführt werden.** Der Begriff „Hochtour" umfaßt Felsbegehungen auf **nicht** bezeichneten Wegen, Klettertouren, Gletscherbegehungen und Eistouren. Die Kletter- und Eistouren sind nach der Alpenskala in sechs Schwierigkeitsgrade eingeteilt: I = unschwierig, II = mäßig schwierig, III = schwierig, IV = sehr schwierig, V = besonders schwierig, VI = äußerst schwierig. Ungeübte sollten sich bei allen Bergtouren von einem autorisierten Führer (Sammelführungen) führen lassen.

Alpine Auskünfte erteilen:
Schweizer Alpen-Club (SAC), 8006 Zürich, Stampfenbachstr. 57.
Deutscher Alpenverein (DAV), 8 München 22, Praterinsel 5.

Wintersport: Wenn auch die berühmten Wintersportzentren der Schweiz eher in der Westschweiz und im Engadin zu finden sind, stehen doch auch im Gebiet der Innerschweiz zahlreiche Möglichkeiten offen. Bergbahnen und Lifte reichen bis in Gipfelhöhe. Diese gewähren Ermäßigungen bis zu 60 % des normalen Preises. Abfahrten aller Schwierigkeitsgrade sind möglich, die Pistenpflege ist vorzüglich. — Auch Eislauf und Curling sind an vielen Wntersportorten zu betreiben. — Großer Beliebtheit erfreut sich auch der Langlauf. Im Hallwag-Verlag, Bern, ist ein Skiwander- und Langlauf-

Sportmöglichkeiten – Veranstaltungen – Kartenhinweise

Führer erschienen, in dem 100 der schönsten Loipen und Skiwanderwege der Schweiz beschrieben sind. Außerdem enthält er Hinweise auf Rastmöglichkeiten, Restaurants, Markierungen usw.
Andere Sportarten: Golf und Tennis, Reiten und alle Arten von Wassersport können an allen entsprechenden Ferien- und Kurorten gepflegt werden. Ausführliche Informationen erteilt das Schweizer Verkehrsbüro in Frankfurt a. M.

Veranstaltungen

1. August **Nationalfeiertag,** „Unterzeichnung des Beistandspaktes zu den Urkantonen" (1. August 1291). Abends Freudenfeuer, Fackelzüge, Feuerwerk.
Altdorf, im Sommer Schillers „Wilhelm Tell" im Tellspielhaus.
Ascona, traditionelles Risotto-Essen am Fastnachtsdienstag; im Juli Künstlerfest; im Herbst Musikfestwochen.
Baden, Sommerkonzerte in der Klosterkirche Wettingen.
Basel, im April Schweizer Mustermesse (11 Tage); Oktober/November Basler Herbstmesse (14 Tage).
Beromünster, am Himmelfahrtstag der „Umritt", bekannte Prozession zu Fuß und Pferd.
Einsiedeln, 14.September Hauptwallfahrtstag (Engelweihe).
Locarno, im Februar großes Risotto-Essen; September/Oktober internationales Film-Festival.
Luzern, August/September internationale Musikfestwochen.
Mendrisio, 11.–13. November Martinsmarkt; in der Passionswoche historischer Umzug.
Winterthur, 21. Juni Albanifest; vor Weihnachten Winterthurer Messe.
Zürich, internationale Juni-Festwochen; Herbstmesse „Züspa".
Hinweise auf Veranstaltungen enthält die Broschüre „Veranstaltungen in der Schweiz" (Schweizer Verkehrszentrale).

Kartenhinweise

Als besonders geeignet für Anreise und Aufenthalt im Bereich dieses Bandes empfiehlt die GRIEBEN-Redaktion:
Offizielle Autokarte des Touring Clubs der Schweiz (TCS), 1 : 300 000 (Kümmerly + Frey, Bern).
Offizielle Autokarte des Automobilclubs der Schweiz (ACS), 1 : 250 000 (Kümmerly + Frey, Bern).
Autokarte Schweiz, 1 : 300 000 (Hallwag, Bern).
Michelin-Autokarten Schweiz, 1 : 200 000 (Blatt 21, 23, 24, 26).
Landeskarte der Schweiz, 1 : 200 000 (Eidgenössische Landestopographie, Wabern-Bern), 4 Blätter
Landeskarte der Schweiz, 1 : 50 000 (Eidgenössische Landestopographie, Wabern-Bern), 25 Blätter für dieses Gebiet.

Streckenbeschreibungen und Tourenvorschläge

Für den Autoreisenden

Anfahrtstrecken

Aus Nordwestdeutschland und aus dem Rhein-Main-Gebiet: Über die Autobahn Frankfurt a. M.–Karlsruhe–Basel (Grenzübergang Weil am Rhein–Basel-Süd im Bau)–Olten–Zürich.

Aus Südwestdeutschland (Baden-Württemberg): Über die Autobahn (Würzburg–) Stuttgart–Konstanz (größtenteils fertiggestellt).

Aus dem Allgäu und aus Oberbayern: Über B 30 und B 19/18 nach Lindau; a) von Friedrichshafen nach Romanshorn oder von Meersburg nach Konstanz mit Autofähre; b) über Bregenz (Österreich) – Rheintal-Autobahn – Chur – San Bernardino – Bellinzona.

Aus Tirol und Vorarlberg: Auf der Arlbergstraße bis Landeck, auf Bstr. 315/184 inntalaufwärts durch das Engadin–Malojapass–Chiavenna–Comer See.

Streckenbeschreibungen

Konstanz/Kreuzlingen – Winterthur – Zürich – Aarburg – Bern, Straße 1 bzw. N 1 = 192 km. Diese Route durchläuft die Schweiz als Nordost-Südwest-Diagonale von Deutschland nach Südostfrankreich; sie verbindet die wichtigsten Schweizer Städte Winterthur, Zürich und Bern und führt jenseits unseres Reisegebiets weiter nach Lausanne und Genf (s. GRIEBEN-Band 258 „Westschweiz"). Die größtenteils fertiggestellte Autobahn (N 1) verläuft im allgemeinen auf derselben Route.

0 km **Konstanz** am Bodensee (Anschluß an die deutsche Bundesstraße 33 sowie mittels Autofähre an die deutsche Bundesstraße 31). Die deutsche Stadt Konstanz und die schweizerische Stadt

3 km **Kreuzlingen** (Kreuzung der N 13) gehen ineinander über. Die Straße wendet sich südwestwärts über Neuwilen, Hefenhausen und Mühlheim nach Pfyn ins Tal der Thur, überschreitet diese nach Felben hin und erreicht

29 km **Frauenfeld** (Kreuzung der Str. 31 Schaffhausen–St. Gallen), die Hauptstadt des Kantons Thurgau. Es geht weiter durch die Nordostschweiz nach Islikon, bald darauf über die Grenze der Kantone Thurgau und Zürich und durch Dörfer mit alemannisch klingenden Namen wie Gerlikon oder Kefikon. Bei Attikon wird die neue sechsspurige Autobahn N 1 nach Zürich erreicht. Nun nach

45 km **Winterthur** (Kreuzung der N 4 und N 1/Str. 7). An der südwestlichen Stadtausfahrt wird der Rheinzufluß Töss überschritten. Die Straße tritt ins freundliche Mittelland ein und erreicht

51 km **Kempthal** (Abzw. der Str. 138 nach Wetzikon und Rapperswil). Über Tagelswangen, Brüttisellen und an Wallisellen vorüber, fast parallel mit der Autobahn N 1, führt sie nach

70 km **Zürich** (Kreuzung der N 3, Abzw. der Str. 17 [Zürichsee-Noruferstraße], Str. 126 nach Cham bei Zug, Str. 171 zur Str. 7 und 172 nach Baden), der größten Stadt der Schweiz. Während die Autobahn nördlich im Bogen an Baden heranführt, verläßt die Str. 1 gemeinsam mit der N 3 via Limmatstraße die Stadt nach Westen und trennt sich von dieser in

80 km **Schlieren** nach Südwesten, überschreitet die Grenze zwischen den Kantonen Zürich und Aargau, erreicht Rudolfstetten, steigt leicht nach Mutschellen an und läuft auf das mittelalterliche Städtchen

92 km **Bremgarten** zu, das reizend in einer Schlinge der Reuss liegt, die hier mittels einer sehr alten gedeckten Holzbrücke überschritten wird. In

98 km **Wohlen** (2 km darauf Abzw. der Str. 25 nach Luzern) führt eine Brücke über die Bunz. Während sich die Straße nordwestlich ins Bunztal wendet, rechts Blick auf Schloß Wildegg, dann Schloß Lenzburg, wird in

109 km **Lenzburg,** einem hübschen alten Städtchen, die Autobahn N 1 erreicht, die, z. T. mit Sicht auf den Jura, in Richtung
Basel, 192 km, verläuft.

Basel – **Olten** – **Luzern** – **Schwyz** – **Andermatt** – **Gotthard** – **Airolo** – **Bellinzona** – **Locarno** – **Lugano** – **Chiasso**, Straße 2 bzw. N 2, 332 km. Diese Fernstraße durchzieht die gesamte Schweiz von Nordwest nach Südost, von der deutschen bzw. französischen bis zur italienischen Grenze. Sie führt durch den Jura, danach durch das anmutige Mittelland, überschreitet den Alpenzentralkamm und durchzieht den vielgepriesenen Tessin mit seinem südländischen Charakter. Dabei berührt sie touristisch höchst bedeutende Gebiete, wie Vierwaldstätter See, Gotthard, Lago di Lugano und, in geringem Abstand, Lago Maggiore. Die Straße 2 wird nach und nach durch die im Bau befindliche und in Teilabschnitten fertiggestellte Autobahn N 2 ersetzt.

0 km **Basel.** Über Muttenz (Str. 12) oder über Birsfelden (N 3) zum Anschluß der

10 km Str. 2 bei **Pratteln** (nahebei Augusta Raurica, berühmter Ausgrabungsort, römische Funde). Die Autobahn verläuft nach dem Verteilerkreuz (N 3 nach Zürich) in südlicher Richtung mäßig ansteigend, die Fahrt ist landschaftlich besonders reizvoll. In vier Tunnels (der längste führt unter dem Allerheiligenberg, zwischen Oberhauenstein und Unterhauenstein, hindurch) wird der Jura durchquert. Dann zieht die Autobahn in einer Schleife in das Aaretal hinunter und erreicht bei Egerkingen, westlich Olten, die Autobahn N 1 Bern–Zürich. Die Route verläuft zunächst auf dieser Autobahn in Richtung Zürich und verläßt sie bei der Ausfahrt Oft-

Streckenbeschreibungen und Tourenvorschläge

ringen. (Basel–Oftringen 58 km.) Hier wird nunmehr die Straße 2 erreicht. Der nächste Ort ist
61 km Zofingen; bald darauf über die Grenze zwischen den Kantonen Aargau und Luzern ins hübsche Mittelland nach
70 km Dagmersellen. Mit einer Wendung nach Osten führt die Route über Uffikon und St. Erhard nach
82 km Sursee (Abzw. der Str. 96 nach Huttwil–Sumiswald und der Str. 118 nach Aarau) an der Nordspitze des Sempacher Sees und an dessen Westufer weiter über Oberkirch und Nottwil nach Neuenkirch und über
101 km Emmenbrücke (Abzw. der Str. 10 nach Bern und Str. 120 nach Lenzburg) nach
104 km Luzern (Abzw. der Str. 4 nach Zug–Zürich und der hier wieder N 2 genannten Straße um das Seesüdufer nach Stansstad), herrlich am Nordwestende des Vierwaldstätter Sees gelegen. Die Str. 2 verläßt via Haldenstrasse Luzern nach Osten und folgt dem Seeufer (Abzw. Strandbad Lido, Campingplatz) nach Meggen, der Grenze zwischen den Kantonen Luzern und Schwyz, und erreicht
116 km Küssnacht a. R. (Abzw. der Str. 127 entlang dem See nach Brunnen, sehr reizvolle Alternativstrecke, jedoch ohne Zuger See: von Küssnacht a. R. im spitzen Winkel am Westabfall des Rigi entlang südwärts, westlich die Halbinsel Hertenstein, und wieder zum See nach dem prächtig gelegenen Weggis; am Seeufer entlang weiter über Vitznau [Rigibahn nach Rigi-Kaltbad, Rigi-Staffel und Rigi-Kulm], ebenfalls in herrlicher Lage, und Gersau [Autofähre nach Beckenried], dem bekannten Kurort in windgeschützter Lage; schließlich mit Blick auf Mythen und den Urner See über die Muotamündung ebenfalls nach Brunnen an der Str. 2). Die Str. 2 strebt von Küssnacht a. R. leicht ansteigend zum G Tells Hohle Gasse (von hier in wenigen Minuten zu Fuß durch die berühmte Hohle Gasse zur Tellskapelle), dann, am Fuß des Rigi nach Osten kehrend überm Zuger See und überm Ort Immensee dahin zum Südende des Sees nach
125 km Arth (Abzw. der Str. 25 nach Zug). Es geht weiter über Oberarth nach Goldau (Rigibahn), später leicht fallend über ein Bergsturz-Trümmerfeld nach
131 km Lauerz am reizenden kleinen Lauerzer See mit prächtigem Blick auf die Berggestalten des Großen und Kleinen Mythen und weiter direkt am Südufer entlang, an den Ruinen der Insel Schwanau vorbei nach
136 km Seewen (Ortsteil von Schwyz, 3,5 km), am Ostende des Sees. Nun verläuft sie südwärts nach
142 km Ibach (Ortsteil von Schwyz, 3 km), Brücke über die Muota, dann südwestlich über Ingenbohl zum Straßenkreuz 1 km vor
143 km Brunnen (Abzw. der Str. 127 nach Küssnacht a. R., 36 km). Vom Straßenkreuz (Einfahrt auch zum Moositunnel) führt eine Umgehungsstraße (um den Ort Brunnen) zur Axenstrasse, die mit Tunnels und Galerien eine begeisternd schöne Fahrt entlang dem Ostufer des Urner Sees bietet. Jenseits überm See der Schillerstein (gewidmet dem Dichter des „Wilhelm Tell"), dann oberhalb des Sees die Bergwiese Rütli, schweizerisches „Nationalheiligtum", darüber der Kurort Seelisberg. Über Sisikon, Grenze zwischen den Kantonen Schwyz und Uri, und vorbei unter dem Hotel Tellsplatte (Fußweg zur Tellskapelle am See, wenige Min.) sowie dem Urirotstock wird schließlich

155 km **Flüelen** erreicht, gelegen am Südende des Urner Sees neben dem ehemaligen Mündungsdelta der Reuss (heute kanalisiert). Dem R e u s s t a l aufwärts folgend, kommt man nach

158 km **Altdorf**, berühmt aus der Tellgeschichte, Blick auf die hohen Urner Berge, rechts das Dorf Attinghausen. Weiter an der Reuss entlang verläuft die Route über Erstfeld mit der Riesenpyramide des Bristenstocks nach

172 km **Amsteg-Silenen** am Eingang zum schönen Maderanertal (dahin Abzw. östlich steil nach Bristen mit Schwebebahn zum Golzernsee). Hier beginnt die eigentliche Paßstraße im Engtal der schäumenden Reuss. Die großen und schwierigen Bauten der neuen, hier wieder als N 2 bezeichneten Straße verlaufen parallel der alten Straße, die über Intschi, an einem mächtigen Steinbruch vorbei, nach Gurtnellen-Station ansteigt (Stausee). Es folgen

183 km **Wassen** (Abzw. der Str. 11 über den Sustenpass nach Meiringen), wovon aus man drei Kehrtunnels der Gotthardbahn erkennt, und Wattingen, wo es wieder über die Reuss geht, und ansteigend weiter nach

188 km **Göschenen** (1101 m) am Nordeingang des 15 km langen Gotthardtunnels (Autoverladung). Kurz darauf wird in einer Kehre der Blick frei in die berühmte S c h ö l l e n e n s c h l u c h t, durchtost von der wilden Reuss — und auf die Kunstbauten der Bahn —, dann führt die Straße aufwärts über die Sprengibrücke, durch Schutzgalerien, oberhalb der Teufelsbrücke und durch das Urner Loch ins U r s e r n t a l, ein offenes, fast unbewaldetes Hochtal, beiderseits von Schneegipfeln und Geröllhalden gesäumt. Über

194 km **Andermatt** (1447 m; Abzw. der Str. 19 Oberalppass–Tamins [Chur]) eben bis

196 km **Hospental** (Abzw. der Str. 19 Furkapass–Gletsch–Brig/Rhone), Vereinigung von Furkareuss und Gotthardreuss. Im Tal der G o t t h a r d r e u s s an den Hängen des Gamsbodens entlang weiter aufwärts zum Gasthaus Mätteli, dann zwei Doppelschleifen — Blick auf Pizzo Centrale mit Gletscher — und vorbei am Brüggloch, der Grenze zwischen den Kantonen Uri und Tessin. Über die Lucendrobrücke (westlich oberhalb des Lucendro-Stausees) wird der

206 km **Gotthardpass** (2108 m) erreicht, einer der ältesten Alpenübergänge in den Süden. Die Paßhöhe ist Wasser- und Wetterscheide. Von hier führt die neuausgebaute Südrampe, 9 m breit, durch den 700 m langen Castioni-Tunnel und überwindet in nur 3 Kehren die Höhendifferenz von über 500 m zwischen Paß und dem Ort Motto Bartola im Bedrettotal. Die alte Straße, die, am Hospiz und Hotel vorbei, in 25 engen Kehren durch die Tremolaschlucht nach Motto Bartola führt, die alte historische Route also, die im Sommer manche Autofahrer zur Verzweiflung brachte, ist weiterhin für den Verkehr geöffnet. Die Weiterfahrt verläuft dann nach

219 km **Airolo** (1175 m; Autoverladung, vgl. Göschenen) in prächtiger Hochgebirgsumgebung am Südausgang des Gotthardtunnels. Nun in der V a l l e L e v e n t i n a am Ticino (Tessin) entlang ständig südwärts über Piotta (Seilbahn nach Piora am Lago Ritòm) und Ambri. Bei Rodi-Fiesso in den Engpaß des Piottino-Talriegels nach

236 km **Faido** (755 m) mit südlicher Vegetation und in schöner Tallage. Über das pittoreske Chiggiogna und über Lavorgo zum Talriegel der

Streckenbeschreibungen und Tourenvorschläge

Biaschina und hinab nach dem alten Giornico (Schlacht von 1478), wo die ersten Weinreben zu sehen sind, und über Bodio und Pollegio nach
256 km **Biasca** (Abzw. der Str. 61 Lukmanierpass-Disentis/Mustèr), das in einer Ausbuchtung des Tessintals und der Einmündung der Val Blenio liegt. Im flacheren Tal, R i v i e r a genannt, durch prächtige südliche Vegetation weiter. Bei Osogna große Granitbrüche, dann Cresciano und Claro. Es folgen
273 km **Castione** (kurz dahinter Abzw. der Str. 13/E 61 San Bernardino–Chur sowie des Autobahnteilstücks der N 2) und
275 km **Arbedo.** Die Straße führt dann südwestlich an der Chiesa Rossa (Kirche) vorbei nach
277 km **Bellinzona** (Abzw. der Str. 13 nach Locarno), einem pittoresken Ort und Kantonshauptstadt des Tessin, und durch den P i a n o d i M a g a d i n o , die Mündungsebene des Ticino; an dessen Südrand werden
280 km **Gubiasco** und
286 km **Cadenazzo** (Abzw. zur Str. 13) passiert. Hier verläßt die Strecke den Ticino und steigt in Kehren südwärts zum
292 km **Passo di Monte Ceneri** (554 m) an, gute Ausblicke zum Lago Maggiore und Locarno. In der V a l V e d e g g i o geht es südlich abwärts über Bironico, Taverne und
304 km **Lamone,** von hier ab wieder auf der Autobahn N 2 an Lugano vorbei oder angesichts des herrlich ausgebreiteten Lago di Lugano in Schleifen nach
306 km **Lugano** (Abzw. der Str. 24 entlang dem Nordufer des Sees), der bedeutendsten Stadt der italienischen Schweiz, weiter am Westufer des L a g o d i L u g a n o entlang, unterm Aussichtsberg San Salvatore vorbei nach Melide, dort auf breitem Damm über den See über
314 km **Bissone** und, am Ostufer entlang, Maroggia und Melano nach
320 km Capolago am Südende des Lago di Lugano. Südlich folgt
326 km **Chiasso,** Endpunkt der Autobahn N 2 an der italienischen Grenze, unweit von Como.

B a s e l – Z ü r i c h – P f ä f f i k o n – N i e d e r u r n e n , Straße 3 bzw. N 3, 141 km. Diese stark frequentierte Route durchquert die Schweiz von Westen nach Osten und bildet dann eine weitgespannte Diagonale, die sich über Chur bis zum Malojapass fortsetzt und schließlich über Chiavenna nach Italien verläuft. Teilstrecken der parallel zur Straße 3 verlaufenden Autobahn (= N 3) sind bereits befahrbar.
0 km **Basel.** Die N 3 verläuft zuerst im H o c h r h e i n t a l aufwärts über Birsfelden und Augst mit der Grenze zwischen den Kantonen Basel-Land und Aargau nach
17 km **Rheinfelden,** dann, den Rheinbogen abkürzend, als Autobahn und Str. 3, auch
29 km **Stein** bei Säckingen (Abzw. der Str. 7 nach Winterthur), nun im F r i c k t a l aufwärts über Frick, nun als Str. 3 mäßig ansteigend zum
47 km **Bözbergpass** (569 m), einer Einsattelung im Jura mit schöner Aussicht. Sie führt weiter ins Aaretal hinunter nach
53 km **Brugg** (Kreuzung der Str. 5 Waldshut/Baden-Olten-Solothurn-Biel), Verkehrsknotenpunkt unweit des Zusammenflusses von Limmat.

Aare und Reuss, dann über Windisch-Gebenstorf zur Limmat und an ihrem Südwestufer entlang aufwärts nach

63 km **Baden** (Abzw. der Str. 26 nach Lenzburg, der Str. 35 nach Waldshut/Baden und der Str. 172 nach Zürich), einem gepflegten Kurort. Am Südwestufer der Limmat geht es dann in dem von Höhenzügen eingefaßten Limmattal über Dietikon mit der Grenze der Kantone Aargau und Zürich (oder aber von Baden auf der Autobahn N 1) nach

86 km **Zürich** (Abzw. der N 1/E 17 Winterthur–Kreuzlingen-Konstanz sowie der Str. 4 nach Zug und der Str. 17 Küsnacht–Rapperswil–Niederurnen). Die Ausfahrt erfolgt via Mythenquai und entlang dem hier dichtbesiedelten Westufer des Zürichsees über Kilchberg und Thalwil bzw. landeinwärts auf der Autobahn (N 3).

100 km **Horgen** (Autofähre über den Zürichsee nach Meilen) und

107 km **Wädenswil**. Die Str. 3 führt am Südufer entlang über Richterswil, die Grenze der Kantone Zürich und Schwyz, und Bäch nach

116 km **Pfäffikon** (Kreuzung der Str. 8 Rapperswil–Zürichsee-Fahrdamm–Einsiedeln bzw. Schwyz bzw. Arth am Zuger See). Bei Altendorf umgeht ein Abschnitt der Autobahn den Seeort Lachen; die Autobahn N 3 verläßt hier mit ihr den Zürichsee und wendet sich südöstlich in die Linthebene. Die Autobahn führt in einem weiten Bogen zum Linthkanal und an diesem entlang bis Ziegelbrücke/Niederurnen. Auf der Str. 3 gelangt man über

126 km **Siebnen** (Abzw. einer Verbindungsstraße südlich zum Wägitaler See) und kleinere Orte nach Reichenburg, wo die Straße die Grenze zwischen den Kantonen Schwyz und Glarus erreicht, und schließlich nach

141 km **Niederurnen** (Abzw. der Str. 17 ins Glarner Land: Näfels–Glarus–Schwanden–Klausenpass–Altdorf (Uri) [an der N 2]). Während die Str. 3 über Näfels und Mollis in steilen Kehren den Kerenzerberg überwindet und erst bei Mühleborn den Walensee erreicht, führt die Autobahn N 3 durch ein Tunnel direkt nach Osten an das Seeufer und an diesem entlang.

Randen – Schaffhausen – Winterthur, N 4, 45 km. Diese Route ist die Fortsetzung der von Donaueschingen kommenden deutschen Bundesstraße 27 und auf Teilstrecken als Autobahn ausgebaut.

0 km **Randen** ist deutscher Grenzort. Die Grenze zur Schweiz, Kanton Schaffhausen, wird 4 km später überschritten; bis

6 km **Bargen**. Gleich danach verläuft die Straße noch einmal für wenige Kilometer durch deutsches Gebiet und wendet sich anschließend südwärts ins Durachtal über Merishausen nach

18 km **Schaffhausen**. Am Südausgang der Stadt wird der Hochrhein nach Feuerthalen überquert. Bei Uhwiesen beginnt ein eingeschaltetes Teilstück der N 4, das bis auf die Höhe von Andelfingen führt (westlich abseits gelegen). Dort wird mit der Thur die Grenze zwischen den Kantonen Schaffhausen und Thurgau überschritten. Die Straße strebt dann südlich über Hettringen und Oberohringen

45 km **Winterthur** zu, wo der Anschluß an die Autobahn N 1 Richtung Zürich erreicht wird.

Waldshut/Koblenz – Brugg – Aarau – Olten, Straße 5, 50 km. Dieser Straßenzug folgt vom Hochrhein unweit Waldshut/

Baden dem Lauf der Aare bis Olten und berührt den Nordrand des Berner Mittellands.

Stein bei Säckingen — Koblenz — Winterthur, Straße 7, 72 km. Straßenverbindung in der Nordschweiz mit Anschluß einerseits nach Basel und andererseits nach Schaffhausen und über St. Gallen ins Bodenseegebiet. Der erste Teil verläuft am Südufer des Hochrheins entlang, dessen gegenüberliegendes Nordufer von den Ausläufern des Schwarzwaldes überhöht ist, während am diesseitigen Ufer der schweizerische Jura verebbt — eine bewegte, abwechslungsreiche Stromlandschaft.

Luzern — Bern, Straße 10, 92 km. Diese Route führt, fast ständig von der Bahnstrecke begleitet, durch das Alpenvorland, eine freundliche Gegend, zu der auch das berühmte Emmental mit vielen alten Bauernhäusern im Berner Stil und gedeckten Holzbrücken über die Emme gehört.

0 km **Luzern**, Ausfahrt entlang dem Reuss-Südufer auf Str. 2 nordwestlich bis
4 km **Emmenbrücke**. Hier zweigt die Strecke links auf die Str. 10 ab und führt entlang der Kleinen Emme am Sonneberg (südlich, links) vorüber und bis Malters. Allmählich wendet sich die Straße nordwestlich, überquert nach Schachen abermals die Emme und verläuft über Werthenstein nach
23 km **Wolhusen**, weiter entlang dem Fluß südwärts ins Entlebuch über den Ort Entlebuch und über Hasle nach
38 km **Schüpfheim** (Abzw. links ins Waldemmental zum Wandergebiet um den Wintersportplatz Sörenberg). Bei
47 km **Escholzmatt** (858 m) erreicht die Straße mit der Wasserscheide Entlebuch/Emmental ihren höchsten Punkt. Die Route führt dann im Ilfistal abwärts über Wiggen nach
56 km **Trubschachen**. Auf Bärau folgt
62 km **Langnau im Emmental** (673 m; Abzw. rechts nach Burgdorf), es geht weiter links über die Ilfisbrücke und westlich zur Emme hinüber nach
66 km **Schüpbach**, dann durch hügelige Gegend über Signau nach Oberhofen und abwärts über Rünkhofen und Zäziwil nach
75 km **Großhöchstetten** (Kreuzung der Str. 95 Burgdorf—Thun). Auf Schlosswil folgt westlich
82 km **Worb**. Über Rüfenacht und Gümligen wird schließlich
92 km **Bern** erreicht, die Regierungshauptstadt der Schweiz.

Alpenpaßstraßen

Brünigpass, 1007 m, Str. 4, Luzern—Interlaken; gut ausgebaut, aber stark frequentiert. Die Paßhöhe ist verhältnismäßig niedrig und wird im Winter nach Möglichkeit offengehalten.

Klausenpass, 1948 m, Str. 17, Linthal — Klausenpass — Altdorf, 48 km. Diese Paßstraße stellt die Verbindung zwischen der Nordostschweiz und dem Reusstal sowie dem Gotthard (zum Tessin und nach Italien) her. Sie ist kurvenreich – der Ausbau wird jedoch in Etappen durchgeführt.

Sustenpass, 2224 m, Str. 11, Innertkirchen – Sustenpass – Wassen, 46 km. Diese Straße ist eine der modernsten und schönsten aller Bergstraßen innerhalb der Schweiz, man nennt sie die großzügigste Paßstraße der ganzen Alpen. Sie stellt eine innerschweizerische Querverbindung aus der mittleren Westschweiz in den Tessin dar und bildet für den Autotouristen eine wertvolle Bereicherung bei der Zusammenstellung verschiedener Paßfahrten. Ihre Breite beträgt 6 m, in den Kurven 9,5 m.

Oberalppass, 2044 m, Str. 19, Disentis/Mustèr – Oberalppass – Andermatt, 33 km. Furka- und Oberalppass stellen die einzige Westostverbindung im Süden der Schweiz dar. Die Fahrt durch das Vorderrheintal, die dem Beginn der Paßstraße vorangeht, ist besonders interessant. Die Paßstraße selbst ist gut ausgebaut und führt im oberen Teil durch eine hochalpine Landschaft.

Furkapass, 2431 m, Str. 19, Gletsch – Furkapass – Andermatt, 32 km. Diese Paßstraße ist von besonderer touristischer Bedeutung: sie führt, zusammen mit dem Oberalppass, aus dem Wallis nach Graubünden, zugleich hat sie Anschluß an den Gotthard und damit nach dem Süden. In der Verbindung mit dem Grimselpass führt sie nach Norden und bildet schließlich ein Glied der klassischen Vierpässefahrt Grimsel – Furka – Gotthard – Susten. Ihre berühmte, vielbewunderte Sehenswürdigkeit ist der Rhonegletscher.

Von **Gletsch** (1759 m; an der Einmündung der Str. 6 vom Brünigpass (über das Haslital) geht es über die Rhone und im obersten Rhonetal aufwärts, Blick auf Grimselpass-Straße, Rhonegletscher, Muttbachbrücke, dann in Kehren an der südseitigen Bergwand zum Hotel Belvedere (2274 m). Zu Fuß in 10 Min. zur Rhonegletscher-Eisgrotte, etwa 60 m tief, im Eis Brettersteg; der Gletscher zieht zwischen dem Gr. Furkahorn und den Gerstenhörnern abwärts. Die Paßstraße führt weiter in Kehren hinauf zum

10 km **Furkapass** (2431 m), der Wasserscheide Rhein (Nordsee) – Rhone (Mittelmeer) und Grenze zwischen den Kantonen Wallis und Uri (herrliche Aussicht: im Nordosten das Urserntal zum Oberalppass, im Westen Berner Alpen, im Südwesten Walliser Alpen; schönste Sicht vom Hotel Furkablick). An kahlen Berghang entlang verläuft sie von hier abwärts mit Blick auf die Furka-Oberalp-Bahnstrecke, über den Tiefentobel und in Kehren nach Realp (1593 m) unterm Pizzo Rotondo (südwestlich) sowie durch das breite Urserntal nach

28 km **Hospental.** Von hier auf der N 2 (Gotthardstraße) nördlich nach 32 km **Andermatt** (1447 m).

Gotthardpass, 2108 m, N 2, einer der bedeutendsten Alpenübergänge im Zentrum der Schweiz. Die gefürchtete Südrampe ist auf einem 8,5 km langen Teilstück neu ausgebaut (Breite 9 m, Tunnel), wodurch die berüchtigten Kehren im Val Tremola umfahren werden (Steigung 7 %). — Straßentunnel unter dem Gotthardpass in Planung.

Lukmanierpass, 1916 m, Str. 61, Disentis/Mustèr — neues Hospiz Santa Maria auf Paßhöhe — Olivone — Acquarossa — Biasca, 61 km. Dieser niedrigste Übergang über den Zentralalpenkamm, der in Disentis/Mustèr von der Str. 19 abzweigt, verbindet die Ostschweiz mit dem Kanton Tessin. Die Route befindet sich im Ausbau.

Tourenvorschläge

Ausgangspunkt Basel: **Delémont — Scheltenpass — Mümliswil — Langenbruck — Liestal** — Basel, 113 km. Diese Fahrt macht mit dem Jura bekannt. Sie führt im Birsig- bzw. Birstal aufwärts bis Delémont. Hier zweigt die Strecke nach Osten ab, verläuft zuerst eben, steigt dann in dem sich schluchtartig verengenden Tal an zum Scheltenpass (1051 m) — schöne Aussicht! — und fällt, bis zu 12 %, ins Guldental ab. Von Langenbruck geht es über den Oberen Hauenstein nach Waldenburg und über Liestal zurück. — Oder: **Delémont — Scheltenpass — Mümliswil — Balsthal — Oensingen — Olten — Aarau — Staffelegg — Frick — Stein** bei Säckingen — **Rheinfelden** — Basel, 162 km. Diese erweiterte Fahrt führt zuletzt über den kleinen Paß Staffelegg (621 m) ins Hochrheintal.

Ausgangspunkt Olten: **Bern — Emmental — Luzern — Sursee** — Olten, 199 km. Man kann bei dieser Fahrt die Hauptstadt Bern kennenlernen, das durch seine Käsezubereitung bekannte Emmental und das anmutige Entlebuch durchstreifen. Höhepunkt ist Luzern mit dem Vierwaldstätter See, reizvoll auch auf der Rückfahrt der kleine Sempacher See.

Ausgangspunkt Baden: **Zürich — Zug — Küssnacht a. R. — Luzern — Seetal — Wohlen** — Baden, 134 km. Auf guter Straße (teilweise Autobahn) durch das Limmattal nach Zürich, am Westufer des Zürichsees bis Wädenswil und von hier nach Zug (oder näher von Zürich über Thalwil–Baar nach Zug, beide Strecken sind reizvoll, die eine führt unmittelbar am See entlang, die andere bietet den schönen Blick auf See und Gebirge). Von Zug am Ostufer des Zuger.Sees entlang nach Arth — eventuell auf den Rigi —, nun am Westufer bis Küssnacht a. R. und am Vierwaldstätter See nach Luzern. Von hier nach Emmen und durch das anmutige Seetal mit Baldegger See und Hallwiler See bis Fahrwangen, dann über Villmergen nach Wohlen, durch das Reusstal bis Mellingen und nach Baden — eine prächtige Landschaft, viele Seen, dazu Zürich und Luzern, eine herrliche Fahrt.

Für den Autoreisenden

Ausgangspunkt Schaffhausen: **Zürich – Rapperswil – Rickenpass – Wil – Kreuzlingen – Stein am Rhein** – Schaffhausen, 206 km. Mit dieser Strecke sind Zürichsee und Untersee verbunden, ein großzügig abgestecktes Viereck mit guten Straßen und herrlichen Landschaftsbildern. – O d e r : **Zürich – Rapperswil – Rüti – Winterthur** – Schaffhausen, 149 km. Bei der verkürzten Strecke fährt man durch das reizvolle Zürcher Oberland, vorbei am Pfäffikersee.

Ausgangspunkt Zürich: **Pfäffikon – Seedamm – Rapperswil – Schmerikon – Lachen – Seedamm – Rapperswil – Meilen –** Zürich, 100 km. Eine Reise rund um den Zürichsee, wobei man zweimal den Seedamm zwischen Pfäffikon und Rapperswil benützt, was den Reiz dieser Fahrt erhöht. Zu verbinden wäre mit dieser Tour eventuell ein Abstecher nach Einsiedeln (Pfäffikon – Biberbrugg – Einsiedeln, 15 km, oder Pfäffikon – Etzelpass – Einsiedeln, 11 km, interessant, jedoch steile, schmale Straße).

Baar – Oberägeri – Schwyz – Arth – Küssnacht a. R. – Luzern – Zürich, 141 km. Eine besonders interessante Seentour. Man fährt von Zürich über Thalwil nach Baar, schlägt hier den Weg ein zum hübschen Ä g e r i s e e und gelangt nach Schwyz; hier wendet man sich zum L a u e r z e r S e e und fährt weiter nach Arth – Besuch des R i g i ! –, dann am Z u g e r S e e entlang und hinüber nach Küssnacht a. R. am V i e r w a l d s t ä t t e r S e e, von hier nach Luzern und zurück nach Zürich. – O d e r : **Baar – Oberägeri – Schwyz – Arth – Küssnacht a. R. – Luzern – Emmen – Hochdorf – Wohlen – Schlieren** – Zürich, 163 km. Diese erweiterte Tour schließt auf der Rückfahrt durch das Seetal den B a l d e g g e r S e e und den H a l l w i l e r S e e ein.

Pfäffikon – Sargans – Buchs – Wattwil – Rickenpass – Rapperswil – Zürich, 200 km. Die ausgedehnte, vielseitige Tour führt zuerst am Z ü r i c h s e e entlang und hält sich weiter an der N 3, die sich durch die L i n t h e b e n e bis Niederurnen hinzieht, dann an das Südufer des prachtvollen W a l e n s e e s (s. GRIEBEN-Band 256 „Ostschweiz") führt und bei Sargans das A l t r h e i n t a l erreicht. In diesem verläuft sie nordwärts bis Buchs, dann von hier durch das T o g g e n b u r g bis Wattwil, über den Rickenpass zum Zürichsee und nach Zürich. Wechselt man die Uferseiten des Zürichsees, läßt sich auch die Fahrt über den Seedamm von Pfäffikon nach Rapperswil einbeziehen. Auch ist es möglich, vom Rickenpass über Wald und durch das reizende Zürcher Oberland zurückzufahren. Sehr lohnend ist es auch, wenn man von Buchs weiter im Rheintal bis Altstätten fährt, dann den Weg von hier über Gais nach Appen-

Streckenbeschreibungen und Tourenvorschläge

zell einschlägt. Von Urnäsch gelangt man über die Chräzeren-Paßhöhe zur Schwägalp – Säntisbahn! – und über Wattwil nach Rapperswil – Zürich. Diese Strecke ist um gut 40 km weiter.

Ausgangspunkt Luzern: **Küssnacht a. R. – Weggis – Gersau** – Autofähre **Beckenried – Buochs – Stans – Hergiswil** – Luzern, 56 km. Dies ist die einzige Fahrmöglichkeit um den Vierwaldstätter See, denn nicht an allen Ufern gibt es eine Straßenverbindung. Die verhältnismäßig kurze Fahrt läßt sich jedoch durch Bergbahnfahrten – Rigi, Klewenalp –, durch Abstecher Beckenried – Emmetten – Seelisberg (Rütli) – Treib (gegenüber Brunnen) entlang dem Südufer bzw. seine Höhen oder von Buochs über Ennetbürgen auf den Bürgenstock (großartige Rundsicht auf See und Stans), durch eine Stichfahrt bis Brunnen oder nach Flüelen großartig erweitern.

Brünigpass – Interlaken – Thun – Bern – Emmental – Luzern, 219 km. Diese Strecke gehört zu den lohnendsten Unternehmungen; sie bietet Vierwaldstätter See, Alpnacher Bucht, Sarner See, Lungernsee, Brienzer See und Thuner See (s. auch GRIEBEN-Band 258 „Westschweiz"), die sich zu einem überwältigenden Gesamteindruck verbinden. Die Strecke läßt sich um 30 km verkürzen, wenn man von Thun über den Schallenbergpass mit seiner prächtigen Aussicht direkt ins Entlebuch fährt. Wer den Paß vermeiden will, fährt bis Kiesen und von hier nordwärts nach Grosshöchstetten, wo die Paßstraße sich in die Emmentalstrecke einfügt.

Pässerundfahrten

Luzern – **Brünigpass** (1007 m) – Innertkirchen – **Sustenpass** (2224 m) – Wassen – Altdorf – Küssnacht a. R. – Luzern, 208 km. Seen, Berge und Pässe – eine bezaubernde Fahrt, die, abgesehen vom starken Verkehr, nicht besonders anstrengend ist. Schon der Auftakt, die Fahrt am Vierwaldstätter See entlang, ist begeisternd schön, es folgt der Brünigpass, der die Verbindung zum Brienzer See vermittelt (ein Abstecher nach Brienz ist reizvoll), dann Meiringen und Innertkirchen, hier beginnt die großartige Sustenpass-Straße. Zurück über Altdorf und Flüelen am Urner See und am Lauerzer See vorbei, sogar der Zuger See wird an seinem Südende noch berührt. Diese Fahrt ist ganz besonders denjenigen zu empfehlen, die einen hochalpinen Eindruck gewinnen wollen, sich aber vor schwierigen Paßfahrten scheuen. S. auch GRIEBEN-Band 258 „Westschweiz".

Andermatt – **Furkapass** (2431 m) – Gletsch – **Grimselpass** (2165 m) – Innertkirchen – **Sustenpass** (2224 m) – Wassen –

Schöllenenschlucht—Andermatt, 122 km, größte Steigung 10 %. Die klassische Drei-Hochpässe-Fahrt; an Großartigkeit der Eindrücke kaum zu überbieten: Pässe über 2000 m, kühne Bergbahnen, tiefe Schluchten, herrliche Wasserfälle, Gletscher in unmittelbarer Nähe, Rhone-Ursprung, Bergdörfer und durchwegs gute Straßen, doch die Route erfordert, namentlich am Furkapass, entsprechende Fahrpraxis. Man kann in diese Rundfahrt von jeder Richtung her einsteigen, sie wird stets höchst genußreich sein. Um sie voll auszukosten, muß ein ganzer Tag angesetzt werden.

Andermatt — **Gotthardpass** (2108 m) — Biasca — **Lukmanierpass** (1916 m) — Disentis/Mustèr — **Oberalppass** (2044 m) — Andermatt, 159 km, größte Steigung 10 %. Klassische Gotthardrundfahrt, außerordentlich lohnend.

Bellinzona — Roveredo — **San-Bernardino-Pass** (2065 m) — Thusis — Disentis/Mustèr — **Lukmanierpass** (1916 m) — Bellinzona, 250 km. Vor der steinigen Einöde des San-Bernardino-Passes bietet die Fahrt den Zauber südlicher Alpentäler, hinter ihm zeigt sich die großartige Schönheit der Berglandschaft um den Hinterrhein. Sie führt in das Tal des Vorderrheins und über den Lukmanierpass zum Ausgangspunkt zurück. Der San-Bernardino-Autotunnel (6,6 km lang) erspart die kurvenreiche Paßstraße zwischen Hinterrhein und San Bernardino-Villagio.

Für den Bahnreisenden

Durch die als Gotthardbahn weit über die Grenzen des Landes hinaus bekannte internationale Nord-Süd-Verbindung ist die Zentralschweiz auf der Strecke Basel—Luzern—Gotthardtunnel—Bellinzona—Chiasso an eine der am stärksten frequentierten europäischen Fernlinien angeschlossen und damit aus den nördlichen und südlichen Nachbarländern durchwegs bequem zu erreichen. In der West-Ost-Richtung wird die Gotthardbahn nördlich Luzern in Olten von der Strecke Genève—Bern—Zürich—München gekreuzt. Eine Reihe von vor allem in den Tälern entlangführenden Nebenbahnen erschließt die Möglichkeit, von den genannten Hauptlinien auch nach vielen in diesem Band beschriebenen Orten direkt mit der Bahn zu gelangen. (Siehe Bahnstreckenkarte S. 59.)

Für den Schiffsreisenden

Vierwaldstätter See: Luzern—Flüelen, 3 Std. (S. Karte S. 171.)
Nach der Hafenausfahrt **Luzern** rechts Blick auf Pilatus, links auf den Rigi, in der Mitte der Bürgenstock — Rückblick auf Luzern, rechts die Anhöhe Tribschen am See mit den neun Türmen der Feste Musegg (unter

Streckenbeschreibungen und Tourenvorschläge

der Höhe Landhaus von Richard Wagner 1866–72). Im Süden treten allmählich die Gletscherberge des Berner Oberlandes hervor. Links auf Anhöhe Schloß Neuhabsburg. Im Mittelpunkt der Seefläche, K r e u z t r i c h t e r genannt, herrlicher Blick auf vier Seebecken. Während einige Schiffe den Kurs über **Kehrsiten** (Bürgenstock) nehmen, fahren andere quer über die Einmündung des Küssnachter Seebeckens nach **Hertenstein**. Sämtliche Kurse gehen jedoch über **Weggis**, das am Nordufer in einer Einbuchtung zu Füßen des Rigi liegt. Am Nordufer entlang nach **Vitznau**, in einer nach Südwesten offenen Bucht (Ausgangspunkt für die Rigibahn). Die Fahrt geht nun durch die von zwei felsigen Höhen gebildete See-Enge, dann erreicht das Schiff das B u o c h s - G e r s a u e r B e c k e n. Eine neue Landschaft mit anderen Berggestalten tut sich auf. Zuerst wird **Ennetbürgen** am Südfuß des Bürgenstocks, dann die Bucht von **Buochs** erreicht. Schöne Fahrt nach **Beckenried** (Autofähre nach Gersau), wieder über den See nach **Gersau**. Auf der Weiterfahrt Blick auf das Talgelände von Brunnen auf Schwyz zu, im Hintergrund der Große und Kleine Mythen, rechts der Fronalpstock, auf einer Höhenterrasse der besonnte Kurort Morschach. Nun über den See zur **Treib** (Schiffstation für Seelisberg [Drahtseilbahn]), einem alten und malerischen Gasthaus, das den Nauen-(Nachen-) Schiffern bei starkem Sturm einst als Zuflucht diente. Von hier nach **Brunnen** (Verbindung nach Schwyz [Bus] und Morschach [Bergbahn]). Rechts öffnet sich der U r n e r S e e , ein Seitenbecken des Vierwaldstätter Sees, darüber der vergletscherte Urirotstock und der Bristenstock – hier beginnt der eindrucksvollste Teil der Fahrt. Beiderseits Felswände und Steilwald, der Reussgletscher hat auf beiden Uferseiten großartige geologisch interessante Fels-Schichtenfaltungen und -Verkrümmungen aus der Urzeit der Alpen frei gemacht. Am Ostufer sind die Axenstrasse (Teil der Str. 2 zum Gotthard) und die Strecke der Gotthardbahn sichtbar, letztere verläuft vielfach in Wandtunnels. Der Dampfer kreuzt über den See, nahe am Schillerstein vorüber, einem aus dem Wasser ragenden Felsen mit der Inschrift: „Dem Sänger Tells, F. Schiller, die Urkantone 1859". Dann die Anlegestelle **Rütli** (5 Min. Fußweg zu der bekannten Wiese, auf der die heimlichen Zusammenkünfte der Schweizer Freiheitskämpfer stattfanden und der berühmte Eid geleistet wurde). Am Ostufer der Bade- und Campingplatz **Sisikon** auf einem Bergbachdelta zwischen Fronalpstock und Rophaien. Die Anlegestelle **Tellsplatte** liegt am Fußpunkt des schroffen Axenstein-Fußwegs (2 Min. zur Tellskapelle). Großartiger Blick auf den Urirotstock, besonders auf den Ostgipfel, den Gitschen, der sich unmittelbar aus dem See aufreckt. Nach der Axenbergecke Aussicht auf Flüelen und Reusstal, dahinter die pyramidenförmige Bristenstock. Weiter nach **Flüelen** an der R e u s s m ü n d u n g , der Endstation der Fahrt, einem alten Umschlagsplatz für den Gotthardverkehr; Bahnstation und Schiffsanlegeplatz liegen nahe beieinander (Bus nach Altdorf in 10 Min.).

Vierwaldstätter See: L u z e r n – K e h r s i t e n – A l p n a c h s t a d , 1 Std.

Von **Luzern** in großen Bogen um das Westufer des Vierwaldstätter Sees nach **St. Niklausen**. Prächtige Fahrt über den See nach **Kehrsiten** (Drahtseilbahn auf den Bürgenstock) mit dem Vorgebirge des Bürgenstocks, der als Halbinsel in den See vorstößt; nach Norden die fast senkrecht ab-

fallende Hammetschwand mit Aufzug. Zur Anlegestelle **Kehrsiten-Dorf,** dann schräg über den See nach **Hergiswil** am Ostfuß des Pilatus. Weiter nach **Stansstad,** hübsch gelegener Hafenort (Bahnverbindung nach Engelberg). Der Dampfer durchfährt die See-Enge, welche die neue Achereggbrücke für Bahn, Autobahn und Straße überspannt, und erreicht den Alpnacher See, der mit seiner Bergumrahmung ein Bild ruhiger Schönheit bietet. Nun in den südwestlichen Seewinkel nach **Alpnachstad** (Pilatus-Zahnradbahn).

Lago Maggiore: Locarno — Brissago — Luino — Arona — Stresa, 3½ Std. (s. Karte S. 113.)

Bei der Abfahrt in **Locarno** Blick auf Stadt und Umgebung; rechts das Maggia-Delta, links die Ticino-Niederung Piano di Magadino. Über den See nach **Magadino** in der Nordostausbuchtung des Sees. Wieder über den See nach **Ascona** mit dem Monte Verità und seinen Villen. Dann zurück an das Ostufer zu den Anlegestellen **Gerra** und **Ranzo**, dann wieder über den See nach **Porto Ronco**, vorbei an der Isole de Brissago mit subtropischem Pflanzenwuchs nach **Brissago**. Hinter Brissago verläuft die italienische Grenze quer durch den See. Am Westufer weiter nach **Cannobio** an der Mündung der Valle Cannobina, über den See nach **Maccagno**, am Ostufer weiter nach **Luino**, dem beliebten Städtchen unweit der Tresamündung. Verkehrsknotenpunkt (Bus und Bahn). Von Luino südwestlich nach **Intra-Verbania**. Nun umfährt der Dampfer die **Punta Castagnola,** ein Vorgebirge, hinter dem die Borromeischen Inseln erscheinen. Am Südufer der sich öffnenden Bucht **Pallanza**. Quer durch die Bucht, bei der Überfahrt rechts Mündung des Toce, dahinter Blick auf die ferne vergletscherte Mischabelgruppe. Anlegestelle **Isola Madre**, danach **Baveno** am Fuß des Monte Mottarone. Nun wieder im Gebiet der Isole Borromee. Anlegestellen auf der **Isola dei Pescatori** und der **Isola Bella**. Die **Isola Bella** ist 320 m lang, 180 m breit, ansteigend in Terrassen, unvollendetes Schloß mit Kunstschätzen; Besichtigung. Gartenanlagen mit teilweise tropischer Vegetation. Auf der Isola dei Pescatori kleines Fischerdörfchen, auf der Isola Madre besonders üppiger Pflanzenwuchs. Das Schiff steuert nun **Stresa** an, zwischen der Bucht und dem Südteil des Sees prachtvoll gelegen (Zahnradbahn auf den Monte Mottarone). Von Stresa am Westufer weiter nach Süden zur Anlegestelle **Lesa**, dann zum Ostufer nach **Angera** und wieder ans Westufer zur Endstation nach **Arona**.

Weiteres siehe auch Abschnitt „Schiffsverkehr".

Für den Wanderer

Überall in der Schweiz findet man ausgedehnte Wandergebiete: im hügeligen Mittelland, im Jura, im Alpenvorland, in den Bergtälern, an den Ufern der zahlreichen Seen. Auf gut markierten Wegen kann man, auch ohne alpine Erfahrung und Ausrüstung, vom Puntruter Zipfel (Porrentruy) im westlichen Jura bis in den Tessin gelangen. Die Schweizerische Arbeitsgemeinschaft für Wanderwege, in der die einzelnen regionalen Wandervereine zusammengefaßt sind, hat folgende sechs **große Routen** mit zuverlässiger Markierung versehen:

I. Mittellandroute (Bodensee–Zürich–Bern–Lausanne–Genf)
II. Alpenlandroute (Bodensee–Luzern–Thun–Vevey)
III. Alpenpassroute (Sargans–Montreux/Genfersee)
IV. Jurahöhenweg (Zürich–Genf)
V. Nord-Süd-Route (Basel–St. Gotthard–Lugano)
VI. Rhein–Rhone-Route (Chur–Brig–Martigny–Lausanne).

Die Wanderrouten sind an den Kreuzungspunkten mit gelben Wegweisern (Zeitangabe) und auf der Strecke mit gut sichtbaren rhombusförmigen Zeichen gekennzeichnet.

Die großen Routen sind in der Broschüre „Auf Wanderwegen durch die Schweiz" beschrieben, die von der Schweizerischen Verkehrszentrale in Zürich herausgegeben wird.

Neben diesen großen Routen gibt es unzählige kleinere **Halbtages- und Tageswanderungen**, auf die bei den einzelnen Orts- und Landschaftsbeschreibungen hingewiesen wird.

Dringend zu empfehlen sind die Wanderkarten im Maßstab 1 : 50 000 oder 1 : 25 000, veröffentlicht von der Eidgenössischen Landestopographie in Bern (s. Kartenhinweise).

Für den Radwanderer

An 600 Bahnstationen der SBB können Fahrräder gegen geringes Entgeld ausgeliehen werden.

Das erste Radwanderwegnetz wurde im Kanton Zürich eingerichtet. Von Zürich-Seebach aus sind drei verschieden lange Strecken markiert worden.

Sehenswürdigkeiten

Burgen, Schlösser, Ruinen

Aarau, Schlössli, Turm aus dem 13. Jh., bis zu 3 m starke Mauern, jetzt Heimatmuseum.
Baden, mittelalterliches Landvogteischloß mit Museum.
Basel-Augst, unter den interessanten antiken Ruinen befinden sich Überreste römischer Bauten.
Bellinzona, drei prächtige Burgen des 13.–15. Jh., Wahrzeichen der Stadt.
Beromünster, Schloß (1470), jetzt Heimatmuseum, hier wurde das erste Druckwerk der Schweiz vollendet.
Boniswil, Ritterschloß Hallwil, 12. Jh., mit Gräben und zwei kleinen Inseln.
Brugg-Windisch, Schwarzer Turm, 16. Jh., romanisch, mit eingebauten Römersteinen. – Ruine des im 15. Jh. zerstörten Amphitheaters.
Lenzburg, Schloß Lenzburg, 11. Jh., liegt auf einem 100 m hohen Molassefelsen, eines der schönsten Schlösser der Schweiz.
Locarno, Schloß der Visconti, 14. Jh., starke und mächtige Festung. – Reste des mächtigen Castello Rusca.
Wildegg, stattliches Schloß, 12. Jh. – Ritterburg Wildenstein, 14. Jh.
Willisau, altes Landvogteischloß, 1695, schöne Stuckdecken.
Winterthur, Schloß Kyburg, bedeutendster Rittersitz der deutschen Schweiz, 1027 erstmals erwähnt, historische Sammlung.
Zurzach, römische Ruinen mit Brückenkastell.

Kirchen und Klöster

Altdorf, ältestes Kapuzinerkloster der Schweiz, 1531.
Andermatt, Kirchlein St. Kolumban, ursprünglich 7. Jh., jetziger Bau spätgotisch.
Arth-Goldau, barocke, reichgeschmückte St.-Georgs-Kirche.
Ascona, Chiesa Madonna della Fontana, Barockkirche mit legendenumwobener Quelle. – Collegiata Maria della Misericordia, 14. Jh., reicher Freskenschmuck.
Basel, zweitürmiges Münster, romanisch-gotischer Bau, rote Sandsteinfassade, Skulpturen. – Leonhardskirche, spätgotische Hallenkirche. – St.-Martins-Kirche, älteste Pfarrkirche Basels.

Bellinzona, Stiftskirche, 16. Jh., Renaissancefassade. — Chiesa Madonna delle Grazie, 16. Jh., schöne Wandbilder.
Beromünster, romanische Stiftskirche, innen barock, bedeutender Kirchenschatz.
Biasca, romanische Collegiata San Pietro, umgebaut 17. Jh., wertvolle Fresken.
Bignasco, Parrocchia San Michele, 1401, spätgotische Kunstschätze.
Brugg-Windisch, Abtei Königsfelden, 1311, im Chor die berühmtesten Glasmalereien der Schweiz, 14. Jh.
Brunnen, Kapelle, 1632, Barockfassade, Altarbild von J. van Egmont, einem Rubensschüler.
Cademario, romanische Chiesa Sant'Ambrogio, bedeutende Fresken des 13.–17. Jh.
Einsiedeln, Kloster, ursprünglich 10. Jh., jetziger Bau 17.–18. Jh., barock; in der Gnadenkapelle das berühmte holzgeschnitzte Gnadenbild der „Schwarzen Mutter Gottes", 15. Jh.
Engelberg, Benediktinerabtei, Kirche mit reichem Kunstschatz, 1737.
Flüelen, Tellskapelle, 1388 errichtet, 1883 erneuert, mit Fresken aus der Tellsgeschichte.
Giornico, Chiesa San Nicola, 12. Jh., romanischer Taufstein, wertvolle Fresken. — Santuario San Pellegrino, meisterhafte Fresken.
Küssnacht a. R., Tellskapelle, 1638.
Lenzburg, Wallfahrtskirche, 15. Jh., bedeutende Glasmalereien.
Locarno, Convento Madonna del Sasso, 15. Jh., auf steilem Felsen, Gemälde. — Collegiata San Vittore, romanische Krypta, bereits 906 erwähnt.
Lugano, Cattedrale San Lorenzo, 875 erwähnt, jetziger Bau 15. Jh., Fassade mit reicher Ornamentalplastik.
Maggia, Chiesa Santa Maria delle Grazie, bedeutende Kunstschätze.
Mariastein, Klosterkirche, 1655, Sterngewölbe, Hochaltar von 1680, ein Geschenk Ludwigs XIV.
Morcote, Santuario Madonna del Sasso, 13. Jh., Zugang über 313 Stufen.
Muri im Freiamt, Klosterkirche, romanische Krypta, zwei Barockorgeln.
Ponte Capriasca bei Lugano, Chiesa Sant'Ambrogio, berühmte Kopie des Abendmahls von Leonardo da Vinci.
Rheinfelden, Martinskirche, 15. Jh., glanzvolle barocke Innenausstattung.
St. Urban, Kloster, 1184 gegründet, heute barock, in der Kirche eines der schönsten Chorgestühle der Schweiz.
Schwyz, Pfarrkirche St. Martin, 1774, prunkvoller Barockbau mit Marmorkanzel.

Sehenswürdigkeiten

Ufenau, Insel im Zürichsee, zwei sehenswerte alte Kirchen: St. Peter und Paul, 13. Jh., Martinkapelle, 12. Jh.: Grab Ulrich von Huttens.
Wettingen, Klosterkirche der Zisterzienserabtei, 13. Jh., Grabmäler, gotischer Kreuzgang, Glasgemälde und Chorgestühl beachtenswert.
Winterthur, gotische Stadtkirche, barocke Türme, Rokoko-Orgel.
Zofingen, spätgotische Markuskirche, schöne Glasmalereien, Reste einer romanischen Krypta.
Zug, Kirche St. Oswald, bedeutender Bau der Spätgotik, reicher Kirchenschatz.
Zurzach, Stiftskirche, 14. Jh., barock, gotische Krypta mit Grab der hl. Verena.

Profanbauwerke

Altdorf, Telldenkmal, 1894, erneuert 1970.
Baden, im Rathaus Saal der Eidgenössischen Tagessatzungen des 15.–18. Jh.
Basel, Rathaus, 16. Jh., sogenannter Burgunderstil, schöne Fresken.
Göschenen, alte Steinbrücke mit Tor, ehemals Zollstation des Römischen Reiches Deutscher Nation.
Liestal, Rathaus, 16. Jh., mit der goldenen Trinkschale Karls des Kühnen von Burgund.
Sarnen, Rathaus, 1731, wertvolle Urkunden über die Gründung der Eidgenossenschaft.
Schwyz, Rathaus, 1642 neuerrichtet, prächtiger Ratssaal.
Sursee, spätgotisches Rathaus, 1538, Rundturm und achteckiger Treppenturm.
Zug, Zytturm mit astronomischer Uhr und Mondkugel von 1440. – Alte Münzstätte von 1600.

Museen und Sammlungen

Aarau, Kantonsbibliothek mit 120 000 Bänden. – Bedeutendes Kunst- und Gewerbemuseum.
Altdorf, Historisches Museum des Kantons Uri.
Arth-Goldau, „Bergsturzmuseum", Fundgegenstände des Bergsturzes von 1806, und Kupferstichsammlung.
Basel, Kunstmuseum, bedeutendste Gemäldesammlung der Schweiz. – Historisches Museum. – Kirschgartenmuseum. Sammlung von Uhren, Fayencen und Porzellan. – Museum für Natur- und Völkerkunde. – Stadt- und Münstermuseum. Schweizerisches Pharmaziemuseum. – Schweizerisches Turn- und Sportmuseum. – Gewerbemuseum.

Profanbauwerke – Museen und Sammlungen

Brugg-Windisch, Vindonissa-Museum, reiche Funde einer ehemaligen Römerstadt.
Bürglen, Tellmuseum.
Einsiedeln, berühmte Klosterbibliothek.
Engelberg, wertvolle Bibliothek.
Liestal, Dichtermuseum im Rathaus.
Locarno, Römisches Museum mit Funden aus der Nekropole von Giubiasco.
Lugano, Museo Civico (Städtisches Museum). – Pinacoteca Villa Favorita, Gemäldesammlung.
Luzern, Kunstmuseum im Kongreßhaus. – Naturmuseum mit Mineralien, Versteinerungen, zoologischer Abteilung. – Schweizerisches Trachten- und Heimatmuseum, Akkordeonmuseum. – Verkehrshaus der Schweiz, größtes Verkehrsmuseum Europas, mit Planetarium und Kosmorama.
Olten, Historisches und Naturhistorisches Museum. – Disteli-Museum mit Werken des Malers.
Pfäffikon, Kt. Zürich, Römerkastell, Ortsmuseum mit Fundgegenständen aus den Pfahlbauten am See.
Rapperswil, Sammlung alter Goldschmiedearbeiten im Rathaus. – Schweizer Burgenmuseum im Schloß. – Heimatmuseum mit bedeutenden Kunstschätzen.
Sarnen, Heimatmuseum mit Kantonsbibliothek.
Schwyz, Bundesbriefarchiv, ältester Bundesbrief von 1291. – Turm-Museum (Kontonalschwyzerisches Historisches Museum).
Winterthur, Städtisches Kunstmuseum, Malereien des 18.–20. Jh., bedeutendes Münzkabinett, naturwissenschaftliche Sammlungen. – Museum der Stiftung Oskar Reinhart, Werke schweizer, deutscher und österreichischer Künstler des 18.–20. Jh. – Sammlung Oskar Reinhart „Am Römerholz". – Sammlung Jakob Briner. – Uhrensammlung im Rathaus.
Zofingen, Neues Museum mit archäologischer und Münzsammlung. – Naturhistorisches Museum. – Bibliothek von 1693.

Orts- und Landschaftsbeschreibungen

Die Orientierungsbezeichnungen hinter den Ortsnamen,
z.B. AARAU (M 2)
oder AARBURG (L 2)
stellen die Verbindung zwischen Ortsbeschreibung und der hinten im Band eingesteckten Übersichtskarte dar. Die Orte sind in der Karte in den mit diesen Buchstaben und Zahlen gekennzeichneten Feldern zu finden. Die Kennzeichnung der rückseitigen Übersichtskarte hat Vorrang; ist der Ort in dieser nicht enthalten, so gilt die Orientierungsbezeichnung der mehrfarbigen Vorderseite.

AARAU (M 2), Kt. Aargau, 382 m, 18 000 Einw., Kantonshauptstadt am rechten Ufer der Aare, eidgenössischer Waffenplatz und malerisches altes Städtchen, das sich mit seinem Mauernkranz, den alten Touren und winkeligen Gassen terrassenförmig an den Hängen von Hasenberg und Gönert hinzieht. Überragt wird der hübsche Ort vom 900 Jahre alten Schlössli, einem mächtigen Turm aus dem 13. Jh. auf steilem Fels am Rand der Altstadt.

Auskunft: Verkehrsbüro, Bahnhofstraße, Tel. 24 76 24.

Postleitzahl: 5000, 5001

Telefon-Vorwählnummer: 0 64

Verkehr: Straße 5 Brugg–Olten. Endpunkt der Straße 25/E 17 Zug–Aarau. Autobahnanschlußstelle an die N 1 Bern–Zürich. – Bahnstation.

Geschichtliches: Aarau erhielt bereits 1283 von Rudolf von Habsburg einen Unabhängigkeitsbrief. In der Sempacher Schlacht von 1386 kämpfte die Stadt auf seiten der Gegner der Eidgenossen, 1415 wurde sie von Bern erobert. 1528 erklärte sich Aarau für die reformierte Kirche und konnte sich auch in den Religionskriegen behaupten. 1798 proklamierte die Stadt ihre Unabhängigkeit von Bern und wurde dann Hauptstadt des neugebildeten Kantons Aargau. – Einzige Glockengießerei der Schweiz.

Sehenswert: Spätgotische **Pfarrkirche** mit Lettner, 16. Jh. – **Rathaus**, im 18. Jh. einem Wohnturm aus dem 13. Jh. angebaut. – **Obertorturm** in der „Vorderen Vorstadt". – Gotische und barocke **Bürgerhäuser,** teils mit gewalmten Satteldächern und Malereien. – Alte Mühle mit Türmchen und Stadtwappen. – **Zeughaus,** 1775. – **Kantonsbibliothek** im Großratsgebäude mit 120 000 Bänden, darunter Meßbücher aus den Klöstern Muri und Wettingen und Zwinglis Bibel mit eigenhändigen Anmerkungen. – Bedeutendes Kunst- und Gewerbemuseum. – **Schlössli,** 13. Jh., die bis 3 m starken Mauern sind aus Findlingen und Flußsteinen gefügt; jetzt **Stadtmuseum „Alt Aarau".** – Museum für Natur- und Heimatkunde, Feerstraße.

Aarau — Aare

Badegelegenheit: Freischwimmbad Schachen, Hallenbad Telli.
Sportmöglichkeiten: Reiten, Pferderennen, Tennis, Eislauf (Kunsteisbahn), Eishockey.
Spaziergänge: Auf den **Hungerberg**, 15 Min. nordwestlich. Aussicht vom Säntis bis Blümlisalp. Weiter nach **Ober-Erlinsbach**, zusammen 1¼ Std. – Nach **Biberstein** mit altem Schloß, 40 Min. nordöstlich. – Auf die **Gisliflue**, 772 m, über Biberstein, 1½ Std. nordöstlich. – Auf die **Wasserflue**, 866 m, 1½ Std. nordwestlich. – Zur Insel **Schachen**, 1 Std. südwestlich. – In den Wildpark **Roggenhausen**, 30 Min.
Wanderungen: Über Buchs und Rupperswil nach **Lenzburg**, 2¼ Std. östlich. – An der Aare entlang nach **Wildegg** mit Schloß, 2½ Std. nordöstlich.
Unterkunft in Aarau:
Hotels:
Aarauerhof, Bahnhofstr. 68, Tel. 24 55 27, 89 B.
Goldige Öpfel, Kasernenstr. 24, Tel. 22 52 44, 55 B.
Anker (garni), Metzgergasse 6, Tel. 22 74 18, 40 B.
Stadtturm (garni), Ziegelrain, Tel. 24 41 55, 30 B.
Glockenhof, Rain 41, Tel. 22 16 88, 28 B.
Kettenbrücke, Zollrain 18, Tel. 22 16 30, 28 B.
Rebe, Obere Vorstadt, Tel. 22 35 34, 20 B.
Löwen, Vordere Vorstadt 31, Tel. 22 15 31, 16 B.
Jugendherberge: „Schäfergut", 5022 Rombach, Gehrenstr., Tel. 0 64/22 70 64, 66 B.

AARBURG (L 2), Kt. Aargau, 395 m, 6000 Einw., befestigtes Städtchen am Ostufer der **Aare**, die hier zwischen den Höhenzügen von Born und Engelberg eine schöne Talenge bildet. Die alte Burg (12. Jh., 1660 ausgebaut) auf steilem Felshügel über dem Ort bewachte einst Fluß und Talenge. Im 19. Jh. wurde Aarburg von zwei Feuersbrünsten heimgesucht, so daß ein großer Teil der Bauten neueren Datums ist.
Auskunft: Gemeindeamt.
Postleitzahl: 4663
Telefon-Vorwählnummer: 0 62
Verkehr: Straße 1 Olten–Bern; Straße 2 Olten–Luzern. Autobahnanschlußstelle an die N1 Bern–Zürich. – Bahnstation Aarburg–Oftringen.
Spaziergänge: Salisschlössli und Ruine **Alt-Wartburg**, 1 Std. nordöstlich. – **Heidenloch**, ½ Std. nordöstlich. – **Engelberg**, 702 m, 1 Std. nordöstlich. – **Born**, 719 m, 1 Std. westlich. – Im Engtal der Aare über Rutingen nach **Olten**, 1 Std. nördlich.
Unterkunft in Aarburg:
Hotels:
Krone, Tel. 41 22 44, 26 B.
Bären, Tel. 41 12 40, 18 B.
Campingplatz: „Ruppoldingen", Tel. 41 40 37, geöffnet 15. 5.–30. 9.

AARE. Die Aare entspringt auf der **Grimsel** und durchströmt den **Brienzer** und **Thuner See**, umkreist die Stadt **Bern** und windet sich, zum Teil schluchtartig eingeschnitten, in die hügelige

Orts- und Landschaftsbeschreibungen

Hochfläche bis östlich des Bieler Sees, mit dem sie durch einen Kanal verbunden ist. In zahlreichen Krümmungen, begleitet vom Jura, bildet sie ein malerisches Tal, bis sie über **Solothurn, Olten, Aarau** und **Brugg** schließlich bei **Waldshut** in den Rhein mündet.

ACQUACALDA (P 5), Kt. Tessin, 1753 m, und **Casaccia**, 1819 m, die beiden höchstgelegenen Siedlungen in der Val Santa Maria am Südhang des Lukmanierpasses. Das Hospiz von Casaccia wurde 1885 ausgeraubt und zerstört.
Auskunft: Ente turistico Blenio, Acquarossa, Tel. 78 17 65.
Postleitzahl: 6716
Telefon-Vorwählnummer: 0 92
Verkehr: Straße 61 Disentis–Biasca. – Nächste Bahnstation Biasca (35 km). Busverbindung mit Biasca. – Bahnstation Disentis (25 km), im Sommer.
Bergtouren von Acquacalda: **Lukmanierpass,** Fußweg, 1 Std. nordwestlich. – **Punta di Larescia,** 2195 m, 3 Std. südöstlich.
Unterkunft in Acquacalda:
Hotels:
Albergo del Passo, Tel. 70 11 57, 20 B.

ACQUAROSSA (F 4), Kt. Tessin, 528 m, 150 Einw., früheres Heilbad und Hauptort der Val Blenio. Am gegenüberliegenden Ufer des Brenno liegen auf einer Höhenterrasse die Orte **Comprovasco** und **Leontica**. Schon die Römer kannten die heilkräftige Wirkung der Quellen, die zu Füßen des Simano entspringen.
Auskunft: Ente turistico. Blenio, Acquarossa, Tel. 78 17 65.
Postleitzahl: 6716
Telefon-Vorwählnummer: 0 92
Verkehr: Straße 61 Disentis–Biasca. – Nächste Bahnstation Biasca (12 km). Busverbindung mit Biasca, im Sommer auch über den Lukmanierpass bis Disentis.
Heilanzeigen: Rheuma, Arthritis, Hautkrankheiten.
Kurmittel: Arsen- und eisenhaltige Quellen, Roter Schlamm.
Sportmöglichkeiten: Angeln, Tennis, Boccia.
Wintersport: Skilauf (Stationen Campo Blenio, Nara, 2000 m, und Dötra, 1800 m). 2 Sessel-, 4 Skilifte, Skischule.
Spaziergänge: **Prugiasco,** 15 Min. nordwestlich, zur romanischen Kirche San Carlo di Negrentino mit schöner Apsis und Glockenturm, im Innern bekannte Fresken des 11.–15. Jh.; weiter nach **Leontica** insges. 40 Min.; von hier Sesselbahn auf das Cantori-Feld. – **Corzonesco,** 40 Min. südwestlich, sehenswerte Kirche mit Fresken des 13. Jh. – Alte **Chiesa San Remigio** mit Fresken des 12. Jh., bei Dongio, 25 Min. südwestlich, leichter Wanderweg. – **Lottigna,** 20 Min. nordöstlich, im Landvogteihaus zahlreiche gemalte Wappen.
Wanderungen: Im gesamten Blenio-Tal, vor allem Greinagebiet und Sentiero alto e basso auf der rechten Talseite (s. Übersichtskarte S. 165). Wanderkarte.

Acquacalda – Affoltern a. Albis

Unterkunft in der Umgebung:
Gasthöfe:
Simano, Comprovasco, 4 km westlich, Tel. 78 11 20, 12 B.

Gianora, Leontica, 4 km westlich, Tel. 78 12 42, 8 B.
Stazione, Comprovasco, 4 km westlich, Tel. 78 11 23, 8 B.

ADULAGRUPPE. Bedeutendes Gebirgsmassiv zwischen G r a u b ü n d e n und T e s s i n mit vielen Gletschern, ein ideales Gebiet für Hochtouristen. Berühmter Treffpunkt der Alpinisten für dieses Gebiet ist **Hinterrhein,** das 1620 m hoch gelegene letzte Dorf des Rheinwaldtales und eigentlicher Beginn der Paßstraße zum San Bernardino; bei Hinterrhein öffnet sich das Nordportal des San-Bernardino-Straßentunnels. Bekannte Gipfel sind: Rheinwaldhorn, 3402 m, Vogelberg, 3218 m, Piz Cassimoi, 3129 m, Zapporthorn, 3152 m, und Piz Terri, 3149 m. (S. auch GRIEBEN-Band 256 "Ostschweiz".)

AFFOLTERN am Albis (N 2), Kt. Zürich, 494 m, 8000 Einw., Ferienort im J o n e n t a l auf einer sonnigen Geländestufe zwischen der Bergkette des Albis und dem Naturschutzgebiet Reusstal, von Tannenwäldern umgeben.
A u s k u n f t : Verkehrs- und Verschönerungsverein, Tel. 7 61 67 18; Gemeinderatskanzlei, Tel. 7 61 88 94.
P o s t l e i t z a h l : 8910
T e l e f o n - V o r w ä h l n u m m e r : 01
V e r k e h r : Straße 126 Zürich–Cham bei Zug. – Bahnstation. – Bus mit Muri, Bremgarten, Hausen a.A.
W a n d e r u n g e n : **Türlersee,** 1¼ Std. östlich. – Zur **Albispasshöhe,** 791 m, 1¾ Std. östlich. – **Aeugsterberg,** 871 m, 1 Std. östlich. – **Islisberg,** 680 m, 1¼ Std. nördlich. – **Uetliberg,** 871 m, 2¾ Std. nordöstlich (Aussichtsturm. – **Paradies,** Aussichtspunkt, 40 Min. südöstlich. – Naturschutzgebiet **Rüssspitz,** 1½ Std. südwestlich. – **Albishorn,** 909 m, Aussichtspunkt, 2 Std. südöstlich. – **Jonen,** Wallfahrtskapelle (Einsiedelei), 1 Std. nordwestlich.

In der Umgebung
KAPPEL am Albis, 10 km südöstlich, 536 m, 700 Einw., Schauplatz der Religionskriege von 1529 und 1531; hier fiel 1531 der Reformator Ulrich Zwingli in der Schlacht von Kappel; Denkmal. Der hübsch gelegene Ort besitzt ein ehem. Zisterzienserkloster mit frühgotischer Kirche, wertvolle Glasgemälde aus dem 14. Jh., frühgotische Steinmetzarbeiten.
METTMENSTETTEN, 4 km südlich, 460 m, 2000 Einw., Erholungsort mit Bahnstation im reizvollen Voralpengelände mit sehenswerter spätgotischer Pfarrkirche; die Gewölbemalereien stammen aus dem 15. Jh., das Langhaus hat eine geschnitzte Holzdecke, interessant sind auch die Skulpturen aus der Zeit vor der Reformation an den Schlußsteinen des Chors.
B a d e g e l e g e n h e i t : Freischwimmbad, Hallenbad.
S p o r t m ö g l i c h k e i t e n : Reiten, Tennis, Radwege, Vita-Parcours.
Unterkunft in Affoltern am Albis:
Hotels:
Arche, Tel. 7 61 54 33, 50 B.

Löwen, Tel. 7 61 62 05, 6 B.

Orts- und Landschaftsbeschreibungen

ÄGERISEE (O 3), Kt. Zug, 724 m, freundliches Gewässer zwischen voralpinen Höhenzügen mit Wäldern und Almweiden, mit den Ferienorten **Oberägeri** und **Unterägeri** im Dreieck zwischen Zuger See, Zürichsee und Sihlsee gelegen. Am Südende des Sees liegt **Morgarten,** berühmt durch die Schlacht von 1315, als die Eidgenossen die Österreicher besiegten. Ein Denkmal auf der Anhöhe bei Hauptsee und eine alte Kapelle bei Schornen erinnern an diese erste Bewährungsprobe des eidgenössischen Bundes. Im Sommer bietet der See Motorbootverkehr und Wassersportmöglichkeiten (Segelschule). Eine Spezialität sind seine schmackhaften Fische.

Auskunft: Verkehrsbüro, Tel. 72 24 14 (Oberägeri) und 72 19 19 (Unterägeri).

PLZ: 6314, 6315 – Tel.-Vorwahl: 042

Verkehr: Straße 128 Zug – Sattel (Straße 8). – Nächste Bahnstation Zug (8 km).

Schiffsverkehr: Anlegestellen Unterägeri, Oberägeri, Ländli, Eierhals, Naas, Morgarten, Gasthaus Morgarten Denkmal.

Badegelegenheit: Strandbad in Ober- und Unterägeri.

Sportmöglichkeiten: Tennis, Minigolf, Reiten, Kegeln, Vita-Parcours.

Wintersport: Skilauf (Skilifte), Langlauf.

Unterkunft in Oberägeri:

Hotels:
Gulm, Tel. 72 12 48, 35 B.
Seestern, Tel. 72 18 55, 26 B.
Berghotel Raten (garni), Tel. 72 22 50, 20 B.

Gasthöfe:
Falken, Tel. 72 12 05, 14 B.

Hirschen, Tel. 72 16 19, 13 B.
Aegerisee, Tel. 72 15 57, 10 B.
Kreuz, Tel. 72 13 99, 8 B.
Löwen (garni), Tel. 72 30 85, 8 B.

Fremdenheime:
Neukreuzbuche, Tel. 72 12 64, 16 B.
Libelle, Tel. 72 14 24, 5 B.

In Unterägeri:

Hotels:
Seefeld, Tel. 72 27 27, 75 B.
Lindenhof, Tel. 72 11 88, 12 B.
Aegerihof, Tel. 72 11 08, 10 B.
Krone, Tel. 72 11 16, 10 B.
Post, Tel. 72 11 35, 10 B.
Schiff, Tel. 72 35 40, 10 B.

Gasthöfe:
Kreuz, Tel. 72 13 49, 8 B.
Ochsen (garni), Tel. 72 13 66, 8 B.
Ferienkolonie Moos, Tel. 72 13 71, 145 B.

AIROLO (O 5), Kt. Tessin, 1142 m, 2500 Einw., Sommerfrische und Wintersportplatz in der Valle Leventina, am Südausgang des Gotthardtunnels, in schöner Hochgebirgsumgebung und mit vorzüglichem Klima. Hier vereinigen sich die beiden Quellflüsse des Ticino (Tessin) aus dem Val Bedretto und vom Gotthardpass.

Auskunft: Pro Airolo in Airolo, Tel. 88 15 13.

Postleitzahl: 6780

Telefon-Vorwählnummer: 094

Verkehr: Straße 2/E 9 Andermatt–Biasca. – Bahnstation (Autoverladung).

Ägerisee – Alpnach Dorf

Bergbahnen: Luftseilbahn auf den Sasso della Boggio, 2065 m.

Sehenswert: Romanischer Campanile. – Beim Bahnhof Denkmal für die beim Tunnelbau Verunglückten, von Vincenco Vela.

Sportmöglichkeiten: Angeln.

Wintersport: Skilauf (Skilifte, Skischule).

Spaziergänge: **Boschetto Sasso Rosso**, 10 Min. – **Gola di Stalvedro**, 20 Min. – **Torre dei Pagani**, 30 Min. – **Albinasca**, 40 Min. – **Nante**, 1423 m, auf einer Terrasse über dem Tal, 1 Std. südlich über das Centro Sportivo, auch mit Kfz. – **Fontana**, 1281 m, im Val Bedretto, 1 Std. westlich. – Über **Madrano**, 1158 m, nach **Brugnasco**, auf der Nordseite der Valle Leventina, 1 Std. östlich. – **Motto Bartola**, 1 Std.

Wanderungen: **Gotthardpass**, 3 Std. – **Hospental**, 5½ Std. nördlich. – **Val Canaria**, einsames Bergtal, bekannt für alpine Flora, Gesteine und Mineralien, nordöstlich. – Auf Bergstraße bis **Altanca** (3 Std. östlich) und hinauf in die **Val Piora** zum Stausee **Lago Ritòm**, 1850 m (Höhengasthaus). – Markierter Wanderweg nach **Biasca**, an der linken Berglehne der Valle Leventina (über **Osco** und **Sobrio**). Dauer 3 Tage. Seltene Flora und Fauna. (Siehe Übersichtskarte S. 165.)

Spezialität: Formaggio del Gottardo (Käse), aus der Val Piora und der Val Bedretto.

Unterkunft in Airolo:
Hotels:
Motte e Poste, Tel. 88 19 17, 64 B.
Des Alpes, Tel. 88 17 22, 50 B.
Forni, Tel. 88 12 97, 34 B.
Airolo, Tel. 88 17 15, 27 B.
Ramelli, Tel. 88 13 80, 25 B.
Flora, Tel. 88 12 49
Borelli, Tel. 88 18 61.

In der Umgebung:
Hotels:
Monte Prosa, Tel. 88 12 35, 30 B.
Nante Belvedere in Nante, Tel. 88 12 47, 25 B.
San Gottardo, 4 B.
Pesciüm, Tel. 88 15 22.

Gasthöfe:
Fondo Bosco, Tel. 88 10 50, 5 B.

Fremdenheime:
Elvezia, Tel. 88 15 55, 8 B.

ALPNACH DORF und ALPNACHSTAD

(N 4), Kt. Unterwalden/Obwalden, 452 und 436 m, 3500 Einw., Badeort am Südende des **Alpnacher Sees**, eines Beckens des Vierwaldstätter Sees.

Auskunft: Verkehrsverein Alpnach, Tel. 96 12 44.

Postleitzahl: 6055 für Alpnach Dorf, 6053 für Alpnachstad.

Telefon-Vorwählnummer: 041

Verkehr: Straße 4/N 8 Luzern–Brünigpass. – Bahnstation.

Bergbahnen: Pilatusbahn von Alpnachstad auf den Pilatus-Kulm, Zahnradbahn mit Steigungen bis 48 %.

Sportmöglichkeiten: Rudern, Segeln, Angeln, Vita-Parcours.

Brauchtum: Trachtentänze, Alphornblasen, Fahnenschwingen, Jodlerkonzerte.

Orts- und Landschaftsbeschreibungen

Wanderungen: (Wandertafel bei der Kirche): Über St. Jakob nach **Kerns**, 2 Std. südöstlich. — **Sarner See**, 1³/₄ Std. südlich, und von dort ins Berggebiet auf gut markierten Ufer- und Wanderwegen. — Nach **Rotzloch**, 1¹/₂ Std. östlich. — Über 100 km Wanderwege.
Ausflug: Auf den **Pilatus** (Aussicht), mit der Zahnradbahn in ¹/₂ Std. von der Bergstation in 8 Min. auf den Gipfel des Esel, 2121 m; zu Fuß 4¹/₂ Std., mehr jedoch als Abstieg zu empfehlen.
Unterkunft in Alpnach Dorf:
Hotels:

Schlüssel, Tel. 96 17 57, 24 B.	**Krone,** Tel. 96 17 16, 12 B.
Küchler, Tel. 96 17 12, 12 B.	**Pfistern,** Tel. 96 17 51, 6 B.

In Alpnachstad:
Hotels:

Rößli, Tel. 96 11 81, 50 B.	**Sternen,** Tel. 96 11 82, 20 B.
	Alpenrösli, Tel. 96 11 93, 12 B.

Ferienwohnungen in den Ortsteilen.
Campingplatz: „Pilatus", Tel. 96 15 46, geöffnet 1. 4.–31. 10.

ALTDORF (O 4), Kt. Uri, 447 m, 9000 Einw., Kantonshauptstadt, Schauplatz der Tellgeschichte, gelegen am Südende des **Urner Sees**, eines Beckens des Vierwaldstätter Sees, bei der Mündung der Reuss und am Ausgang des von Osten (Klausenpass) herabführenden **Schächentals**. Mit seinen schönen alten Gebäuden inmitten einer schon alpinen Landschaft bewahrt Altdorf Tradition und Geschichte.
Auskunft: Verkehrsbüro, Tel. 2 22 03.
Postleitzahl: 6460
Telefon-Vorwählnummer: 0 44
Verkehr: Straße N 2/E 9 Schwyz—Andermatt. — Bahnstation. — Busverbindung mit Flüelen.
Bergbahnen: Luftseilbahn Attinghausen—Brusti; Luftseilbahn Bürglen—Biel; Luftseilbahn Flüelen—Eggbergen.
Geschichtliches: Altdorf, eine alemannische Siedlung, war im 13. Jh. Freie Reichsstadt und beteiligte sich 1291 an der Gründung der Eidgenossenschaft. Der Ort spielte im Kampf gegen die Habsburger eine wichtige Rolle; er war auch Schauplatz der Tellgeschichte.
Sehenswert: **Telldenkmal,** 1894 von Richard Kissling (Tells Brustbild auf Schweizer Briefmarken von 1914 bis 1933); dahinter mittelalterlicher Turm mit Barockhelm und alten Wandmalereien. — **Besslerhaus,** Herrengasse, Renaissanceportal von 1600. — **Besslerbrunnen,** beim Rathaus. — **Rathaus** von 1808 mit den alten Fahnen von Sempach u. a. — Klassizistische **Pfarrkirche** mit Gemälden von Caracci und van Dyck, Madonna in Marmor, Kirchenschatz. — Ältestes **Kapuzinerkloster** der Schweiz von 1531 mit schöner Aussicht und Altdorfer Bannwald. — **Historisches Museum** des Kantons.
Badegelegenheit: Strandbad in Flüelen.
Sportmöglichkeiten: Angeln.
Wintersport: Skilauf.

Veranstaltungen: Sommeraufführungen von Schillers „Wilhelm Tell" im Tellspielhaus (1976 renoviert) durch Altdorfer Bürger. – Wichtige Viehmärkte.

Spaziergänge: **Waldhaus Nussbäumli**, 25 Min. östlich. – **Attinghausen**, 30 Min. südwestlich, mit Burgruine der Freiherrn von Attinghausen, prächtiger Blick auf den Bristenstock. – Über **Seedorf** mit barocker, zierlicher Klosterkirche und hübschem Schlößchen A Pro (1965 erneuert) nach Dorf **Isenthal**, 2½ Std. nordwestlich, am Fuß des Uri-Rotstocks, 2928 m.

Wanderungen: Ins vordere Schächental, von Flüelen/Altdorf, auch Seilbahn, auf die **Eggberge**, Sonnenplateau; Berggasthof (Skigebiet).

In der Umgebung

BAUEN, 10 km nordwestlich, 436 m, 200 Einw., idyllisches Dörfchen am Westufer des Urner Sees, gegenüber der Tellskapelle des Ostufers, Geburtsort des Pater Alberik Zwyssig, der den „Schweizerpsalm", die heutige Nationalhymne, komponierte. – Schiffsanlegestelle.

BÜRGLEN, 2 km südöstlich, 552 m, 3200 Einw., Geburtsort Wilhelm Tells im unteren Schächental zwischen schönen Bergweiden mit Kapelle aus dem 14. Jh., die anstelle des Wohnhauses von Tell errichtet wurde, und schöner alter Kirche. In Bürglen versammeln sich nach über vierhundertjähriger Tradition im Oktober die Sennen des Schächentals bei ihrer Rückkehr von der Alp zur Weihe ihrer Fahne beim großen Älpler Chilbi (Jahrmarkt). Ein neues **Tellmuseum** gibt Einblick in die Tellgeschichte.

FLÜELEN, 3 km nördlich, 436 m, 1800 Einw., Badeort und Sommerfrische am Südostende des Urner Sees, Endstation der Schiffahrtslinie von Luzern und Schnellzugstation. Seit Beginn des Gotthardverkehrs im 14. Jh. war Flüelen ein wichtiger Umschlagplatz für die Warenbeförderung nach und von Italien, zuerst mit Saumtieren, dann seit 1830 mit der Gotthardpost, seit 1882 mit der Gotthardbahn; Personen und Waren kamen vor dem Bau der Axenstrasse zu Schiff von Brunnen. Alte Kirche (renoviert), dahinter Schloß Rudenz, zur Abwehr gegen starken Föhnwind beide mit einer Ecke gegen das Tal gebaut. – 4 km nördlich unterhalb der Axenstrasse (N 2) die **Tellskapelle** (Schiffsanlegestelle), 1388 errichtet, 1883 erneuert, Inneres mit Fresken von E. Stückelberg aus der Tellsgeschichte geschmückt. An dieser Stelle soll Tell aus dem Kahn auf die Felsplatte gesprungen sein, als ihn Landvogt Gessler in seine Burg nach Küssnacht bringen lassen wollte.

Auskunft: Verkehrsbüro (nur im Sommer), Tel. 2 42 23.

SISIKON, 8 km nördlich, 446 m, 350 Einw., Badeort und Sommerfrische am Urner See, zu Füßen des Fronalpstockes. Bahnstation. – Wanderungen ins **Riemenstaldener Tal** und schöne Bergtouren.

UNTERSCHÄCHEN, 2 km östlich, 994 m, 700 Einw., ruhiger Höhenluftkurort mit schöner Barockkirche an der Straße zum Klausenpass im romantischen Schächental mit vielen Wander- und Tourenmöglichkeiten. Hier mündet das alpine **Brunnital** ein, an dessen Ende der Große Ruchen, 3133 m, aufragt. Mehrere Wasserfälle.

Orts- und Landschaftsbeschreibungen

Unterkunft in Altdorf:
Hotels:
Bauernhof, Tel. 2 12 37, 100 B.
Bahnhof, Tel. 2 10 32, 50 B.
Goldener Schlüssel, Tel. 2 10 02, 45 B.
Schwarzen Löwen, Tel. 2 10 07, 40 B.
Poli, Tel. 2 14 66, 30 B.
Höfli, Tel. 2 21 97, 25 B.
Reiser, Tel. 2 10 66, 22 B.
Schützenmatt, Tel. 2 11 60, 20 B.
Wilhelm Tell, Tel. 2 10 20, 20 B.
Eggberge, Tel. 2 28 66, 15 B.
Schwanen, Tel. 2 10 38, 15 B.

In 6454 Flüelen, 3 km nördlich:
Hotels:
Tourist, Tel. 2 15 91, 70 B.
Urnerhof (garni), Tel. 2 18 35, 65 B.
Sternen (garni), Tel. 2 18 35, 35 B.
Flüelerhof, Tel. 2 11 49, 40 B.
Tell & Post, Tel. 2 16 16, 24 B.

In 6452 Sisikon, 8 km nördlich:
Hotels:
Eden, Tel. 31 17 97, 32 B.

In 6468 Attinghausen:
Hotels:
Burg, Tel. 2 21 84, 36 B.
Krone, Tel. 2 10 55, 15 B.
Gasthöfe:
Berggasthaus Brusti, Tel. 2 10 98, 10 B.

Jugendherberge: In Bürglen, 2 km südöstlich, Tel. 0 44/2 18 97, 106 B.

AMSTEG-SILENEN s. Silenen.

ANDELFINGEN (F 1), Kt. Zürich, 402 m, 2800 Einw., reizvoll gelegener Ort zwischen Schaffhausen und Winterthur, in der Nordschweiz nahe der Einmündung der Thur in den Rhein. **Andelfingen** und der Ortsteil **Klein-Andelfingen** sind durch die Thur getrennt.
Auskunft: Verkehrsverein, Tel. 41 12 47.
Postleitzahl: 8450
Telefon-Vorwählnummer: 052
Verkehr: Straße N 4/E 70 Schaffhausen–Winterthur. –Bahnstation.
Sehenswert: **Kirche** mit gotischem Turm. – **Schloß Wyden**, 12. Jh. – Prächtige Dorf- und **Bürgerbauten** aus dem 17. Jh.
Badegelegenheit: Schwimmbad (Zeltplatz).
Wanderungen (Wandertafel am Bahnhof): Nach **Rheinau** (s. Schaffhausen, GRIEBEN-Band 256 „Ostschweiz") mit gotischer Klosteranlage, in einer engen Rheinschleife, 2 Std. nordwestlich. – Zum **Nussbaumer See**, 2½ Std. nordöstlich (unter Naturschutz, jedoch mit Bademöglichkeit). – Schiffahrten auf dem Rhein zwischen Rheinau und dem Rheinfall. – Kombinierte Rundreisen Bahn/Schiff nach Schaffhausen – Stein am Rhein – Winterthur – Andelfingen.

Unterkunft in Andelfingen:
Hotels:
Bad, Klein-Andelfingen, Tel. 41 11 14, 20 B.
Löwen, Tel. 41 15 12, 16 B.
Hirschen, Klein-Andelfingen, Tel. 41 11 47, 14 B.

ANDERMATT (O 5), Kt. Uri, 1436 m, 1600 Einw., bekannter Luftkurort und Wintersportplatz inmitten der gewaltigen Berglandschaft des Gotthardmassivs, Hauptort des 10 km langen, hochalpinen und fast baumlosen Urserntals. Andermatt bildet als das geographische Zentrum der Schweiz ein wichtiges Verkehrskreuz der Alpen.

Andelfingen – Andermatt

Auskunft: Verkehrsverein, Tel. 6 74 54.
Postleitzahl: 6490
Telefon-Vorwählnummer: 044
Verkehr: Kreuzungspunkt Straße 2/E 9 (Altdorf–Airolo), Straße 19 (Chur–Furkapass). – Bahnstation (Verladebahnhof der Gotthardbahn).
Bergbahn: Gotthardschwebebahn Andermatt–Gurschen (2200m)–Gemsstock (2961m).
Sehenswert: Barocke **Pfarrkirche** mit Rokoko-Ausstattung. – **Kirche St. Kolumban** am Schöllenen-Eingang, erste Siedlung im Urserntal, im 7. Jh. gegründet, jetziger Bau spätgotisch. – Schöne alte **Holzhäuser** mit hohem Giebel und Vordach. – Hauptstraße, immer noch mit Steinplatten aus der alten Postkutschenzeit belegt.
Sportmöglichkeiten: Angeln, Reiten, Tennis, Squash, Bergsteigen.
Wintersport: Skilauf (Skilifte), Langlauf (Skiwanderschule), Rodeln, Eislauf, Curling.
Spaziergänge: **Oberalpsee** (Seehotel), 2029 m, auf abkürzenden Fußwegen, 1½ Std. nordöstlich. Der See ist 1,2 km lang und 200 m breit. 15 Min. weiter zur **Oberalppasshöhe**, 2044 m. – **Schöllenenschlucht** mit Teufelsbrücke und **Urner Loch** von 1705. An der Felswand großes General-Suworoff-Denkmal mit russischem Text zur Erinnerung an die Kämpfe von 1799.
Bergtouren: **Gütsch**, 2158 m, 2½ Std. nordöstlich, großartige Aussicht! – **Spitzigrat**, 2560 m, 3 Std. westlich. – **Gurschenstock**, 2866 m, 3½ Std. südöstlich, leicht. – **Gemsstock**, 2961 m, 4 Std. südlich, nicht schwierig, lohnend. – **Badus**, 2928 m, vom Oberalpsee 2½ Std. südlich, leicht.

In der Umgebung

HOSPENTAL, 3 km südwestlich, 1452 m, 300 Einw., Luftkurort und Wintersportplatz im hochalpinen Urserntal. Bahnstation, Mündungspunkt der Straße 19 (vom Furkapass) in die Straße 2 (Gotthardstraße), Skilift zum Winterhorn (2660 m). – Schöne Kirche vom Anfang des 18. Jh. und Burgturm des 13. Jh.
REALP, 8 km südwestlich, 1538 m, 300 Einwohner, Luftkurort auf einer Alpmatte des Urserntals. Bahnstation, Skilift. In dem Kapuzinerhospiz des hübschen Dörfchens haben Goethe und der Herzog von Sachsen-Weimar 1779 übernachtet. – Bergtouren: **Großes Muttenhorn**, 3099 m, 3 Std. südwestlich, leicht. – Über Tiefenbach zur **Albert-Heim-Hütte**, 2542 m, 2½ Std. nordwestlich; von hier: **Galenstock**, 3583 m; **Gletschhorn**, 3305 m; **Winterstock**, 3203 m; **Großes** und **Kleines Furkahorn**, 3169 m und 3026 m; **Tiefenstock**, 3515 m.

Spezialität: Ursernkäse.
Unterkunft in Andermatt:
Hotels:
Krone, Tel. 7 84 46, 85 B.
Helvetia, Tel. 6 75 15, 60 B.
Monopol-Metropol, Tel. 6 75 75, 60 B.

Aurora (garni), Tel. 6 76 61, 50 B.
Kristall, Tel. 6 75 57, 44 B.
Schweizerhof, Tel. 6 71 89, 44 B.
Badus, Tel. 6 72 86, 40 B.

Orts- und Landschaftsbeschreibungen

Drei Könige & Post, Tel. 6 72 03, 40 B.
Löwen, Tel. 6 72 23, 40 B.
Bergidyll, Tel. 6 74 55, 36 B.
St. Gotthard, Tel. 6 72 04, 35 B.

Schlüssel, Tel. 6 71 98, 35 B.
Sporthotel Sonne, Tel. 6 72 26, 35 B.
Alpenhof-Bahnhof, Tel. 6 72 39, 30 B.

Campingplatz: „Gotthard", Tel. 6 71 98, geöffnet 1. 6.–30. 9.

In 6493 Hospental, 3 km südwestlich:
Hotels:
Meyerhof, Tel. 6 72 07, 50 B.

St. Gotthard, Tel. 6 72 66, 23 B.
Burg, Tel. 6 72 61, 15 B.

Jugendherberge: Tel. 0 44/6 72 71, 60 B. geöffnet 15. 6.–15. 9.

ARTH-GOLDAU (O 3), Kt. Schwyz, 420–510 m, 8000 Einw., typische Schweizer Sommerfrische und Wintersportplatz am Ostabhang des Rigi. Das alte Schwyzerstädtchen Arth liegt am Südende des Zuger Sees, Goldau in der Mitte zwischen Zuger und Lauerzer See. Goldau wurde 1806 durch einen Bergsturz verschüttet, wobei 457 Menschen umkamen. Abbruchstelle und Sturzbahn sind am Rossberg noch deutlich erkennbar; auf einem mittlerweile großenteils überwaldeten Steintrümmerfeld ist ein Tierpark angelegt.
Auskunft: Informationsbüro, Tel. 82 11 76 für Arth, 82 11 29 für Goldau.
Postleitzahl: 6415
Telefon-Vorwählnummer: 0 41
Verkehr: Straße 2/E 9 Luzern–Schwyz; Endpunkt der Straße 25/E 60 Zug–Arth-Goldau. – Bahnstation. – Schiffsanlegestelle.
Bergbahnen: Zahnradbahn Goldau–Rigi-Kulm; Anschluß zur Seilbahn auf die Rigi-Scheidegg.
Sehenswert in Arth: Barocke, reichgeschmückte **St.-Georgs-Kirche,** 1695. – Denkmal für Ritter Hünenberg (Schlacht bei Morgarten). – In Goldau: Neues **Bergsturzmuseum** mit Fundgegenständen aus dem verschütteten Goldau und Kupferstichsammlung. – Großer **Natur- und Tierpark** mit zwei kleinen Seen auf dem Trümmerfeld des Bergsturzes.
Badegelegenheit: Freischwimmbad, Hallenbad.
Sportmöglichkeiten: Angeln, Rudern, Tennis, Kegeln, Vita-Parcours.
Wintersport: Skilauf.
Spaziergänge von Arth: **Walchwil** am Zuger See, 1 Std. nördlich, Uferwanderung. – **Immensee,** 1½ Std. nordwestlich. – **Rigidächli,** 947 m, 1 Std. westlich. – Von Goldau: Im **Bergsturzgebiet** am Fuß des Rossbergs. – **Steinerberg,** 40 Min. östlich. – **Lauerzer See,** 40 Min. südöstlich. – **Rigi-Klösterli,** 1302 m, 2½ Std. westlich, auch Zahnradbahn.

In der Umgebung

SATTEL, 10 km nordöstlich, 772 m, 1000 Einw., Sommerfrische und Wintersportplatz mit vielen Möglichkeiten für schöne Skitouren und Abfahrten am Ostfuß des Rossbergs im Tal der Steiner Aa südlich des hübschen Ägerisees. Bahnstation Sattel-Ägeri, Busverbindung mit Schwyz und Oberägeri, Sesselbahn auf den **Hochstuckli,** 1566 m. Im Jahr 1315 wurde in Sattel von den Schwyzern eine Letzimauer (schweizerisch für Grenzwall)

errichtet, die in der Schlacht bei dem nahen **Morgarten** eine Rolle spielte.
— Bergtour: **Morgartenberg,** 1239 m, 1½ Std. nordöstlich.

Unterkunft in Arth:
Hotels:
Seehotel Adler, Tel. 82 12 50, 85 B.
Thurm, Tel. 82 13 36, 23 B.
Hofmatt, Tel. 82 10 33, 14 B.
Theaterstubli, Tel. 82 15 12, 12 B.
Poststubli, Tel. 82 12 55, 11 B.

In Goldau:
Hotels:
Steiner, Tel. 82 13 49, 20 B.
Union, Tel. 82 12 18, 20 B.
Rössli, Tel. 82 13 19, 14 B.
Alpenblick, Tel. 82 11 61, 10 B.

ASCONA (F 4), Kt. Tessin, 210 m, 4000 Einw., Luftkur- und Badeort am Westufer des **Lago Maggiore** (s. auch GRIEBEN-Band 15 „Oberitalien-West"), bei der Mündung der **Maggia** und westlich von Locarno. Dank seiner bezaubernden Lage wurde aus dem bescheidenen Fischerdorf ein Ort von Weltruf. Über den See hinweg fällt der Blick auf die Isole di Brissago, Inseln von märchenhafter Schönheit mit prächtigen Gartenanlagen.

Auskunft: Verkehrsbüro, Tel. 35 55 44.
Postleitzahl: 6612
Telefon-Vorwählnummer: 0 93
Verkehr: Straße 34 Locarno–Verbania. — Nächste Bahnstation Locarno (3 km). — Schiffsanlegestelle.
Sehenswert: **Burgruine,** 150 m über dem Ort. — **Chiesa Madonna della Fontana,** Barockkirche mit legendenumwobener Quelle im Wald an der Nordseite des Monte Verità. — **Collegiata Santa Maria della Misericordia,** 14. Jh., mit reichem Freskenschmuck aus dem 15.–16. Jh. und Renaissance-Hochaltar. — **Collegio Papio,** mit sehr schönem Innenhof. — Capella San Sebastiano, mittelalterlich. — **Casa Serodine** (auch Casa Borrani genannt), um 1620; dreigeschossige Prunkfassade mit Stukkaturen von C. und G. Serodine, einer der bedeutendsten Profanbauten der Schweiz. — **Parrocchia SS. Pietro e Paolo,** 16. Jh., mit Altarbildern von G. Serodine. — **Isole di Brissago** mit Botanischem Garten und südlichen Parks.
Badegelegenheit: Freischwimmbad und Badeanstalt Lido di Ascona. — Wassersport: Segeln, Windsurfing, Rudern.
Sportmöglichkeiten: Tennis (Tenniszentrum Castello del Sole mit Halle), Golf (18 Löcher), Fliegen.
Wintersport: Skilauf, Eislauf (Kunsteisbahn), Curling.
Veranstaltungen: Internationale Segelregatten. — Musikfestwochen im Herbst. — Kinderfest am Lido im Juli. — Traditionelles Risotto-Essen auf der Piazza am See am Fastnachtsdienstag.

In der Umgebung

INTRAGNA, 10 km westlich, 342 m, 800 Einw., romantischer Luftkurort am Zusammenfluß von Melezza und Isorno in die Centovalli (hundert Täler). Bahnstation. Die sehenswerte barocke Chiesa San Gottardo besitzt den höchsten Campanile (70 m) im Tessin. Intragna ist der Geburtsort des berühmten Künstlers der Nymphenburger Porzellanmanufaktur in München, Franz Anton Bustelli (1723–1763, ab 1755 in München).

RONCO sopra Ascona, 4 km südwestlich, 355 m, 600 Einw., Sommerfrische auf steilem Felsen über dem Westufer des Lago Maggiore, bekannt als „Sonnenterrasse der Schweiz". Busverbindung mit Locarno. Ronco war von 1931 bis 1976 Wahlheimat von Richard Seewald, Zeichner, Maler und Schriftsteller (gest. 1976). Sein Haus ist als Museum Besitz der Stiftung „Pro Helvetia". — **Porto Ronco** ist Schiffsanlegestelle, vorgelagert sind die reizvollen Brissago-Inseln **San Panerizio** (Isola Grande) mit Botanischem Garten und Marmorpalast mit Gemäldesammlung und **Sant'Apollinare.**

VERSCIO, 6 km nordwestlich, 277 m, 400 Einw., Sommerfrische mit subtropischer Vegetation und reichen Weingärten im Pedemonte am Eingang zu den Centovalli, Touristenstandort für Bergtouren in Centovalli, Val Onsernone und Valle Maggia. In der Parrocchia San Fedele romanische Fresken und schöne mittelalterliche Gemälde.

Unterkunft in Ascona:

Hotels:
Casa Berno, Tel. 35 32 32, 110 B.
Delta, Tel. 35 11 05, 100 B.
Sonnenhof, Tel. 35 11 66, 100 B.
Acapulco, Tel. 35 45 21, 80 B.
Ascona, Tel. 35 11 35, 80 B.
Eden Roc, Tel. 35 52 55, 80 B.
Europe au Lac, Tel. 35 28 81, 80 B.
Polo, Tel. 35 44 21, 70 B.
Schweizerhof, Tel. 35 12 14, 70 B.
Tamaro au Lac, Tel. 35 39 39, 70 B.
Al Porto, Tel. 35 13 21, 65 B.
Bellaria, Tel. 35 11 21, 65 B.
Castello-Seeschloss, Tel. 35 18 03, 65 B.
Moro, Tel. 35 10 81, 65 B.
Tobler, Tel. 35 31 57, 65 B.
La Perla, Tel. 35 35 77, 60 B.
Riposo, Tel. 35 31 64, 60 B.
Arancio, Tel. 35 23 33, 50 B.
Monte Verità, Tel. 35 12 81, 48 B.
Mulino, Tel. 35 36 92, 45 B.
Luna, Tel. 35 36 07, 45 B.

Villa Semiramis, Monte Verità, Tel. 35 12 81, 40 B.
Pergola, Tel. 35 38 48, 35 B.
Basilea, Tel. 35 10 24, 34 B.
Mirador, Tel. 35 16 66, 30 B.

Hotels garnis:
Losone, Tel. 35 01 31, 100 B.
Sasso Boretto, Tel. 35 71 15, 100 B.
Carcani au Lac, Tel. 35 19 04, 50 B.
Panorama au Lac, Tel. 35 11 47, 48 B.
Golf, Tel. 35 37 91, 44 B.
Arcadia, Tel. 35 10 15, 40 B.
Ascolago, Tel. 35 20 55, 35 B.
Florida, Tel. 35 49 23, 34 B.
Piazza au Lac, Tel. 35 11 81, 30 B.
Schiff au Lac, Tel. 35 25 33, 30 B.
Villa Zurigo, Tel. 35 32 05, 20 B.
Altana, Tel. 35 11 41, 18 B.
Casa Angolo, Tel. 35 23 77, 18 B.
Elvezia au Lac, Tel. 35 15 14, 17 B.
Villa Veratum, Tel. 35 35 77, 15 B.

Campingplätze: „La Palma", Tel. 2 10 06, geöffnet 1. 3.–30. 10. – „Segnale", Tel. 2 29 70, geöffnet Mai–Oktober.

In 6655 Intragna, 10 km westlich:

Gasthöfe:
Antico, Tel. 6 51 07, 33 B.

Del Campanile, Tel. 6 52 22, 10 B.
Stazione, Tel. 6 51 12, 8 B.

In 6622 Porto Ronco, 4 km südwestlich:

Hotels:
Acapulco, Tel. 2 45 21, 80 B.
La Rocca, Tel. 35 53 44, 40 B.
Eden, Tel. 35 51 42, 24 B.

Mimosa, Tel. 2 43 55, 16 B.
Posta al Lago, Tel. 2 52 37, 14 B.
San Martino, Tel. 2 51 10, 8 B.

BADEN (N 2), Kt. Aargau, 385 m, 16 000 Einw., ältestes Thermalbad der Schweiz mit mittelalterlichem Stadtkern und modernem Industrieviertel an beiden Ufern der Limmat, am Fuß eines Ausläufers der Jurakette gelegen. 19 Heilquellen liefern täglich rund 1 Million Liter Thermal-Mineralwasser.

Auskunft: Kur- und Verkehrsbüro, Kurpark, Tel. 22 53 18.

Postleitzahl: 5400

Telefon-Vorwählnummer: 056

Verkehr: Straße 3 Säckingen–Zürich. Autobahnanschlußstelle an die N 1 Bern–Zürich. – Bahnstation.

Heilanzeigen: Rheuma, Arthritis, Gicht, Ischias, Lähmungen, Frauenleiden, Zahnfleischerkrankungen, Störungen der Blutzirkulation, chronische Katarrhe der Luftwege.

Kurmittel: Schwefelquellen von 48° C, Bäder, Duschen, Packungen, Massagen, Inhalationen, Trinkkuren.

Sehenswert: Spätgotische **Pfarrkirche** mit Sebastianskapelle, klassizistisch erweitert. – Im **Rathaus** Saal der Eidgenössischen Tagessatzungen aus dem 15.–18. Jh. mit wertvollen Glasscheiben. – **Stadttor** aus dem 15. Jh. mit Glockenturm und Ecktürmchen. – **Landvogteischloß** aus dem 16. Jh., mit Museum. – Holzgedeckte alte **Brücke.**

Badegelegenheit: Garten-Thermalschwimmbad, Hallenbad.

Sportmöglichkeiten: Reiten, Tennis, Angeln.

Unterhaltung: Sommerkonzerte in der Klosterkirche Wettingen. Symphoniekonzerte mit bekannten Solisten. Täglich Kurkonzerte. Kurtheater und Freilichttheater. Kabarett im Kornhaus.

Spaziergänge und Wanderungen: **Schloßruine Stein**, ehemaliges Habsburgerschloß, 20 Min. – **Baldegg** mit Restaurant, Aussicht auf Säntis bis Jungfrau, 30 Min. westlich. – **Chrüzliberg**, 625 m, vorgeschichtliche Kultstätte, 1½ Std. südlich. – **Schartenfels**, 30 Min. östlich. – **Hertenstein**, 30 Min. nördlich. – **Hörndli**, 624 m, 1 Std. nördlich. – **Haselbuck,** 578 m, 1 Std. nordöstlich. – **Gebenstorfer Horn,** 514 m, Blick auf Zusammenfluß von Aare, Reuss und Limmat, 1½ Std. westlich. – **Birmenstorf** mit Kirche aus dem 11. Jh., 1¼ Std. südwestlich. – **Egelsee,** reizender Waldsee, 3 Std. südlich. – **Würenlos,** Dorf mit alter Kirche und römischem Steinbruch, Siedlungsstätte der Mittelsteinzeit, 1 Std. südöstlich. – **Burghorn,** 859 m, Höhlensiedlungen der Bronzezeit, herrliche Aussicht, 2 Std. östlich. – **Hochwacht,** 856 m, mit Burgruine Altlägern, 3 Std. östlich.

In der Umgebung

WETTINGEN, 1 km südöstlich, 388 m, 20 000 Einw., Industrievorort von Baden mit berühmter Zisterzienserabtei. Die **Klosterkirche** aus dem 13. Jh. mit Grabmälern aus dieser Zeit wurde mehrmals erneuert. In den Arkaden des gotischen Kreuzganges befinden sich schöne Glasgemälde aus dem 15., 16. und 17. Jh., das sehenswerte Chorgestühl stammt von 1604. – Alte gedeckte **Holzbrücke** über die Limmat.

Spezialitäten: Badener Chräbeli, Spanischbrötli, Goldwändler Wein.

Orts- und Landschaftsbeschreibungen

Unterkunft in Baden:
Hotels:
Verenahof-Hotel, Kurplatz,
Tel. 22 52 51, 150 B.
Hirschen, Badstr. 22, Tel. 22 69 66,
100 B.
Bären, Bäderstr. 36, Tel. 22 51 78,
80 B.
Limmathof, Limmatpromenade 28,
Tel. 22 60 64, 75 B.
Schwanen, Badstr. 16, Tel. 22 64 67,
75 B.
Adler, Badstr. 18, Tel. 22 57 66, 70 B.
Blume, Kurpl. 4, Tel. 22 55 69,
60 B.
Schweizerhof, Kurpl. 3,
Tel. 22 55 69, 50 B.

Hotels garnis:
Kapellerhof, Bruggerstr. 142,
Tel. 22 44 15, 60 B.
Post, Badstr. 8, Tel. 22 30 88, 45 B.
Du Parc, Haselstr. 17, Tel. 22 53 53,
30 B.
Sonne, Badstr. 3, Tel. 22 66 08, 30 B.
Excelsior, Bäderstr. 21,
Tel. 22 75 15, 25 B.

Jugendherberge, Kanalstr., Tel. 26 17 96, 110 B.
In 5430 Wettingen, 1 km südöstlich:
Hotels:
Zwyssighof, Tel. 26 86 22, 50 B.

BALDEGGER SEE, Kt. Luzern, 463 m, idyllisches Gewässer von etwa 5 km Länge und 1 km Breite nördlich Luzern und östlich Beromünster im Seetal, mit Aussicht auf die Alpen.

BANNALPSEE, Kt. Unterwalden/Nidwalden, 1598 m, schöner Hochgebirgssee in den Urner Alpen; von Oberrickenbach mit Sessellift erreichbar.

BASEL (K 1), Kt. Basel-Stadt, 277 m, 207 000 Einw., Kantonshauptstadt, zweitgrößte Stadt der Schweiz und Kulturzentrum an der Dreiländerecke Frankreich—Deutschland—Schweiz. Die altberühmte Stadt am Knie des Rheins, wo Birs, Birsig und Wiese münden, wird im Norden vom Schwarzwald und im Süden vom Jura eingerahmt. Einzigartig sind die alten, gut erhaltenen Gebäude der Stadt, die sich ihre Eigenart zu bewahren verstand. Basel ist eine lebhafte Handelsstadt mit vielen Industriewerken und ausgedehnten Hafenanlagen. Die Basler Mustermesse führt jedes Jahr einen Strom von Besuchern in die Stadt.

Auskunft: Verkehrsverein, Blumenrain 2, Tel. 25 38 11.
Postleitzahl: 4000
Telefon-Vorwählnummer: 061
Verkehr: Autobahn N 2 Basel—Härkingen; dort Kreuzungspunkt mit N 1 (Bern—Zürich); Autobahn N 3 Basel—Rheinfelden. — Autobahn E 4 Basel—Frankfurt. Anschluß deutsch-schweizerisches Autobahnnetz im Bau. — Straße 18 Basel-Delémont. — Bahnstation. — Flughafen.
Stadtrundfahrten: Täglich 10 Uhr ab Hotel Victoria, vor dem Bahnhof SBB, mit Führung. Dauer 1³/₄ Std.
Geschichtliches: Am Rheinübergang bei der Birsigmündung gab es bereits frühe keltische Ansiedlungen. Erstmals erkundlich erwähnt wird der Ort „Basilia" im Jahr 374, als Kaiser Valentinian hier eine römische Festung erbaute. Basel wurde Bischofsstadt, gehörte zunächst zu Burgund und wurde 917 von den Ungarn verwüstet. Im 11. Jh. fiel Basel an Deutsch-

land. Im 13. Jh. erkämpften sich die Basler von den Bischöfen bedeutende Rechte für die Bürger. Sie entwickelten Basel zur selbständigen Reichsstadt und nahmen die Zunftverfassung an. Das Große Konzil 1431—1448, die letzte der großen Kirchenversammlungen des 15. Jh., bei dem auf dem Münsterplatz Papst Felix V. gekrönt wurde, brachte Glanz und Reichtum in die Stadt. Hier wurde 1499 im Frieden von Basel die Unabhängigkeit der Schweiz anerkannt, zwei Jahre später trat Basel dem Bund der Eidgenossen bei. Die Stadt wurde immer mehr zu einem geistigen und künstlerischen Mittelpunkt; an der 1460 gegründeten Universität lehrten die berühmtesten Gelehrten, darunter Erasmus von Rotterdam, der im Münster begraben ist. Die Buchdruckerkunst hielt schon in ihren Anfängen in Basel Einzug; viele Schriften Luthers wurden hier gedruckt. 1529 bekannte sich die Stadt zur Reformation. Im Dreißigjährigen Krieg geriet sie durch ihre Grenzlage öfters zwischen die Heere der kriegführenden Mächte. In den beiden Schweizerkriegen bewahrte sie strenge Neutralität. Im 18. Jh. wurden in Basel mehrfach Friedensverträge geschlossen. 1798 gab Basel mit der Einführung politischer Rechtsgleichheit in Stadt und Land den ersten Anstoß zur politischen Neuordnung der Schweiz. 1833 erkämpften sich die ländlichen Gemeinden Selbständigkeit im eigenen Halbkanton. Unter den berühmten Lehrern an der Basler Universität seien aus dem 19. Jh. der Kulturhistoriker Carl Jacob Burckhardt und der Philosoph Friedrich Nietzsche erwähnt. Basel ist Geburtsort des Malers Arnold Böcklin (1827) und des Mathematikers und Physikers Leonhard Euler (1707).

Sehenswert

Zweitürmiges **Münster,** großartiger romanisch-gotischer Bau mit roter Sandsteinfassade und bedeutenden Skulpturen, vor allem am gotischen Hauptportal; an der Nordseite die Galluspforte mit romanischen Skulpturen. Das Kirchenschiff mit den breiten Emporen, das Querschiff mit den schönen Fensterrosen, die Krypta und der Chorumgang stammen noch aus der ersten Bauanlage des Münsters, sie haben das Erdbeben von 1356 überdauert. Im Innern u. a. zwei Flachreliefs aus dem 11. Jh., Kanzel und Taufstein des 15. Jh., Grabmäler des Erasmus von Rotterdam, gestorben 1536, und der Kaiserin Anna, gestorben 1281, gotisches Chorgestühl. Schöner Kreuzgang, im 15. Jh. erneuert. Hinter dem Münster die Pfalz, eine Terrasse über dem Rhein mit weitem Ausblick. — **Rathaus,** 1516 im sogenannten Burgunderstil erbaut, mit Fresken und schöner Inneneinrichtung. — **Fischmarktbrunnen** von 1390, gotischer Säulenbrunnen. — **St.-Martins-Kirche,** älteste Pfarrkirche Basels mit Wappenschildern auf den Pfeilern. — **St.-Peters-Kirche** aus dem 15. Jh., während des Konzils erbaut. — **St.-Leonhards-Kirche,** spätgotische Hallenkirche von 1489 mit frühromanischer Krypta und Chor aus dem 14. Jh. — **Predigerkirche** mit Glockentürmchen, Chor aus dem 13. Jh. — **Kirche St. Alban** mit romanischem Kreuzgang. — **Spalentor** aus dem 14. Jh. mit Statue der Jungfrau, der Schutzherrin von Basel. — Stadthaus mit Mansardendach, 18. Jh. — **Haus der Geltenzunft** von

1578. – Weisses Haus und Blaues Haus von 1770. – **Wildt'sches Haus** mit Barockfassade am Petersplatz. – **Bischofshof** von 1458. – Zahlreiche schöne **Bürgerhäuser** verschiedener Stilepochen. – „Goldener Sternen", ältestes Gasthaus der Schweiz, 14. Jh., wiederaufgebaut in der St.-Alban-Vorstadt. – **Zoologischer Garten** beim Bahnhof SBB, mit neuem Vivarium (45 Aquarien, 18 Terrarien). – An Rheinknie und Dreiländerecke (Deutschland, Frankreich, Schweiz) der **Rheinhafen**, im Warenumschlag der zweitgrößte Binnenhafen Europas, Nordsüdtransit (Wasser–Schiene) nach Italien und Übersee. Aussichtsterrasse auf dem Siloturm (55 m).

Museen: **Antikenmuseum**, St.-Alban-Graben 5, griechische Kunstwerke (2500–100 v. Chr.), italienische Kunstwerke (1000 v. Chr.–300 n. Chr.). – **Kunstmuseum**, St.-Alban-Graben 16, bedeutendste Gemäldesammlung der Schweiz. – **Historisches Museum** in der ehemaligen **Barfüsserkirche** aus dem 14. Jh. am Barfüsserplatz, mit gotischen Wandteppichen, römischen Altertümern, Kirchenschätzen, Glasmalereien usw. (z. Z. geschlossen). – **Kirschgartenmuseum**, Elisabethenstr. 27, Sammlung von Uhren, Fayencen und Porzellan. – **Museum für Natur- und Völkerkunde**, Augustinergasse 2 (z. Z. geschlossen). – **Stadt- und Münstermuseum** im alten Kloster Klingental, Unterer Rheinweg. – Schweizerisches **Pharmaziemuseum**, Totengässlein 3. – Schweizerisches **Sportmuseum**, Missionsstraße 28. – **Gewerbemuseum**, Spalenvorstadt. – **Kunsthalle Steinenberg**, Wechselausstellungen. – Ausstellung „Unser Weg zum Meer" im Rheinhafen. – **Dorf- und Spielzeugmuseum**, im Vorort Riehen, Baselstrasse 34 (Sammlung des Schweizerischen Museums für Volkskunde).

Badegelegenheit: Hallenschwimmbad Rialto, Freischwimmbäder Eglisee und St. Jakob. Bachgraben.

Sportmöglichkeiten: Reiten, Golf, Tennis und Hallentennis, Paddeln.

Wintersport: Eislauf (Kunsteisbahn).

Brauchtum: Basler Fasnacht.

Veranstaltungen: Im April Schweizer Mustermesse. – Basler Herbstmesse Oktober/November. – Konzerte, Zyklus von Münsterkonzerten, Kammermusik, Oratorien. – Basler Stadttheater mit Opern, Operetten, Schauspiel. In der Komödie Schauspiel, Lustspiel. – Basler Marionettentheater im Zehntenkeller. – Kleinkunstbühne. – Schauspielaufführungen im Goetheanum in Dornach.

Spaziergänge: **Bruderholz**, Jurahöhe vor der Stadt mit schönen Villen und Schanzwerken von 1815, weite Aussicht, 40 Min. südlich. – **Bottmingen**, mittelalterliches Schloß mit Wassergraben, 1 Std. südlich. – **Binningen**, 15 600 Einw., schönes Schloß aus dem 13. Jh., 30 Min. südwestlich. – **Muttenz**, 16 000 Einw., von einer Ringmauer umgebene romanische Wehrkirche, 1½ Std. südöstlich. – Auf schmaler Schweizer Landzunge in badisches Gebiet über Bettingen nach **St. Chrischona**, 522 m, ehemaliger Wallfahrtsort mit kleiner Kirche aus dem 16. Jh. und Fernsehsender, großartige Aussicht, 2 Std. nordöstlich.

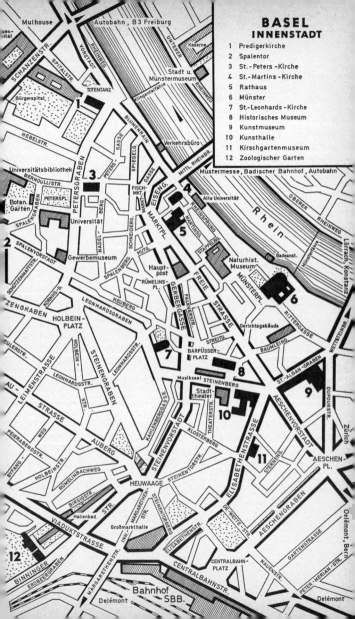

Orts- und Landschaftsbeschreibungen

In der Umgebung

ARLESHEIM, 8 km südlich, 330 m, 7700 Einw., Villenvorort der Stadt Basel oberhalb der Birs mit Wohnhöhlen aus der Steinzeit, umgeben von mehreren Burgen und Schlössern, schöne Rokoko-Stiftskirche des ehem. Basler Domkapitels von 1680.

BASEL-AUGST, 11 km östlich, 274 m, 1000 Einw., das ehemalige römische „Augusta Raurica", das den wichtigen Rheinübergang bewachte und damals schätzungsweise 35 000 Einw. hatte. Unter den interessanten antiken Ruinen befinden sich die Überreste eines römischen Theaters, Thermen, zwei Tempel, Wachtürme und eine bedeutende Castrumanlage. Am Eingang zum „Römerhaus" (Museum, Silberschatz) Muster eines großen römischen Landguthofes mit Inneneinrichtungen. Bahn- und Schiffsstation ist **Kaiseraugst,** Kt. Aargau, jenseits der Ergolzmündung, ebenfalls mit römischen Ruinen.

DORNACH, 9 km südlich, 295 m, 5400 Einw., Ausflugsort mit Bahnstation im weiten Tal der Birs, bekannt als Sitz der Anthroposophischen Gesellschaft. Auf einer Anhöhe das **Goetheanum,** ein mächtiges Betongebäude ohne rechte Winkel (erbaut 1927). Oberhalb des Ortes die Ruine **Dorneck,** eine imposante Burganlage.

PRATTELN, 8 km südöstlich, 290 m, 16 500 Einw., bedeutender Industrieort und Ausgangspunkt für schöne Wanderungen in die waldreiche Umgebung. Bahnstation. Im alten Dorfteil am Berg altes kleines Schloß.

Spezialitäten: Basler Leckerli, Messmocken (Süßwaren).

Unterkunft in Basel:

Hotels:
Hilton, Aeschengraben 31, Tel. 22 66 22, 368 B.
International, Steinentorstr. 25, Tel. 22 18 70, 300 B.
Europe, Clarastr. 35—43, Tel. 26 80 80, 250 B.
Admiral, Rosentalstr. 5, Tel. 26 77 77, 200 B.
Alban-Ambassador, Jacob-Burckhardt-Str. 61, Tel. 35 75 20, 165 B.
Victoria am Bahnhof, Centralbahnplatz, Tel. 22 55 66, 150 B.
City-Hotel, Henric-Petri-Str. 12, Tel. 23 78 11, 130 B.
Drei Könige am Rhein, Blumenrain 8, Tel. 25 52 52, 120 B.
Schweizerhof, Centralbahnpl. 1, Tel. 22 28 33, 110 B.
Basel, Münzgasse 12, Tel. 25 24 23, 105 B.
Basilisk, Klingentalstr. 1, Tel. 33 44 05, 100 B.
Euler & Grand Hôtel, Centralbahnplatz 14, Tel. 23 45 00, 100 B.
Jura, Centralbahnpl. 11, Tel. 23 18 00, 100 B.
Alexander, Riehenring 83, Tel. 32 60 30, 90 B.
Bernina (garni), Innere Margarethenstr. 14, Tel. 23 73 00, 80 B.
Excelsior, Aeschengraben 13, Tel. 22 53 00, 80 B.
Krafft am Rhein, Rheingasse 12, Tel. 26 88 77, 80 B.
Merian am Rhein, Greifengasse, Tel. 25 94 66, 80 B.
Alfa, Birsfelden, Hauptstr. 15, Tel. 41 80 15, 70 B.
Central, Falknerstr. 3, Tel. 25 44 48, 70 B.
Greub, Centralbahnstr. 11, Tel. 23 18 40, 70 B.
Parkhotel Bernerhof, Beim Bahnhof SBB, Tel. 23 09 55, 70 B.
Rheinfelderhof, Hammerstr. 61, Tel. 26 66 56, 70 B.
Sonne, Rheingasse 25—27, Tel. 25 34 44, 67 B.
Drachen (garni), Aeschenvorstadt 24, Tel. 23 90 90, 62 B.
Blaukreuzhaus, Petersgraben 23, Tel. 25 81 40, 60 B.
Münchnerhof, Riehenring 75, Tel. 26 77 80, 60 B.
Commerce (garni), Riehenring 91, Tel. 26 96 66, 60 B.
St. Gotthard-Terminus, Centralbahnstr. 13, Tel. 22 52 50, 60 B.

Basel – Beinwil a. See

Bristol, Centralbahnstr. 15, Tel. 22 38 22, 55 B.
Hecht am Rhein, Rheingasse 8, Tel. 26 22 20, 55 B.
Engelhof (garni), Chr. Hospiz, Stiftsgasse 1, Tel. 25 22 44, 54 B.
Spalenbrunnen, Schützenmattstr. 2, Tel. 25 82 33, 50 B.
Cavalier, Reiterstr. 1/Laupenring, Tel. 39 22 62, 48 B.
Schlüssel, Binningen, Tel. 47 25 66, 48 B.
Ascot, Riehen, Bachtelenweg 3, Tel. 67 39 51, 45 B.
Mittenza, Muttenz, Tel. 61 06 06, 45 B.
Steinbock, Am Bahnhof SBB, Tel. 22 58 44, 44 B.
Wettstein (garni), Grenzacherstr. 8, Tel. 26 28 00, 43 B.
Piccolo-Garni, Gartenstr. 105, Tel. 22 56 33, 40 B.
Vogt-Flügelrad, Küchengasse 20, Tel. 23 42 41, 40 B.
Engel, Pratteln, Tel. 81 71 73, 35 B.
Helvetia, Küchengasse 13, Tel. 23 06 88, 35 B.
Merkur, Theaterstr. 24, Tel. 23 37 40, 35 B.
Klingental (garni), Klingental 20, Tel. 33 62 48, 34 B.
Badischer Hof, Riehenring 109, Tel. 32 41 44, 32 B.
Bären, Aesch, Tel. 78 16 16, 30 B.
Bahnhof, Muttenz, Tel. 61 29 29, 30 B.
Solitude & Park-Rest., Grenzacherstrasse 206, Tel. 32 41 46, 20 B.

Jugendherbergen: Elisabethenstr. 51, Tel. 23 05 72, 154 B., 15. 12. bis 15. 1. geschlossen. – In Rotberg-Mariastein, Jugendburg, Tel. 0 61/75 10 49, 1. 12. bis 31. 3. geschlossen.

Campingplatz: „Waldhorst", Tel. 82 71 53, ganzjährig.

In der Umgebung:
Gasthöfe:
Engel, 4133 Pratteln, Tel. 81 71 73, 35 B.
Ochsen, 4144 Arlesheim, 8 km südlich, Tel. 72 52 25, 20 B.
Waldhaus in der Hard, Birsfelden, Tel. 41 20 30, 20 B.
Löwen, 4303 Kaiseraugst, 10 km östlich, Tel. 83 10 07, 14 B.

BASODINO-GRUPPE. Gewaltiges Hochgebirgsmassiv im Nordwesten des Kantons Tessin. Mit 3273 m ist der **Basodino** der höchste Gipfel des Kantons, erreichbar durch die Val Bavona oder die Val Bedretto (über den Passo Cristallina, 2568 m). Über den Gipfel verläuft die Grenze zwischen der Schweiz und Italien. Auf italienischer Seite sind die Tosafälle eine besondere Sehenswürdigkeit. Bedeutende, zum Teil vergletscherte Gipfel scharen sich um den **Campo Tencia**, 3072 m.

BEINWIL am See (M 2), Kt. Aargau, 520 m, 2500 Einw., stattliches Dorf am Westufer des Hallwiler Sees, mit prächtigem Blick auf die Alpen, überragt vom Homberg, 770 m, dem „aargauischen Rigi".
Auskunft: Gemeindekanzlei, Tel. 71 15 30.
Telefon-Vorwahlnummer: 0 64
Postleitzahl: 5712
Verkehr: Straße 120 Lenzburg–Luzern. – Bahnstation.
Badegelegenheit: Strandbad.
Sportmöglichkeiten: Angeln, Rudern, Segeln.
Spaziergänge: Markiertes Wanderwegenetz, insbesondere um das südliche See-Ende nach **Aesch**, 1 Std. – Auf den **Homberg**, 770 m, 1 Std. –

Orts- und Landschaftsbeschreibungen

Zum Wasserschloß **Hallwil**, 2½ Std. nördlich. — Rund um den **Hallwiler See**, 4½ Std. — Rundfahrten auf dem **Hallwiler See**.

In der Umgebung

BONISWIL, 5 km nördlich, 476 m, 800 Einw., hübsches Dorf am Nordwestende des Hallwiler Sees. Bahnstation Boniswil-Seengen. Außerhalb des Ortes das sehenswerte **Ritterschloß Hallwil** aus dem 12. Jh. mit Gräben und zwei kleinen Inseln, die mit Mauern aus dem 14. Jh. umgeben sind. Die meisten Bauteile und die Rundtürme stammen aus dem 15. Jh.

REINACH, 2 km südwestlich, 524–532 m, 5900 Einw., mit dem benachbarten **Menziken** das Zentrum der aargauischen Tabakindustrie. Bahnstation. Freundlicher Ort zwischen Obstgärten und bewaldeten Höhen.

Unterkunft in Beinwil am See:
Hotels:
Löwen, Tel. 71 11 33, 35 B. | **Seehotel Hallwil**, Tel. 71 11 02, 12 B.

Jugendherberge, Seestr., Tel. 71 18 83, 105 B.

In der Umgebung:
Hotels:
Sternen, 5737 Menziken, 3 km westlich, Tel. 71 46 71, 48 B.
Bären, 5734 Reinach, 2 km westlich, Tel. 71 10 06, 27 B.
Seetalerhof, 5706 Boniswil, 5 km nördlich, Tel. 54 12 17, 24 B.
Waag, 5737 Menziken, 3 km westlich, Tel. 71 26 86, 15 B.

BELLINZONA (F/G 4), Kt. Tessin, 241 m, 18 000 Einw., Kantonshauptstadt, eindrucksvolle südländische Stadt im breiten Tal des Ticino mit altem und neuem Stadtteil, überragt von drei ehemaligen Sperrburgen, die den Eingang zu den Alpenpässen beherrschten. Noch heute ist Bellinzona für den Reise- und Warenverkehr vom Gotthard, vom Lukmanier und vom San Bernardino als erste Stadt südlich der Pässe Station. (Siehe Karte S. 165.)

Auskunft: Ente Turistico Bellinzona e dintorni, Tel. 25 21 31.

Postleitzahl: 6500

Telefon-Vorwählnummer: 092

Verkehr: Kreuzungspunkt Straße 2/E 9 Andermatt–Lugano, Straße 13/E 61 Passo del S. Bernardino–Bellinzona, Straße 34 Bellinzona–Verbaniá. — Bahnstation. — Schiffsanlegestelle.

Seilbahnen: Carasso, 230 m–Monti di Carasso, 900 m; Monte Carasso, 260 m–Mornera, 1400 m; Camorino, 260 m–Monti di Croveggia, 950 m.

Geschichtliches: Die nach dem Zeugnis römischer Funde sehr viel ältere Siedlung ist erst im 10. Jh. beurkundet. Nach einem alten Wort gehört der Tessin mitsamt dem Zugang zu den drei wichtigen Alpenübergängen Gotthard, Lukmanier und San Bernardino dem, der Bellinzona beherrscht. So war die Stadt oft Ursache von blutigen Rivalitäten, namentlich zwischen den Eidgenossen und den Herzögen von Mailand.

Sehenswert: **Stiftskirche** mit Renaissancefassade aus dem 16. Jh. und Kreuzigungsbild, vermutlich Tintoretto-Schule. — Romanische **Chiesa San Biago** mit Fresken aus dem 14. Jh. — **Chiesa Madonna delle Grazie**, frühes 16. Jh., mit schönen Wandbildern. —

Wahrzeichen der Stadt sind die drei prächtigen **Burgen** des 12. bis 15. Jh. mit zinnengekrönten Umfassungsmauern: **Uri** (Castel Grande oder Castel Vecchio) mitten in der Stadt auf einem Felshügel, **Schwyz** (Montebello) mit Ziehbrücke und Zinnen (Historisches Museum, Museo Civico) und **Unterwalden** (Sasso Corbaro; auf einer Straße zugänglich) mit dem Tessiner Museum der Künste, Handwerke und Volkstrachten. — Zur Verteidigung der Feste Bellinzona gehörte auch eine starke **Letzimauer** („Letzi": schweizerisch für Grenzwall), die das breite Ticinotal sperrte; sie ist im Westteil der Stadt und bei Monte Carasso-Sementina noch gut sichtbar (in der Ebene hat der damals noch unregulierte Tessinfluss die Mauer weggeschwemmt).

Badegelegenheit: Hallenbad, Freischwimmbad.

Sportmöglichkeiten: Angeln, Paddeln, Tennis, Reiten, Boccia. — Klettergarten (mit Kletterkursen), Vita-Parcours.

Wintersport: Eislauf (Kunsteisbahn).

Spaziergänge: Zur **Chiesa di San Bernardo,** über Monte Carasso, 1 Std. westlich. — Über den Ticino nach **Carasso,** weiter nach **Galbisio** und **Gorduno,** über die Brücke auf das linke Ufer und über **Molinazzo** zurück, 1½ Std. — Vom Stadtteil **Raveccia,** östlich durch den Wald nach **Paudo,** 790 m, hinab nach **Pianezzo,** über **Giubiasco** zurück, 1½ Std. — Über den südlichen Vorort **Pedevilla** nach **Pianezzo** (in der Valle Morobbia), zurück über **Giubiasco,** 1½ Std. — Über **Arbedo,** mit schöner mittelalterlicher Kirche mit wertvollen Fresken, nördlich in die Valle d'Arbedo und zum **Laghetto d'Orbello,** zurück über die Weiler Tagliada und Malmera nach **Daro,** 2 Std.

Wanderungen: Mit Seilbahn von Carasso zu den **Monti di Carasso,** 900 m, Rückweg über Mornera nach **Monte Carasso,** 2½ Std. — Zum **Motto della Croce,** 1257 m, 2 Std. — Durch die Dörfer der fruchtbaren **Magadino-Ebene,** die sich auf beiden Talseiten des Ticino bis zum Lago Maggiore erstreckt.

Ausflüge: In die **Valle Mesolcina** (Val Misox) mit dem Hauptort **Mesocco,** 790 m, und zum Passo del San Bernardino, 2065 m (s. GRIEBEN-Band 256 „Ostschweiz").

In der Umgebung

CASTIONE, 4,5 km nördlich, 241 m, 1000 Einw., Dorf an der Einmündung der Valle Mesolcina in das Tal des Ticino, das hier Riviera heißt. Station der Gotthardbahn und der Strecke Bellinzona–Mesocco (nur Güterverkehr). — Postbus bis zum San-Bernardino-Pass.

GIUBIASCO, 3 km südlich, 230 m, 6000 Einw., Sommerferienort am Eingang zur Val Marobbia und am Beginn der Monte-Ceneri-Paßstraße (N 2) ins Sotto-Ceneri und nach Lugano. Kreuzungspunkt der Bahnstrecken nach Lugano, Locarno und Luino. Die barock umgestaltete **Parrocchia Santa Maria** besitzt ein Christophorusfresko des 15. Jh., in der Bartholomäuskapelle befinden sich spätgotische Malereien. Beim Ort fand sich eine Nekropole des 7. Jh. v. Chr., und überall in der Umgebung gibt es Reste alter Siedlungen und Römergräber.

Orts- und Landschaftsbeschreibungen

Unterkunft in Bellinzona:
Hotels:
Unione, Tel. 25 55 77, 75 B.
Gamper, Tel. 25 37 92, 36 B.
Metropoli, Tel. 25 11 79, 26 B.

Hotels garnis:
Croce Federale, Tel. 25 16 67, 25 B.
Internazionale, Tel. 25 43 33, 50 B.
Rosa, Tel. 25 13 32, 18 B.

Moderno, Tel. 25 13 76, 17 B.

Gasthöfe:
Felix, Tel. 25 12 15, 28 B.
Rex, Tel. 25 22 92, 27 B.
Ticino, Tel. 25 33 83, 19 B.
Grotta St. Anna, Tel. 25 20 35, 16 B.
San Giovanni, Tel. 25 19 19, 16 B.
Corona, Tel. 25 28 44, 10 B.

Campingplatz: „Ponte della Toretta", Tel. 25 33 09, geöffnet März bis Oktober.

In 6512 Giubiasco, 3 km südlich:
Gasthöfe:
Svizzero, Tel. 27 13 71, 18 B.
Del Moro, Tel. 27 51 65, 16 B.
Millefiori, Tel. 27 58 21, 10 B.

San Giobbe, Tel. 27 29 72, 16 B.
Unione, Tel. 27 16 16, 15 B.
Rusca (Pedevilla), Tel. 27 18 92, 10 B.

In 6532 Castione, 4,5 km nördlich:
Hotels:
Motel-Castione, Tel. 25 55 66, 60 B.

Campingplätze: In Cadenazzo, 9 km südwestlich, Tel. 0 92/62 12 85, geöffnet April bis Oktober. – In Gudo, 8 km südwestlich, „Gudo", Tel. 0 92/64 16 42, geöffnet 1. 7.–31. 10.; „La Serta", Tel. 64 11 55, geöffnet 1. 4. bis 31. 10. – In Cugnasco, 12 km südwestlich, „Riarena", Tel. 0 92/64 16 88, geöffnet April bis Oktober.

BEROMÜNSTER (M 3), Kt. Luzern, 650 m, 1700 Einw., bekannt durch seinen schweizerischen Landessender. Der schon im 11. Jh. urkundlich genannte historische Marktflecken besitzt ein 1000jähriges Chorherrenstift.

Auskunft: Verkehrsverein, Tel. 51 16 17.
Postleitzahl: 6215
Telefon-Vorwählnummer: 0 45
Verkehr: Straße 119 Aarau–Luzern; Straße 96 Beromünster–Sursee. – Bahnstation. – Busverbindung mit Luzern und Sursee. – Flugplatz.
Sehenswert: **Stiftskirche,** romanischer Grundriß, im Innern barock mit Chorgestühl von 1609 und bedeutendem Kirchenschatz; Kreuzgang und Kapitelhaus; wertvolle Stiftsbibliothek. – Spätgotisches **Amtshaus.** – Pfarrkirche St. Stephan mit schönen Glasmalereien. – **Schloß,** jetzt Heimatmuseum, mit hölzernem Aufbau.
Sportmöglichkeiten: Segel- und Motorfliegen (Flugschule).
Brauchtum: „Umritt" am Himmelfahrtstag, Prozession zu Fuß und zu Pferd, seit 1506.
Spaziergänge: **Herlisberg,** 30 Min. östlich. – **Schwarzenbach,** 30 Min. nordöstlich. – **Burg Oberrainach,** 45 Min. südöstlich. – **Landessender,** 30 Min. südwestlich. – **Baldegger See,** 1 Std. östlich.

Unterkunft in Beromünster:
Hotels:
Hirschen, Tel. 51 15 01.

Rössli, Tel. 51 22 22.
Ochsen, Tel. 51 15 07.

BIASCA (F/G 4), Kt. Tessin, 304 m, 4000 Einw., mittelalterlicher Marktflecken und Sommerfrische an der Gabelung von Valle Leventina und Val Blenio zwischen Adulagruppe und Tessiner Alpen. (Siehe Übersichtskarte S. 165.)
Auskunft: Pro Biasca e Riviera, Tel. 7 13 81.
Postleitzahl: 6710
Telefon-Vorwählnummer: 0 92
Verkehr: Kreuzungspunkt Straße 61 (Disentis–Biasca), Straße 2/E 9 (Andermatt–Bellinzona). – Bahnstation.
Sehenswert: Romanische **Collegiata San Pietro**, umgebaut im 17. Jh., mit wertvollen Fresken. – Stationsweg zur **Cappella Santa Petronilla** von 1629, unweit ein Wasserfall, der in sechs Kaskaden über die felsige Bergwand herabkommt und besonders im Frühjahr große Wassermengen führt.

In der Umgebung

GIORNICO, 8 km nordwestlich, 405 m, 1200 Einw., Bergdorf am Ostufer des Ticino, eine der ältesten Siedlungen der Valle Leventina. Station der Gotthardbahn. Hier befinden sich einige der bedeutendsten mittelalterlichen Bauten des Tessin: **Chiesa San Nicolao** aus dem 12. Jh. mit romanischem Taufstein, Krypta mit Tierskulpturen, wertvolle Fresken, ausgemalte Apsis (um 1480); romanische **Chiesa Santa Maria di Castello** mit spätgotischen Wandgemälden; Wohnturm mit Madonnenfresko; **Santuario San Pellegrino** (bei Altirolo) mit meisterhaften Fresken des Jüngsten Gerichts (1589).

CHIRONICO, 12 km nordwestlich, 750 m, 600 Einw., Sommerfrische oberhalb der Valle Leventina am Eingang zur Valle di Chironico. Nächste Bahnstation Lavorgo (5 km entfernt), Busverbindung. Die romanische **Parrocchia Sant'Ambrogio** hat interessanten Freskenschmuck aus dem 14.–16. Jh.; Pedrini-Turm, Wohnturm des 14. Jh. mit Muttergottes, Ende 15. Jh.

LAVORGO, 15 km nordwestlich, 615 m, 300 Einw., Feriendorf südlicher Prägung, obwohl in der Valle Leventina noch oberhalb der Biaschina-Talstufe gelegen. Station der Gotthardbahn.

MALVAGLIA, 6,5 km nördlich, 381 m, 1200 Einw., Sommerfrische und Touristenstandort am Ostufer des Brenno und am Eingang zur Valle Malvaglia. Busverbindung mit Biasca. Vor dem großen Bergsturz von 1512 war die Val Blenio zwischen Malvaglia und Biasca so fruchtbar, „daß die Katzen von Biasca auf den Stangen der Weinreben nach Malvaglia hinaufgehen konnten". Jetzt ist der von Geröll und Sand bedeckte Talboden unbebaut. In Malvaglia barocke **Chiesa San Martino** mit romanischem Turm und schönen Fresken. In der Gola d'Orino eine Grottenburg und altes Landvogteischloß.

SEMIONE, 5,5 km nördlich, 402 m, 300 Einw., interessantes Dorf in der Val Blenio an der Westseite des Brenno. Sehenswerte barocke Parrocchia mit romanischem Campanile. **Cappella San Carlo** am Friedhof mit meisterhaften spätgotischen Fresken. Oberhalb Semione barocke Cappella San Lucio. Unweit nördlich die Ruinen des Castello di Serravalle, in dem sich

Orts- und Landschaftsbeschreibungen

1176 Kaiser Friedrich I. Barbarossa aufhielt, als er von der Schlacht von Legnano sein Heer in Eilmärschen über den Lukmanier in die Lombardei führte.

Unterkunft in Biasca:

Hotels:
Lucomagno, Tel. 72 21 35, 42 B.
Giardinetto, Tel. 72 17 71, 35 B.
Della Posta, Tel. 72 21 21, 24 B.

Gasthöfe:
Castello, Tel. 72 11 62, 42 B.
Svizzero, Tel. 72 11 20, 19 B.
Nazionale, Tel. 72 13 31, 17 B.
Lucernese, Tel. 72 24 65, 16 B.
Olimpia, Tel. 72 13 66, 9 B,

Campingplätze: „International", Tel. 72 12 93, geöffnet 1. 4.–31. 10. – „Lilly", Tel. 72 12 17, ganzjährig.

In 6746 Lavorgo, 19 km nordwestlich:

Hotels:
Defanti, Tel. 39 11 04, 40 B.

Gasthöfe:
Elvezia, Tel. 39 11 20, 9 B.

BIGNASCO (F 4), Kt. Tessin, 438 m, 200 Einw., Sommerfrische und Touristenstandort in der Valle Maggia bei der Mündung der Val Bavona. (S. Übersichtskarte S. 165.)

Auskunft: Ente Turistico di Vallemaggia, 6673 Maggia, Tel. 87 18 85.

Postleitzahl: 6678

Telefon-Vorwählnummer: 093

Verkehr: Verbindungsstraße Locarno–Bignasco. – Nächste Bahnstation Locarno (25 km). – Busverbindung mit Locarno.

Sehenswert: **Parrocchia San Michele** von 1401, innen spätgotische Kunstschätze.

Spaziergänge: **Madonna del Monte**, 734 m, 45 Min. – **Ponteletto**, 15 Min. – **Menzonio**, 1 Std.

Wanderungen: In die Val Bavona über die Tessiner Bergdörfer Cavergno, Fontana, Sabbione, Foroglio, Sonlerto nach **San Carlo**. 936 m, 3 Std. nordwestlich, von hier Großkabinenbahn nach **Robiei**, 1894 m. – Von Foroglio: Abzweigung der Val Calneggia mit herrlichen Wasserfällen, lohnende Wanderung zu den **Laghi della Crosa**, 2116 m und 2153 m, 3½ Std.

In der Umgebung

CEVIO, 3 km südlich, 416 m, 500 Einw., Sommerfrische und Touristenstandort an der Mündung der Valle di Campo. Sehenswert sind die **Rovanschlucht** und die barocke Cappella Madonna del Ponte an ihrem Eingang, die Parrocchia mit Campanile und Beinhaus, einige schöne Häuser und alte Grotten.

BOSCO-GURIN, 18 km südwestlich, 1506 m, 150 Einw., das höchstgelegene Dorf im Tessin, Luftkurort und Touristenstandort in der Hochgebirgslandschaft der Valle di Bosco. Busverbindung mit Cevio (15 km). Der Ort wurde 1244 von Walsern gegründet und 1695 und 1749 durch Lawinen zerstört. Die Bewohner sprechen das Walserdeutsch. – Das Walserhaus Curin mit Heimatmuseum lohnt eine Besichtigung.

PECCIA, 8,5 km nördlich, 849 m, 300 Einw., Touristenstandort an der Abzweigung der Val Peccia. Am Gemeindehaus hängt noch das Halseisen für die Missetäter vergangener Zeiten. Bus bis **Piano di Peccia** mit barocker Parrocchia und schönen Wohnhäusern, geschmückt mit alten Fresken.

FUSIO, 17 km nördlich, 1281 m, 100 Einw., malerisches Bergdörfchen, Sommerfrische und Wintersportplatz von fast alpiner Prägung in der obersten Valle Maggia, die hier den Namen Val Lavizzara führt (ausgezeichnete Forellen; interessante Flora!). 1½ km nördlich liegt der **Lago Sambuco,** ein 3 km langer Stausee.

Unterkunft in Bignasco:
Hotels:
Della Posta, Tel. 96 11 23, 25 B.

In der Umgebung:

Hotels:	Gasthöfe:
Basodino, 6675 Cevio, 3 km südlich, Tel. 9 71 01, 32 B.	**Svizzero,** 6671 Fusio, 17 km nördlich, Tel. 9 91 38, 18 B.
Pineta, 6671 Fusio, 17 km nördlich, Tel. 9 92 58, 23 B.	

BIRS. Windungsreicher Fluß in einem romantischen Tal des Schweizer Jura. Er durchbricht häufig mit einer „Klus" (Schlucht) einen Querriegel des Gebirges. **Delémont** und **Laufen** sind größere Orte im Birstal. Bei **Birsfelden,** einem östlichen Vorort von Basel, mündet der Fluß in den Rhein.

BIRSIG. Ein Juraflüßchen nahe der französischen Grenze. Das anmutige, abwechslungsreiche Birsigtal ist ein beliebtes Ausflugsziel von Basel und wird durch eine Straße und eine elektrische Schmalspurbahn erschlossen. **Flüh,** der Wallfahrtsort **Mariastein** und **Rodersdorf** am Fuß des Blauen sind die bekanntesten Orte am Ostrand des Birsigtales. Die Birsig mündet in **Basel** kurz nach der Birs in den Rhein.

BISISTAL. Der obere Teil des Muotatals, ein Wildschongebiet in romantischer Berggegend mit prächtigen Wasserfällen. Das Tal zieht sich in Richtung Klausenpass hin, der von der **Ruosalper Kulm** in 45 Minuten zu erreichen ist.

BISSONE (F/G 5), Kt. Tessin, 274 m, 600 Einw., typisches Fischerdorf, Sommerfrische und Badeort am Ostende des Seedammes über den Lago di Lugano gegenüber Melide. Über Bissone führt der Weg zur italienischen Enklave von Campione und in die fruchtbare Landschaft des Mendrisiotto.

Auskunft: Ente Turistico Mendrisio, Tel. 46 57 61.
Postleitzahl: 6816
Telefon-Vorwählnummer: 091
Verkehr: Straße 2 Lugano–Chiasso; Autobahnanschlußstelle an die N 2/E 9 Bellinzona–Como. – Nächste Bahnstation Melide (1 km). – Schiffsanlegestelle.

Orts- und Landschaftsbeschreibungen

Sehenswert: **Parrocchia,** 1147 bereits erwähnt, im 17. Jh. reich mit farbigen Stukkaturen geschmückt. – **Cappella San Rocco,** 1630. – **Bürgerhäuser** (zum Teil unter Heimatschutz) mit Arkaden und bemalten Fassaden. – **Casa Tencalla,** Patrizierhaus mit alten Tessiner Möbeln, Gemälden, Zeichnungen und Skulpturen einheimischer Künstler der Renaissance und des Barock. – Wallfahrtskirche **Madonna dei Ghirli,** an der Straße nach **Campione d'Italia** (s. GRIEBEN-Band 15 „Oberitalien West"), Heimat verschiedener berühmter Tessiner Künstler.

In der Umgebung

AROGNO, 2 km nordöstlich, 600 m, 900 Einw., Grenzort nach Italien in der Val Mara. Nächste Bahnstation Maroggia-Melano (4 km), Busverbindung. Mehrere sehenswerte Kirchen mit bedeutenden Kunstwerken.

MAROGGIA, 2 km südlich, 280 m, 700 Einw., Badeort an der Mündung der Mara in den Lago di Lugano. Bahnstation Maroggia-Melano und Schiffsanlegestelle. Interessante Kirche.

MELANO, 4 km südlich, 297 m, 700 Einw., Badeort am Fuß des Monte Generoso. Bahnstation Maroggia-Melano. Im Dorf schöne alte Häuser. Oberhalb des Ortes das sehenswerte **Santuario Madonna del Castelletto** aus sehr früher Zeit, 1637 barock umgebaut.

ROVIO, 3 km südöstlich, 500 m, 400 Einw., Sommerfrische auf einem Vorberg des Monte Generoso. Nächste Bahnstation Maroggia-Melano (2 km). Das schöne alte Bergdorf besitzt seine schon im 13. Jh. erwähnte, später barock umgebaute Parrocchia und ein **Santuario** (Santa Maria) mit Fresken und Statuen. Auf einer Anhöhe steht eine romanische Kirche aus dem 12. Jh.; hier spielt Gerhart Hauptmanns bekannte Novelle „Der Ketzer von Soana".

Unterkunft in Bissone:

Hotels:
Lago di Lugano, Tel. 68 85 91, 160 B.
Campione, Tel. 68 60 21, 80 B.
Del Pesce, Tel. 68 71 64, 40 B.
Palma, Tel. 68 75 06, 30 B.
Ticino, Tel. 68 73 58, 14 B.

Unterkunft in der Umgebung:

Hotels:
Del Parco, 6849 Rovio, 3 km südöstlich, Tel. 68 73 73, 80 B.
Motel Lido, 6818 Melano, 4 km südlich, Tel. 68 79 71, 69 B.
Panorama, 6822 Arogno-Pugerna, 2 km nördlich, Tel. 23 93 83, 36 B.
Biodola (garni), 6818 Melano, 4 km südlich, Tel. 68 81 19, 24 B.
Nord-Süd (garni), 6818 Melano, 4 km südlich, Tel. 68 70 61, 18 B.
Della Stazione, 6817 Maroggia, 2 km südlich, Tel. 68 70 80, 18 B.
Taverna dei Pini, 6818 Melano, 4 km südlich, Tel. 68 76 43, 18 B.

Arogno, 6822 Arogno, 2 km nordöstlich, Tel. 68 74 05, 18 B.
Della Posta, 6822 Arogno, 2 km nordöstlich, Tel. 68 73 31, 12 B.

Pensionen:
Tusculum, 6822 Arogno, Tel. 68 86 10, 24 B.
Ceresio, 6817 Maroggia, 2 km südlich, Tel. 68 70 44, 21 B.
Valmara, 6817 Maroggia, 2 km südlich, Tel. 68 73 44, 20 B.
Sport, 6818 Melano, 4 km südlich, Tel. 68 76 49, 10 B.
Vallone, 6817 Maroggia, 2 km südlich, Tel. 68 84 39, 10 B.

Campingplätze: In Maroggia, Tel. 0 91/68 72 45, geöffnet April bis Oktober. – In Melano, 4 km südlich, 2 km südlich, „Piazzale Mara",

Bissone — Brissago

„Paradiso", Tel. 0 91/68 78 63, geöffnet April bis Ende September; „Pedemonte", Tel. 68 83 33, geöffnet 1. 5.–10. 10.
Jugendherberge: In Melano, 4 km südlich, Tel. 0 91/68 76 49, 80 B., geöffnet 15. 3.–31. 10.

BREMGARTEN (N 2), Kt. Aargau, 386 m, 5400 Einw., mittelalterliches, befestigtes „Habsburgerstädtchen" mit Türmen und alten Mauern in einer an Stromschnellen reichen Schlinge der Reuss. Über den Fluß führt eine gedeckte Holzbrücke. Am Ostermontag und Pfingstmontag werden hier große Märkte abgehalten.
Auskunft: Gemeindeamt, Tel. 5 47 58.
Postleitzahl: 5620
Telefon-Vorwählnummer: 0 57
Verkehr: Straße 1 Zürich–Wohlen. — Bahnstation. — Busverbindung mit Baden und Muri.
Sehenswert: Mittelalterlicher **Amtshof** des Klosters Muri; Jagdschloß Rudolfs von Habsburg. — Zeughaus des 17. Jh. — **Pfarrkirche**, 13. Jh. — **Muttergotteskapelle** mit spätgotischen Wandmalereien. — Klarakapelle von 1653 mit geschnitztem Altar. — Alte **Holzbrücke**. — Schöne alte **Bürgerhäuser**.
Badegelegenheit: Freischwimmbad, Hallenbad.
Sportmöglichkeiten: Angeln, Paddeln, Reiten, Tennis.
Spaziergänge: **Reusspromenade**, 2 Std. — **Fohlenweide** (Aargauische Pferdezucht), 30 Min. nordwestlich. — **Mutschellen**, 551 m, schöne Ausblicke ins malerische Reusstal, 30 Min. nordöstlich. — **Emaus-Einsiedelei**.
Spezialitäten: Reussforellen. Stadtberger Eigenbau-Weine.
Unterkunft in Bremgarten:
Hotels:
Krone, Tel. 5 23 43, 25 B.
Stadthof, Tel. 5 50 73, 15 B.
Adler, Tel. 5 13 34, 10 B.
Engel, Tel. 5 11 65, 10 B.
Reussbrücke, Tel. 5 11 64, 8 B.
Drei Könige, Tel. 5 15 70, 7 B.

BRISSAGO (F 4), Kt. Tessin, 210 m, 2100 Einw., Luftkurort und Badeort am Lago Maggiore südlich von Ascona, am Fuß des Monte Gridone. Dunkle Zypressen und Orangengärten schmücken den Ort, der schon eine keltische Siedlung war. Von 1387 bis 1521 war Brissago selbständige Republik. Am geschützten Hang gedeihen Wein, Feigen und Oliven. Die berühmte „Brissago" (eine Zigarre) findet hauptsächlich in Italien Liebhaber. Wenige Kilometer südlich verläuft die italienische Grenze über den See. Mit den nahen Isole di Brissago (Botanischer Garten mit ca. 1400 subtropischen Pflanzen verschiedener Gattungen) besteht Schiffsverbindung.
Auskunft: Pro Brissago, Tel. 65 11 70.
Postleitzahl: 6614
Telefon-Vorwählnummer: 0 93
Verkehr: Straße 34 Locarno–Verbania. — Nächste Bahnstation Locarno (10 km). — Busverbindung mit Locarno. — Schiffsanlegestelle.

Orts- und Landschaftsbeschreibungen

Sehenswert: **Chiesa Madonna di Ponte**, schöne Frührenaissancekirche südlich Brissago. – **Chiesa San Pietro e Paolo** mit den berühmten 600jährigen Zypressen an der neuen Uferpromenade. – **Santuario Madonna del Sacro Monte**, 18. Jh. – Barockpalast **Casa Baccala**. – Alte **Bürgerhäuser** mit kunstvollen Schmiedearbeiten.

Unterkunft in Brissago:
Hotels:
Brenscino, Tel. 65 14 21, 109 B.
Mirto Belvedere, Tel. 65 13 28, 46 B.
Eden, Tel. 8 22 55, 44 B.
Mirafiore, Tel. 65 12 34, 43 B.
Camelia, Tel. 65 12 41, 40 B.
Verbano (garni), Tel. 8 22 32, 31 B.
Centrale, Tel. 8 11 13, 27 B.
Collina (garni), Tel. 65 11 65, 26 B.
Bellavista, Tel. 8 22 22, 18 B.

Posta, Tel. 8 22 66, 21 B.
Ticino, Tel. 8 22 48, 19 B.
Piodina, Tel. 8 22 82, 15 B.

Pensionen:
Primavera, Tel. 8 22 51, 26 B.
Graziella, Tel. 65 14 20, 21 B.
Villa Maria, Tel. 8 22 42, 10 B.

Gasthöfe:
Sole, Tel. 8 21 98, 22 B.

Fremdenheime:
Casa di Cura S. Giorgio, Tel. 8 21 16, 24 B.

BRUGG (M 2), Kt. Aargau, 352 m, 9200 Einw., zusammengewachsen mit **Windisch**, 365 m, 7100 Einw., kleine Stadt von mittelalterlicher Bauart an der unteren A a r e , nahe der Mündung von Reuss und Limmat. Über den hier sehr eingeengten Fluß führte zur Römerzeit ein wichtiger Übergang. Auf der Anhöhe von Windisch stand einst die römische Stadt und das Castrum von „Vindonissa". Die heutige Abteikirche steht mitten im einstigen Castrum. An der Reuss wurde 1308 König Albrecht I. überfallen und erschlagen. – Eine 2000 Jahre alte römische Wasserleitung versorgt die Anstalt Königsfelden und ihre Nachbarschaft noch heute mit Wasser.

Auskunft: Verkehrsverein, Tel. 41 68 21.
Postleitzahl: 5200
Telefon-Vorwählnummer: 056
Verkehr: Kreuzungspunkt Straße 3 / E 17 (Basel – Zürich), Straße 5 (Koblenz–Aarau). – Bahnstation.
Sehenswert: Romanischer **Schwarzer Turm** mit eingebauten Römersteinen an der alten Aarebrücke, sogenanntes Lateinschulhaus, von 1515. – **Rathaus** mit Gerechtigkeitsbrunnen. – **Zeughaus** von 1673. – Pestalozzis Sterbezimmer, Hauptstrasse Nr. 271. – **Vindonissa-Museum**, Sammlung von Fundstücken aus der ehemaligen bedeutenden Römerstadt „Vindonissa" (Windisch). – Bei A l t e n b u r g (Vorort von Brugg): Ruinen eines Römerlagers und Flußübergang. – In W i n d i s c h : Ruine des im 5. Jh. zerstörten **Amphitheaters** für 12 000 Zuschauer. – **Abtei Königsfelden**, 1311 von der Witwe des hier ermordeten Albrecht I. von Habsburg gegründet, im Chor der Kirche die berühmtesten **Glasmalereien** der Schweiz, 14. Jh.

Spaziergänge: **Schloß Habsburg** auf dem Wülpelsberg, Stammschloß der Habsburger aus dem 11. Jh., Räumlichkeiten aus der Berner Landvogtzeit, Ausflugsrestaurant, 1 Std. südwestlich. — **Brugger Berg**, 518 m, Aussichtspunkt, 30 Min. nördlich. — **Gasthaus Vier Linden** auf dem Bözberg, 1½ Std. westlich, bekannter Aussichtspunkt. — **Gebenstorfer Horn**, 514 m, einst Zufluchtstätte, von zwei Wällen geschützt, Aussichtspunkt, 1 Std östlich.

In der Umgebung

BAD SCHINZNACH, 5 km südwestlich, 352 m, 1000 Einw., Kurort mit einer der stärksten radioaktiven Schwefelquellen Europas (34° C), für rheumatische Leiden, im Tal der A a r e Bahnstation, Heilbad seit dem 17. Jh. und **SCHINZNACH DORF,** 387—441 m, 1200 Einw. (Weinbau).

WILDEGG, 9 km südwestlich, 354 m, 900 Einw., Städtchen am Fuß des Chesterbergs, im Tal der A a r e. Bahnstation. Das stattliche **Schloß** des 12. Jh. östlich überm Ort steht unter dem Patronat des Landesmuseums und ist stilgerecht ausgestattet sowie von schönen Gartenanlagen umgeben. Am jenseitigen Aareufer steht die **Ritterburg Wildenstein** vom 14. Jh., in deren schmalem Hof ein sehenswerter Renaissancebrunnen.

Unterkunft in Brugg:
Hotels:
Bahnhof-Terminus, Tel. 41 18 21, 80 B. | **Rotes Haus,** Tel. 41 14 79, 48 B.

J u g e n d h e r b e r g e, Schlößchen Altenburg, Tel. 41 10 20, 97 B.

In 5200 Windisch:
Hotels:
Sonne, Tel. 4 10 42, 12 B.

In 5116 B a d S c h i n z n a c h, 5 km südwestlich:
Hotels:
Parkhotel Kurhaus, Tel. 43 11 11, 120 B. | **Kurhotel Habsburg,** Tel. 43 13 44, 55 B.

BRUNNEN (O 3/4), Kt. Schwyz, 435 m, 6000 Einw., Kurort am V i e r w a l d s t ä t t e r S e e, mit der 1 km nordöstlich gelegenen Gemeinde **Ingenbohl**, 442 m, 5600 Einw. Diese „Perle des Vierwaldstätter Sees" ist umrahmt vom Rigimassiv im Nordwesten, vom Großen und Kleinen Mythen im Nordosten, dem Fronalpstock im Südosten und dem Seelisberg am gegenüberliegenden Ufer im Südwesten. Aus dem Fischerdörfchen entwickelte sich bereits im 11. Jh. ein Umschlagplatz für den Gotthardverkehr, da man vor dem Bau der Axenstrasse (1867) den Nauen (Nachen) nach Flüelen nehmen mußte. Später spielte Brunnen in der Schweizer Geschichte eine bedeutende Rolle: Auf dem Rütli beschworen die Eidgenossen von Uri, Schwyz und Unterwalden am 1. August 1291 den 'Ewigen Bund' und damit die Gründung der Schweizerischen Eidgenossenschaft. — In der Nähe von Brunnen: Kloster und Missionshaus der Ingenbohler Schwestern und Theodosianerinnen.

Orts- und Landschaftsbeschreibungen

Auskunft: Verkehrsbüro, Tel. 31 17 77.
Postleitzahl: 6440
Telefon-Vorwählnummer: 043
Verkehr: Straße 2/E 9 Schwyz–Altdorf. – Bahnstation. – Busverbindung mit Morschach, Schwyz, Gersau und Küssnacht a. R. – Schiffsanlegestelle.
Bergbahnen: Luftseilbahn auf den Urmiberg.
Sehenswert: Am Hauptplatz **Kapelle** von 1632 mit schöner Barockfassade und Altarbild von J. van Egmont (Rubensschüler).
Badegelegenheit: Strandbäder, Hallenbad.
Sportmöglichkeiten: Angeln, Rudern, Wasserski, Reiten, Tennis, Segeln, Kegeln, Billard, Vita-Parcours. – Hobby-Kurse.
Wintersport: Skilauf (Skilift).
Spaziergänge: **Wolfsprung** (Ausflugsrestaurant), 25 Min. südlich. – **Ingenbohl**, Wallfahrtsort mit Barockkirche von 1656, 15. Min. nordöstlich. – Bootsfahrt zur **Treib; von hier: Schillerstein** und **Rütli**, 10 Min. südlich; oder Bergbahn nach **Seelisberg.** – Luftseilbahn auf den **Urmiberg,** 1251 m; von hier auf das **Gottertli,** 1396 m, 45 Min. – **Känzeli,** Aussichtspunkt über der Axenstrasse, 25 Min. südöstlich.

In der Umgebung

AXENSTRASSE, bekannter Streckenabschnitt der Straße 2 zum Gotthardpass und eine der großartigsten Seeuferstraßen der Schweiz. Sie führt, bald unten am Ufer, bald hoch über dem See und vielfach in die Felswand gesprengt, 12 km entlang dem Ostufer des Urner Sees von Brunnen über Sisikon nach Flüelen und verbindet so die beiden Urkantone Schwyz und Uri. Für Wanderer gibt es einen eigenen Steig, er führt von Brunnen durch etliche Felsgalerien (mit Tiefblicken) nach Sisikon und weiter über Hotel Tellsplatte (Weg hinunter zur Tellskapelle am See) nach Flüelen (3 Std.). Von der Axenstrasse bzw. dem Wanderweg genießt man großartige Ausblicke auf den Urner See und die Bergspitzen des Ober- und des Niederbauen sowie des Gitschen mit dem Uri-Rotstock.

MORSCHACH, 3,5 km südlich, 646 m, 650 Einw., Höhenluftkurort und berühmter Aussichtspunkt auf einem Wiesenplateau vor dem Fronalpstock über dem Urner See. – Wanderungen: Auf der Höhenterrasse nach **St. Franziskus,** 20 Min.

Unterkunft in Brunnen:
Hotels:
Seehotel Waldstätterhof,
Tel. 33 11 33, 180 B.
Elite und Aurora, Tel. 31 10 24, 110 B.
Park-Hotel und Hellerbad,
Tel. 31 16 81, 100 B.
Brunnerhof, Tel. 31 17 57, 100 B.
Bellevue au lac, Tel. 31 13 19, 90 B.
Rigi, Tel. 31 16 49, 80 B.
Eden au lac (garni), Tel. 31 17 07, 70 B.
Weisses Kreuz und Sonne,
Tel. 31 17 36, 60 B.

Weisses Rössli, Tel. 31 10 22, 55 B.
Du lac Hirschen, Tel. 31 13 15, 50 B.
Schmid am See, Tel. 31 18 83, 44 B.
Alfa au lac (garni), Tel. 31 13 15, 40 B.
Alpina, Tel. 31 18 13, 35 B.
Cabana (garni), (Swimming-pool), Tel. 31 12 38, 35 B.
Gotthard (garni), Tel. 31 11 55, 30 B.
Kurhaus Vierländerclub,
Tel. 31 29 25, 30 B.
Fallenbach, Tel. 31 17 51, 26 B.

Schwyzerhus, Tel. 31 12 27, 26 B.
Metropol au lac, Tel. 31 10 39, 25 B.
Ochsen, Tel. 31 11 59, 25 B.
Rütli „au gourmet", Tel. 31 12 44, 25 B.
Weitere kleinere Hotels.

Alpenblick (garni), Tel. 31 18 70, 20 B.
Burgfluh, Tel. 31 15 04, 20 B.
Waldhaus Wolfsprung, Tel. 31 11 73, 20 B.

Campingplätze: „Hopfreben", Tel. 31 18 73, geöffnet 1. 5.–30. 9. – „Urmiberg", Tel. 31 33 27, geöffnet 1. 5.–30. 9.

In 6443 Morschach, 3,5 km südlich:

Hotels:
Betschart, Tel. 31 30 15, 45 B.
Degenbalm, Tel. 31 13 44, 35 B.
(und Touristenhaus Degenbalm, Tel. 31 13 44, 60 L.).
Bellevue, Tel. 31 18 48, 32 B.
Rütliblick, Tel. 31 28 31, 30 B.

Adler, Tel. 31 10 43, 20 B.
Chalet Regina, Tel. 31 26 76, 10 B.

Gasthöfe:
Krone, Tel. 31 11 79, 10 B.

Pensionen:
Seeblick, Tel. 31 16 23, 10 B.

BÜLACH (O 1), Kt. Zürich, 428 m, 12 000 Einw., hübsches Städtchen mit Stadtmauer und mittelalterlichem Stadtkern im unteren Tal der Glatt, am Westfuß des Dättenberges. Der Ort wurde bereits 811 urkundlich erwähnt.
Auskunft: Verkehrsverein, Tel. 96 16 22.
Postleitzahl: 8180
Telefon-Vorwählnummer: 01
Verkehr: N 4 Schaffhausen–Zürich. – Bahnstation. – Busverbindung mit Kloten und Dielsdorf.
Sehenswert: Kirche mit großem Wandgemälde. – **Rathaus** mit schönem Saal und Fassade mit Treppengiebel von 1673. – Riegelbauten (Fachwerk) an der Hauptstraße. – Schöne alte Brunnen.
Badegelegenheit: Schwimmbad.
Sportmöglichkeiten: Tennis.
Wintersport: Eislauf.
Spaziergänge (Wandertafel am Bahnhof): **Dättenberg,** 559 m, ½ Std. nordöstlich. – **Bachenbülach** mit Hügelgrab aus der Bronzezeit im Höhragenwald, ½ Std. südlich. – **Tössegg** an der Mündung der Töss in den Rhein, 1 Std. nördlich. – **Freienstein** mit Ruine, 1 Std. nordöstlich.

In der Umgebung

EGLISAU, 7 km nördlich, 390 m, 2000 Einw., kleines altes Brückenstädtchen am rechten Ufer des Hochrheins. Bahnstation. Der Ort ist bekannt durch seine Weine und sein vorzügliches Mineralwasser; er bietet Spaziergänge in unberührter Flußlandschaft.
NIEDERWENINGEN, 14 km westlich, 444 m, 1100 Einw., stilles Dorf mit Bahnstation im Surbtal am Nordhang der Lägern, 859 m, eines östlichen Ausläufers des Schweizer Jura.

Unterkunft in Bülach:
Hotels:
Zum Goldenen Kopf, Tel. 96 89 31, 32 B.

Storchen, Tel. 96 11 20, 20 B.
Rössli, Tel. 96 11 15, 8 B.

Orts- und Landschaftsbeschreibungen

BUOCHS (N 4), Kt. Unterwalden/Nidwalden, 450 m, 3400 Einw., Luftkurort und Ferienziel am Südufer des **Vierwaldstätter Sees** unweit der Mündung der Engelberger Aa.
Auskunft: Verkehrsbüro, Tel. 64 20 64.
Postleitzahl: 6374
Telefon-Vorwählnummer: 041
Verkehr: Straße 129 Sarnen–Beckenried. Autobahn N 2 Luzern–Altdorf (im Bau), Ausfahrt Kreuzstraße. — Nächste Bahnstation Stans (6 km). — Schiffsanlegestelle.
Bergbahnen: Luftseilbahn Beckenried – Klewenalp.
Sehenswert: **Blauhaus**, 17. Jh. — **Obgaß-Kapelle** von 1663. — Kath. **Pfarrkirche**, unter Denkmalschutz.
Badegelegenheit: Freibad.
Sportmöglichkeiten: Angeln, Rudern, Tennis, Vita-Parcours.
Wanderungen: Am Seeufer entlang nach **Ennetbürgen**, 30 Min. nördlich. — **Bürgenstock**, 1128 m, 3 Std. nordwestlich. — **Buochser Horn**, 1807 m, 4 Std. südlich.

In der Umgebung

BECKENRIED, 6 km östlich, 435 m, 2100 Einw., Luftkurort mit schönen Spazierwegen am Südufer des **Vierwaldstätter Sees**, Schiffsanlegestelle der Linie Luzern–Flüelen und Autofähre nach Gersau. Eine Luftseilbahn erschließt in kurzer Fahrt die **Klewenalp**, 1593 m, und damit ein ausgedehntes Alpgebiet mit prachtvollen Ausblicken.

EMMETTEN, 10 km südöstlich, 762 m, 700 Einw., ruhig gelegener Luftkurort südlich des **Vierwaldstätter Sees**. Busverbindung mit Beckenried und Seelisberg.

Unterkunft in Buochs:

Hotels:
Krone, Tel. 64 11 39, 50 B.
Sonnheim am See, Tel. 64 14 40, 40 B.

Gasthöfe:
Sternen, Tel. 64 11 41, 25 B.

Pensionen:
Zimmermann (garni), Tel. 64 14 77, 26 B.

Ferienwohnungen.

Campingplatz: „Seefeld", Tel. 64 19 69, geöffnet 1. 4.–30. 9.

Unterkunft außerhalb:
Hotels:
Kleewenalp (1600 m), südöstlich, Tel. 6 42 92, 60 B.

In 6376 Beckenried, 6 km östlich:
Hotels:
Sternen am See, Tel. 64 11 07, 82 B.
Rigi & Villa Linde, Tel. 64 12 51, 60 B.

Seeblick, Tel. 64 15 05, 20 B.
Sonne, Tel. 64 12 05, 55 B.
Edelweiß, Tel. 64 12 52, 50 B.
Mond, Tel. 64 12 04, 50 B.

In 6376 Emmetten, 10 km südöstlich:
Hotels:
Post, Tel. 64 13 51, 36 B.
Schützenhaus, Tel. 64 13 63, 16 B.

CADEMARIO (F 4), Kt. Tessin, 770 m, 500 Einw., Luftkurort am Südhang des Monte Cervello, hoch über dem Val Vedeggio, im

oberen **Malcantone**. Prächtiger Fernblick auf Lugano, den verzweigten Luganer See und die mit Kastanienwald bedeckten Berge über den vielen Dörfern des Malcantone. Über allem thront der Aussichtsberg **Monte Lema,** 1621 m, über den die Grenze verläuft.
Auskunft: Ente Turistico del Malcantone, 6987 Caslano, Tel. 71 29 86. – Kurhaus Cademario, Tel. 59 24 45.
Postleitzahl: 6936
Telefon-Vorwählnummer: 091
Verkehr: Autobahn N 2/E 9 Bellinzona–Chiasso, Ausfahrt Lugano Nord Richtung Ponte Tresa (Straße 233), in Bioggio rechts abbiegen. – Nächste Bahnstation Lugano (15 km).
Bergbahnen: Sessellift Miglieglia, 700 m – Monte Lema, 1620 m.
Sehenswert: Romanische **Chiesa Sant'Ambrogio** mit bedeutenden romanischen (Anfang 13. Jh.) und spätgotischen Fresken.

In der Umgebung

ARANNO, 2 km südwestlich, 712 m, 270 Einw., Erholungsort am Hang des Montaccio über dem Tal der Magliasina. Busverbindung mit Agno und Lugano. Die hügelige Gegend weist Reste einer etruskischen Totenstadt von 200 v. Chr. auf.

AROSIO, nördlich über Breno und Mugena, 870 m, 200 Einw., der höchstgelegene Luftkurort im Malcantone. Bahnstation Lamone, Busverbindung mit Lugano. Das romantische Bergdorf bietet besonders schöne Ausblicke. Seine Parrocchia stammt aus dem 13. Jh. und enthält wertvolle mittelalterliche Fresken. Unterhalb die Wallfahrtskapelle Madonna di Cimaronco.

ASTANO, 6 km westlich, 638 m, 250 Einw., der westlichste Luftkurort im Malcantone dicht an der italienischen Grenze am Südfuß des Monte Lema mit schöner Parrocchia. Bahnstation ist Magliaso, Busverbindung, Wanderweg über die Grenze zum Lago Maggiore.

MIGLIEGLIA, 3 km westlich, 738 m, 200 Einw., Sommerfrische im hinteren Malcantone. Talstation des Sesselliftes auf den **Monte Lema,** 1621 m; Bahnstation ist Magliaso bei Ponte Tresa, wo auch die Straße abzweigt, Busverbindung. Die Kirche des Dorfes besitzt bedeutende mittelalterliche Kunstwerke.

NOVAGGIO, südwestlich über Miglieglia, 640 m, 450 Einw., Sommerfrische im Mittelteil des Malcantone. Bahnstation ist Magliaso. Busverbindung.

Unterkunft in Cademario:
Hotels:
Kurhaus Cademario, Tel. 59 24 45, 180 B.
Cacciatori, Tel. 59 22 36, 35 B.

In der Umgebung:
Hotels:
Della Posta, 6981 Astano, 6 km westlich, Tel. 73 18 81, 36 B.
Berna & Posta, 6986 Novaggio, 3,5 km südwestlich, Tel. 71 13 49, 31 B.

Pensionen:
Belsito, Tel. 59 23 84, 21 B.
San Bernardo, Tel. 59 23 86, 17 B.

Astano, 6981 Astano, 6 km westlich, Tel. 73 14 45, 25 B.
San Michele, 6911 Arosio, nördlich, Tel. 77 11 15, 18 B.
Pensionen:
Belcantone, 6986 Novaggio, südwestlich, Tel. 71 13 23, 8 B.

Orts- und Landschaftsbeschreibungen

CAMPIONE D'ITALIA (F/G 5), Provinz Como, 273 m, 2000 Einw., Badeort und Sommerfrische, italienische Enklave am Lago di Lugano, rings von schweizerischem Staatsgebiet umschlossen. Im 8. Jh. ging der Ort in den Besitz des Bischofs von Mailand über, im 18. Jh. fiel er an Italien. Campione wird auch wegen seines Spielkasinos viel besucht. Es ist der Heimatort der „Campionesi", jener Bildhauer, die im 13. und 14. Jh. in Oberitalien zu Ruhm gelangten.
Auskunft: Azienda Autonoma di Soggiorno e Turismo.
Postleitzahl: 22060 für Italien, 6911 für die Schweiz.
Telefon-Vorwählnummer: 091
Verkehr: Autobahn N 2/E 9 Lugano–Chiasso, Abzweigung bei Bissone. – Nächste Bahnstation Lugano (15 km).
Sehenswert: **Santuario dei Ghirli** aus dem 14. Jh. mit bedeutenden gotischen Wandmalereien.
Unterkunft in Campione d'Italia:
Hotels:
Grand Hotel, Tel. 8 70 31, 73 B.

CENTOVALLI, Kt. Tessin, Tal der „hundert Täler", mündet bei Intragna westlich Locarno. Es ist ein enges, bewaldetes Tal mit einigen Ortschaften, die in typischer Tessiner Art wie Nester an den steilen Hängen kleben. Auf der zur Winterzeit im Schatten liegenden Talsüdseite gibt es nur deren zwei: **Palagnedra** und **Rasa**, beide 400 m über der Melezza gelegen und nach Passieren schöner steinerner Brücken auf vielgewundener Bergstraße erreichbar. Die auf tiefer Talsohle dahinrauschende Melezza entsteht aus mehreren Bächen entlang der Grenze auf italienischer Seite; sie ist zwischen **Camedo** (Grenzposten) und **Verdasio** zu einem mehrarmigen Talsee gestaut und erreicht bei **Ponte Brolla** mit viel Geschiebe die Maggia. – Ortschaften s. unter **Ascona**.

CHIASSO (G 5), Kt. Tessin, 238 m, 9000 Einw., wichtige Transit- und Zollstation mit Industrie (u. a. Tabakfabriken) und Handel an der Gotthardroute vor der italienischen Grenze, eigentlich schon in der Lombardei, dicht beim Südende des Comer Sees.
Auskunft: Ente Turistico del Mendrisiotto e Basso Ceresio, 6850 Mendrisio, Tel. 46 57 61.
Postleitzahl: 6830
Telefon-Vorwählnummer: 091
Verkehr: Autobahn N 2/E 9 Lugano–Como; Grenzübergang. – Bahnstation. Endpunkt für Autoreisezüge.
Sportmöglichkeiten: Eislauf (Kunsteisbahn).
In der Umgebung
BALERNA, 3 km nordwestlich, 270 m, 3200 Einw., Tessiner Ort im Mendrisiotto mit einer Kirche aus dem 8. Jh., barock umgebaut, und spätbarockem Beinhaus.

Campione d'Italia — Einsiedeln

Unterkunft in Chiasso:
Hotels:
Bahnhof, Tel. 44 01 65, 54 B.
Touring, Tel. 44 15 41, 52 B.
Corso, Tel. 44 57 01, 47 B.
City, Tel. 44 15 51, 35 B.

Antico, Tel. 44 72 21, 30 B.
Conca Bella, Vacallo, Tel. 44 02 61, 23 B.

Gasthöfe:
Giardinetto, Tel. 44 25 23, 20 B.

COLLINA D'ORO, Kt. Tessin, „goldene Hügel", reizvolles Gebiet zwischen Lugano und Agno, das sich mit zahlreichen Luftkurorten zwischen den beiden Seearmen des Lago di Lugano erstreckt.

EINSIEDELN (O/P 3), Kt. Schwyz, 881 m, 10 000 Einw., berühmtester Schweizer Marien-Wallfahrtsort. Das Benediktinerkloster, eine Kultstätte mit mehr als 1000jähriger Tradition, wurde über der Stelle errichtet, an welcher der hl. Meinrad im Jahre 861 ermordet wurde. Die reizvolle und klimatisch begünstigte Lage im Tal der Alp oberhalb des Sihlsees hat Einsiedeln zu einem beliebten Luftkurort und Wintersportplatz werden lassen.

Auskunft: Verkehrsbüro, Tel. 53 25 10.
Postleitzahl: 8840
Telefon-Vorwählnummer: 055
Verkehr: Straße 8 Pfäffikon–Schwyz, Abzweigung in Biberbrugg (5 km). – Nächste Bahnstation Altmatt und Biberbrugg (5 km). Busverbindung.
Sehenswert: **Kloster,** aus der ursprünglichen St.-Meinrad-Kapelle des 10. Jh. entstanden. Der jetzige Bau entstand zum Teil 1682–1759; 1735 geweiht; 1955 wurden Kirche und Abtei renoviert. Abteigebäude (1704–19) und zweitürmige Klosterkirche barock. Baumeister waren die Brüder Moosbrugger von Au im Bregenzer Wald; die prachtvolle Ausschmückung schufen die berühmten Brüder Cosmas und Quirin Asam aus Benediktbeuren (Oberbayern). Das perspektivische Dreitor-Chorgitter arbeitete der Laienbruder Vinzenz Nußbaumen (1680) aus.
Über einem ansteigenden, weiten Vorplatz aufragend, sind Kirche und Kloster mit den vier Innenhöfen eine der bedeutendsten Schöpfungen der deutschen Barockarchitektur. Im Mittelpunkt steht die **Gnadenkapelle** mit dem holzgeschnitzten **Gnadenbild** der „Schwarzen Mutter Gottes" aus dem 15. Jh. – Auf dem Platz vor der Kirche der **Liebfrauenbrunnen,** 1749 erneuert, aus dessen 14 Röhren die Wallfahrer trinken. – **Klosterbibliothek** von 70 000 Bänden mit wertvollen Manuskripten und Wiegendrucken.
Führung durch das Kloster (Tonbildschau). – **Panorama:** Darstellung der Kreuzigung, 1960 renoviert. – **Diorama:** Bethlehem, hunderte Schnitzfiguren, eine der größten naturgetreuen Krippendarstellungen.
Badegelegenheit: Schwimmbad.
Sportmöglichkeiten: Tennis, Reiten, Segeln, Angeln.
Wintersport: Skilauf (Skilifte) Langlauf, Curling.
Veranstaltungen: Hauptwallfahrtstag (Engelweihe) jeweils am 14. September. Auf dem Platz vor dem Kloster alle fünf Jahre Aufführungen von Calderons „Großem Welttheater".

Orts- und Landschaftsbeschreibungen

Spaziergänge: **Sihlsee**, 15 Min. östlich. — **Friherrenberg**, 1108 m, 30 Min. südöstlich. — **Meinradsberg**, 15 Min. — Über die Seebrücke nach **Willerzell**, 30 Min. östlich. — Bus bis **Alpthal;** von hier nach **Brunni**, 40 Min. südlich, weiter über Haggenegg nach **Schwyz**, 1³/₄ Std. südwestlich. — Nach **Egg** und zur **Sihlbrücke** (Geburtshaus von Th. Bombastus Paracelsus), weiter zum Etzelpass und auf den **Etzel**, 1098 m, 2 Std. nördlich (Berggasthof).

Unterkunft in Einsiedeln:

Hotels:
St. Georg, Tel. 53 24 51, 100 B.
Drei Könige, Tel. 53 24 41, 90 B.
Rothut, Tel. 53 22 41, 70 B.
Bären, Klosterpl., Tel. 53 28 76, 60 B.
Schweizerhof, Tel. 53 28 85, 60 B.
Schiff, Tel. 53 28 31, 60 B.
Krone, Tel. 53 28 41, 50 B.
Linde, Tel. 53 27 20, 50 B.
Pfauen, Klosterpl.,
Tel. 53 45 45, 50 B.
Sonne, Klosterpl., Tel. 53 28 21, 50 B.
St. Johann, Tel. 53 27 41, 45 B.

St. Katharina, Tel. 53 25 08, 45 B.
Schwanen, Tel. 53 26 21, 45 B.
Storchen, Tel. 53 21 74, 45 B.
Waage, Tel. 53 22 67, 45 B.
National, Tel. 53 26 16, 40 B.
Rebstock, Tel. 53 18 95, 40 B.
St. Peter, Tel. 53 21 68, 37 B.
Löwen, Birchli, Tel. 53 31 21, 35 B.
Meinradsberg, Tel. 53 28 36, 28 B.
St. Meinrad (garni), Tel. 53 26 91, 28 B.
Weisses Kreuz, Tel. 53 27 55, 28 B.
St. Josef, Tel. 53 21 51, 24 B.
St. Benedikt, Tel. 53 23 94, 20 B.

Gasthöfe am Sihlsee:
Post, Euthal, Tel. 53 27 18, 20 B.
Schlüssel, Willerzell,
Tel. 53 23 95, 12 B.
Seeblick, Groß, Tel. 53 39 60, 10 B.

Löwen, Willerzell,
Tel. 53 42 22, 10 B.
Ferienhaus, Steinbach,
Tel. 53 28 80, 135 B.

In der Umgebung:
Hotels und Gasthöfe:
Posthotel, Oberiberg, Tel. 56 11 72, 55 B.
Alpenhof, Unteriberg, Tel. 56 13 53, 48 B.
Holdener, Oberiberg, Tel. 56 11 61, 40 B.

Roggenstock, Oberiberg,
Tel. 56 11 38, 40 B.
Rösslipost, Unteriberg, Tel. 56 14 56, 25 B.
Berggasthaus, Holzegg,
Tel. 0 43/21 12 34, 20 B., 70 ML.

Weitere kleinere Hotels und Gasthöfe.

ENGELBERG (N 4), Kt. Obwalden, 1000 m, 3500 Einw., bekannter Sommer- und Winterkurort am Fuß des majestätischen Titlis in einem lieblichen Hochtal; die flache Talsohle zieht sich 10 km weit ostwärts zum Anstieg des Surenenpasses hinauf.

Auskunft: Kur- und Verkehrsverein, Tel. 94 11 61.

Postleitzahl: 6390

Telefon-Vorwählnummer: 041

Verkehr: Autobahn N 2 Luzern–Stans, Abzweigung bei Stans (Str. 130). — Bahnstation.

Bergbahnen: Luftseilbahn Engelberg – Brunni, 1600 m; Standseilbahn Engelberg – Gerschnialp, 1260 m; Luftseilbahn Gerschnialp – Trübsee, 1800 m – Stand, 2450 m – Titlis, 3020 m (Kleintitlis).

Geschichtliches: Ritter Konrad von Sellenbüren (bei Zürich) gründete 1120 mit Mönchen eine Benediktinerabtei, die im Lauf der Jahrhun-

Engelberg

derte viel Land erwarb. Bis 1798 war Engelberg unter Obhut des Klosters als eine Art Miniaturkirchenstaat souverän.

Sehenswert: **Benediktinerabtei, Kirche** von 1737 mit bedeutendem Kirchenschatz. – **Bibliothek** mit wertvollen Sammlungen, darunter Miniaturen des Abtes Frowin aus dem 12. Jh.

Badegelegenheit: 2 Hallenschwimmbäder, Schwimmbad, kombin. Schwimm- und Hallenbad.

Sportmöglichkeiten: Tennis, Reiten, Vita-Parcours. – Sommerskilauf auf dem Titlis.

Wintersport: Skilauf (2 Skilifte, Sprungschanze), Langlaufloipen, Rodeln, Eislauf, Curling.

Veranstaltungen: Im Sommer Kurkonzerte, Theateraufführungen, „Sport für alle", u. a. Im Winter zahlreiche Sportveranstaltungen, Schlittenfahrten. – Kursaal, Heimatabende usw.

Spaziergänge (Wandertafel am Verkehrsbüro): Klosterweg zu den **7 Quellen**, 30 Min. – Professorenweg zum **Eienwäldli**, 20 Min. – **Tätschbachfall**, 1 Std. südöstlich. – **Herrenrütli**, 1½ Std. südöstlich. – **Niedersurenenalp** über Herrenrütli, 2 Std. südöstlich. – **Schwendi**, 45 Min., Titlisblick. – **Schwand**, 1¼ Std. nördlich, Alpenwirtschaft. – **Alpenrose auf Bord**, 45 Min. nordöstlich, Aussichtsterrasse. – **Flüematt**, 1362 m, 45 Min. nördlich. – **Grünenwald** im Tal der Aa, 45 Min. nördlich. – **Gerschnialp**, 1276 m, über Bänklialp, 45 Min. südlich. – **Hinter-Horbis**, das **Ende der Welt**, 45 Min. nordöstlich. – **Arnitobel**, 30 Min., weiter zur **Arnialp**, 1325 m, 1 Std. westlich. – **Trübsee**, 2½ Std. südlich (auch mit Luftseilbahn).

Bergtouren: Auf den **Titlis**, 3239 m, großartiger Hochgipfel, nicht schwierig, Unerfahrene nur mit Führer, vom Trübsee (Luftseilbahn) 4½ Std. südwestlich, über den Stand und Rotegg auf den großen Firn; vom Gipfel eines der schönsten Panoramen der Schweiz; Aufstieg auch vom Jochpass (Sessellift), 3–3½ Std., über den Trübseegletscher.

Unterkunft in Engelberg:

Hotels:
Europäischer Hof, Tel. 94 12 63, 140 B.
Bellevue-Terminus, Tel. 94 12 13, 120 B.
Ring-Hotel, Tel. 94 18 22, 120 B.
Heß, Tel. 94 13 66, 100 B.
Edelweiß, Tel. 94 12 04, 80 B.
Schweizerhof, Tel. 94 11 05, 80 B.
Engel Tel. 94 11 82, 70 B.
Hoheneck, Tel. 94 13 77, 70 B.
Central, Tel. 94 12 39, 60 B.

Privatzimmer.

Engelberg, Tel. 94 11 68, 55 B.
Marguerite, Tel. 94 25 22, 55 B.
Crystal, Tel. 94 21 22, 45 B.
Sonnenwendhof, Tel. 94 11 42, 40 B.
Spannort, Tel. 94 26 26, 36 B.
Alpina, Tel. 94 13 40, 35 B.
Alpenclub, Tel. 94 12 43, 25 B.
Stop, Tel. 94 16 74, 25 B.
Maro, Tel. 94 10 76, 24 B.

Pensionen:
Eden, Tel. 94 12 47, 15 B.
Schönegg, Tel. 94 23 03, 15 B.

Jugendherberge: „Berghaus", Tel. 94 12 92, 150 B, geschlossen 1. 10. bis 15. 12.

Campingplatz: „Eienwäldli", Tel. 94 19 49, ganzjährig.

Orts- und Landschaftsbeschreibungen

Unterkunft außerhalb:
Hotels:
Trübsee (1790 m), Tel. 94 13 71, 40 B.
Ritz-Gerschnialp (1300 m), Tel. 94 22 12, 40 B.
Grafenort (569 m), Tel. 94 13 38, 20 B.
Untertrübsee (1300 m) Tel. 94 12 26, 16 B.

In 6390 Grünenwald, 2 km nordwestlich:
Gasthöfe:
Grünenwald, Tel. 94 13 31, 6 B.

ENGELBERGER AA, kommt als wildschäumender Gletscherbach vom Surenenpass und empfängt aus dem Gletscherbereich des Titlis eisige Zuflüsse. Sie durcheilt dann das Engelberger Tal und mündet zwischen Buochs und Ennetbürgen in den Vierwaldstätter See.

ENTLEBUCH (M 3/4), Kt. Luzern, 684 m, 3500 Einw., schön gelegener Ferienort im unteren Teil der gleichnamigen Landschaft, die vom Knie der Kleinen Emme bei Wolhusen am Fluß entlang südlich bis Wiggen führt. In Entlebuch mündet das romantische und geologisch interessante Entlental ein, das sich mit Steilhängen, ausgewaschenen Schluchten und einsamen Wäldern südöstlich zum Schimbrig hinzieht.
Auskunft: Gemeindekanzlei, Tel. 72 11 52.
Postleitzahl: 6162
Telefon-Vorwählnummer: 041
Verkehr: Straße 10 Bern–Luzern. – Bahnstation.
Wintersport: Skilauf (Skilift), Langlaufloipen.
Unterkunft in Entlebuch:
Hotels:
Port, Tel. 72 21 88, 35 B.
Drei Könige, Tel. 72 12 27, 20 B.
Gfellen, Tel. 72 15 65, 20 B.
Meienrösli, Tel. 72 13 26, 15 B.

ERSTFELD (O 4), Kt. Uri, 472 m, 4600 Einw., stattliches „Eisenbahnerdorf" zu beiden Seiten der Reuss bei der Mündung des Alpbachs. Betriebsbahnhof der Gotthardbahn.
Das Erstfelder Tal verengt sich zu einem wilden Felsenhochtal, aus dem der Alpbach hervorfließt.
Auskunft: Gemeindekanzlei, Tel. 5 21 14.
Postleitzahl: 6472
Telefon-Vorwählnummer: 044
Verkehr: Straße N 2/E 9 Altdorf–Andermatt. – Bahnstation.
Bergbahnen: Luftseilbahn auf den Schwandiberg.
Sehenswert: **Jagdmattkapelle**, 17. Jh., mit Gemälde von 1641, altem Chor und schönen Altären.
Unterkunft in Erstfeld:
Hotels:
Albert, Tel. 5 10 41, 25 B.
Hof, Tel. 5 13 41, 20 B.
Bahnhof, Tel. 5 10 73, 16 B.
Hirschen, Tel. 5 12 77, 16 B.

Gasthöfe:
Frohsinn, Tel. 5 10 24, 45 B.
Krone, Tel. 5 13 02, 10 B.
Gotthard, Tel. 5 21 29, 8 B.
Ticino, Tel. 5 16 66, 6 B.

Schlossberg, Tel. 5 10 23, 4 B.

Pensionen:
Strengmatt (1240 m), Tel. 5 10 91, 23 B.

FAIDO (F 4), Kt. Tessin, 711 m, 1800 Einw., Mittelpunkt der Valle Leventina, Ausgangspunkt für schöne Wanderungen. Auf einer Sonnenterrasse über dem Ort, mit weiter Sicht über die Tessiner Berge, liegt der Wintersportort **Cari** (1637 m). (Siehe Übersichtskarte S. 165).
Auskunft: Pro Leventina, Faido, Tel. 38 16 16.
Postleitzahl: 6760
Telefon-Vorwählnummer: 0 94
Verkehr: Straße 2/E 9 Airolo–Biasca. – Bahnstation.
Sehenswert: Prächtige **Holzhäuser,** 16. und 17. Jh. – **Parrocchia Sant'Andrea,** 13. Jh.
Sportmöglichkeiten: Angeln.
Wintersport: Skilauf.
Spaziergänge: **Cascata di Piumogna,** 10 Min. südwestlich. – **Mairengo** mit bedeutender romanischer Kirche (gotischer Schnitzaltar eines deutschen Meisters), 30 Min. nördlich. – **Osco,** 1157 m, 1 Std. nordwestlich, schöne Aussicht. – **Rossura** mit interessanter Kirche des 13. Jh., 45 Min. südlich. – **Chiggiogna** mit weißgekalkter romanischer Chiesa Santa Maria des 13. Jh., 20 Min. südlich. – **Calonico** mit weithin sichtbarer, auf hohem Felsbalkon stehender Chiesa San Martino des 13. Jh., 1 Std. südöstlich.
Wanderungen (Wandertafel vor dem Gemeindehaus): **Alpe Piumogna,** 1397 m, 2³/₄ Std. südwestlich. Weiter zur **Berghütte Campo Tencia,** 2140 m (SAC), 2140 m, 100 L, insgesamt 4 Std. – **Lago Tremorgio,** 1830 m, 2 Std. westlich. – **Alpe Predelp,** 1692 m, 2¹/₂ Std. nördlich, auch Bus. – **Cari-Croce** mit kleinem See, 2¹/₂ Std. nordöstlich.

In der Umgebung

AMBRI, 10 km nordwestlich, 989 m, 500 Einw., und **PIOTTA,** 1012 m, 500 Einw., langgezogenes Doppeldorf mit alten Stein- und Holzhäusern, Luftkurorte und Wintersportplätze in der Valle Leventina, Ausgangspunkt für schöne Bergtouren. Bahnstation Ambri-Piotta an der Gotthardbahn, Drahtseilbahn nach **Piora,** 1793 m, beim **Lago Ritòm,** 1850 m, – Im nahen **Quinto,** 3 km südöstlich, eine interessante romanische Kirche mit uraltem plastischem Schmuck.

CORNONE-DALPE, 9 km westlich, 1194 m, 200 Einw., Sommerfrische an einer Bergstraße (über Dazio Grande), hoch über der Valle Leventina. Sehenswerte Kirche von 1600 mit Madonnenstatue des 14. Jh.

RODI-FIESSO, 5 km nordwestlich, 942 m, 250 Einw., Sommerfrische und Touristenstandort der Valle Leventina, am Westufer des Ticino.

Unterkunft in Faido:
Hotels:
Milano, Tel. 38 13 07, 70 B.
Faido, Tel. 38 15 55, 37 B.

Barudoni, Tel. 38 12 44, 30 B.
Pedrinis, Tel. 38 12 41, 30 B.
Centrale, Tel. 38 12 58, 22 B.

Orts- und Landschaftsbeschreibungen

In der Umgebung:
Hotels:
Delle Alpi, 6799 Cornone-Dalpe, 9 km westlich, Tel. 38 12 24, 30 B.
Monte Pettine, 6775 Ambri, 10 km nordwestlich, Tel. 89 11 24, 27 B.
De la Poste, 6776 Piotta, 11 km nordwestlich, Tel. 89 12 21, 23 B.

Stefani, 6799 Cornone-Dalpe, 9 km westlich, Tel. 38 12 24, 30 B.

Gasthöfe:
Elvezia, 6776 Piotta, 11 km nordwestlich, Tel. 89 11 43, 22 B.
Miramonti, 6776 Piotta, Tel. 89 11 44, 15 B.

Campingplatz: In Chiggiogna, 2 km südöstlich, Tel. 0 94/9 15 62, geöffnet 1. 5.–15. 10.

GAMBAROGNO (F 4), Kt. Tessin, der Sammelname für die an Luftkurorten und Seebädern reiche schweizerische Landschaft am Ostufer des Lago Maggiore. Den Namen gab der Monte Gambarogno, zu dem hin das Gelände ansteigt.

GERSAU (O 3/4), Kt. Schwyz, 435 m, 1800 Einw., Badeort und Luftkurort mit mildem Klima am Vierwaldstätter See, windgeschützt durch den Rigi. Die Vegetation hat mit Mandel- und Lorbeerbäumen, mit Edelkastanien, Feigen und Wein schon südlichen Charakter.

Auskunft: Verkehrsbüro, Tel. 84 12 20.
Postleitzahl: 6442
Telefon-Vorwählnummer: 041
Verkehr: Straße 127 Küssnacht am Rigi – Brunnen. – Nächste Bahnstation Brunnen (10 km). – Busverbindung mit Brunnen und Küssnacht. – Schiffsanlegestelle.
Sehenswert: Rathaus von 1745. – Schöne Patrizierhäuser. – Klassizistische Kirche von 1807 mit 700jähriger Glocke. – **Kindlimord-Kapelle** (¼ Std. östlich).
Badegelegenheit: Strandbad.
Sportmöglichkeiten: Angeln, Rudern, Tennis, Wasserski.
Wanderungen: Uferwanderung nach **Vitznau,** 1½ Std. nordwestlich, von dort elektrische Zahnradbahn nach **Rigi-Kulm,** 1798 m. – **Brunnen,** 1½ Std. östlich. – Mit dem Schiff nach **Luzern** (s. dort). – **Gschwend,** 2½ Std. nordöstlich, von dort Luftseilbahn nach **Rigi-Scheidegg,** 1662 m.

Unterkunft in Gersau:
Hotels:
Ilge + Mimosa, Tel. 84 11 55, 140 B.
Müller, Tel. 84 12 12, 130 B.
Rotschuo, Tel. 84 12 66, 110 B.
Beau-Rivage, Tel. 84 12 23, 60 B.
Bellevue, Tel. 84 11 20, 40 B.
Seehof du Lac, Tel. 84 12 45, 40 B.
Sonne, Tel. 84 11 22, 40 B.
Schäfli, Tel. 84 11 63, 30 B.
Seehotel Schwert, Tel. 84 11 34, 30 B.
Adler, Tel. 84 11 66, 20 B.
Seehotel Förstli, Tel. 84 12 30, 20 B.

Seegarten, Tel. 84 12 27, 20 B.

Gasthöfe:
Krone, Tel. 84 15 35, 15 B.
Rigi-Scheidegg (1665 m), Tel. 84 14 75, 10 B.
Tübli, Tel. 84 12 34, 10 B.

Pensionen:
Villa Maria, Tel. 84 11 60, 37 B.
Platten, Tel. 84 12 02, 12 B.

Jugendherberge: Rotschuo, Tel. 84 12 77, 200 B.

GLATT, entspringt im Zürcher Oberland und bildet abwechslungsreiche, oft romantische Täler. Der Fluß durchfließt den Greifensee, wendet sich dann in mannigfaltigen Schleifen nach Norden und mündet nördlich **Glattfelden** in den Rhein.

GÖSCHENEN (O 5), Kt. Uri, 1106 m, 800 Einw., Touristenort mit Hochgebirgscharakter am Nordeingang des Gotthardtunnels und unterhalb der Schöllenenschlucht, durch die die wilde Gotthardreuss ihren Weg talab erzwingt.

Westlich der Ortschaft beginnt das großartige Göschener Tal, das sich 10 km weit zum großen **Göscheneralp-Stausee** (1780 m) hinzieht. — Zu Göschenen gehört der Ortsteil **Göscheneralp**.

Auskunft: Verkehrsbüro, Bahnhofplatz, Tel. 6 53 72.

Postleitzahl: 6487

Telefon-Vorwählnummer: 044

Verkehr: Straße N 2/E 9 Altdorf—Andermatt. — Bahnstation (Autoverladung nach Airolo).

Sehenswert: Alte **Steinbrücke** mit Tor über die Reuss für den Gotthard-Säumerverkehr, ehemals Zollstation des Römischen Reiches Deutscher Nation. — **Schöllenenschlucht** mit Teufelsbrücken und Teufelsstein, großartige Felsenlandschaft, an der alten Gotthard-Trasse. — **Sandbalmhöhle** im Göscheneralptal, größte Bergkristallhöhle der Schweiz, bis 1773 ausgebeutet, 250 m begehbar (Führungen), hin und zurück ca. 2½ Std.

Unterkunft in Göschenen:

Hotels:
Weisses Rössli, Tel. 6 51 79, 60 B.
St. Gotthard, Tel. 6 52 63, 44 B.
Krone, Tel. 6 52 80, 40 B.

Gasthöfe:
Löwen, Tel. 6 51 77, 15 B.
Mattli Götscheneralp, Tel. 6 51 74, 9 B., 30 L.

In der Umgebung:
Berggasthof Dammagletscher,
Tel. 6 56 76, 10 B., 20 L.

Jugendherberge: An der Gotthardstr., Tel. 6 51 69, 60 B, geöffnet 1. 12.—15. 10.

GOTTHARDGRUPPE, hochalpines Gebirgsmassiv zwischen den Kantonen Uri und Tessin (Sprachgrenze). Um die Gruppe lagern im Westen die Walliser Alpen, im Osten die Graubündner Alpen, im Norden die Gruppen der Zentralschweiz und des Berner Oberlandes. Ihr höchster Berg ist der **Piz Rotondo** mit 3192 m; Chübodenhorn, Witenwasserenstock, Leckihorn auf der westlichen, Piz Ravetsch, Piz Blas, Piz Rondadura auf der Ostseite des Passes überschreiten die 3000-m-Grenze. Zwischen diese Gipfel sind 8 große Gletscher, 17 Täler und zahlreiche Seen eingebettet, darunter

Lago di Lucendro, Lago della Sella, Lago Ritòm. Die Gotthardgruppe ist als hochalpines Skigebiet bekannt. Vom Kanton Tessin her sind die Hauptausgangspunkte **Airolo,** die Orte in der V a l B e d r e t t o sowie **Piotta** in der oberen Valle Leventina. Stützpunkte sind das Hotel Monte Prosa auf dem Gotthardpass, die Rotondohütte, die Capanna Cadlimo, die Unterkünfte in Piora und am Lago Ritòm.

GOTTHARDPASS (Gotthardstraße; O 5; Straße 2/E 9), 2108 m, eine Einsenkung zwischen dem Monte Prosa, 2737 m, auf der östlichen und La Fibbia, 2738 m, auf der westlichen Seite. Der Paß bildet einen wichtigen Übergang vom Süden her in die Schweiz. Bereits im 13. Jh. wurde eine Saumstraße gebaut, auf der sich durch Jahrhunderte hindurch der Nord-Süd-Verkehr abspielte. Auf der Paßhöhe steht das Gotthardhospiz mit einer Wetterwarte, daneben erhebt sich das Hotel Monte Prosa, Stützpunkt für Ausflüge und Bergtouren. Der Paß mit den dunklen, kleinen Seen und den Felsbergen mit seltenen Mineralien und reicher Flora hat den Charakter einer erhabenen Hochgebirgslandschaft. — Der Paß wird bis Mitte der achtziger Jahre untertunnelt.
S p a z i e r g ä n g e : **Lago della Sella,** 2256 m, 45 Min. östlich, überragt vom Pizzo Centrale. — **Lago di Lucendro,** 2134 m, großer Stausee, 30 Min. westlich. — **Alpe di Sorescia,** 1 Std. südöstlich, Aussicht auf die südlichen Alpen.

GREIFENSEE (O 2), Kt. Zürich, anmutiger Badesee am westlichen Beginn des Z ü r c h e r O b e r l a n d e s , 7 km lang und bis zu 2 km breit, beliebtes Ausflugsziel von Zürich. Der gleichnamige Ort am Ostufer war früher von Mauern umgeben.

HALLWILER SEE (M 2), Kt. Luzern und Kt. Aargau, 449 m, größter See in der freundlichen Voralpenlandschaft des S e e t a l s , das von Luzern gegen Norden geht. Er mißt 8,5 km in der Länge und ist bis 1,5 km breit. Das vermoorte Nordende ist Naturschutzgebiet. Der See hat Schiffsverkehr. Im Westen das alte **Wasserschloß Hallwil,** das von Boniswil aus erreicht werden kann.

HERGISWIL (N 4), Kt. Unterwalden/Nidwalden, 449 m, 4600 Einw., Luftkurort und Badeort in der Südwestbucht des V i e r w a l d s t ä t t e r S e e s , unmittelbar zu Füßen des **Pilatus.**
A u s k u n f t : Verkehrsbüro, Tel. 95 12 58.
P o s t l e i t z a h l : 6052
T e l e f o n - V o r w ä h l n u m m e r : 0 41
V e r k e h r : Autobahn N 2 Luzern—Buochs, Anschlußstelle (Straße 4). — Bahnstation. — Schiffsanlegestelle.
B e r g b a h n e n : Luftseilbahn vom Hotel Brunni zur Alp Gschwänd.
B a d e g e l e g e n h e i t : Freibad, Hallenbad.

Gotthardpass — Immensee

Sportmöglichkeiten: Angeln, Rudern, Segeln.

Wanderungen: **Hotel Brunni**, 1 Std. westlich; von hier Luftseilbahn zur **Alp Gschwänd**. Von der Bergstation zur Pilatusluftseilbahn, Zwischenstation **Frackmüntegg**. Markierte Wanderwege.

Unterkunft in Hergiswil:

Pilatus, Tel. 95 15 55, 100 B.
Belvédère, Tel. 95 11 85, 100 B.
Friedheim, Tel. 95 12 82, 50 B.
Krone, Tel. 95 11 77, 35 B.
Sternen, Tel. 95 12 62, 24 B.
Löwen, Tel. 95 11 48, 15 B.

Engel, Tel. 95 11 41, 14 B.
Schlüssel, Tel. 95 11 37, 12 B.
Brünig, Tel. 95 11 26, 10 B.
Adler (garni), Tel. 95 11 45, 10 B.

Weitere Hotels außerhalb.

HOCHDORF (N 3), Kt. Luzern, 482 m, 5200 Einw., Ferienort im Süden des Baldegger Sees, im Mündungsgebiet der Ron und inmitten einer freundlichen Hügellandschaft.

Auskunft: Gemeindekanzlei, Tel. 88 34 34.

Postleitzahl: 6280

Telefon-Vorwählnummer: 041

Verkehr: Straße 120 Lenzburg—Luzern. — Bahnstation.

Sehenswert: Große Kirche aus dem 18. Jh.

Spaziergänge: **Hohenrain** mit ehemaliger Johanniterkomturei aus dem 12. Jh., 30 Min. nordöstlich. — **Schloß Horben**, 17. Jh., mit schöner Aussicht, 1½ Std. nördlich. — **Ballwil**, ½ Std. südöstlich. — **Baldegg** am Ostufer des Sees, 25 Min. nördlich. — **Eschenbach**, 1 Std. südöstlich, mit Zisterzienserinnenkloster, gegründet 1294; nachdem Freiherr Walter von Eschenbach an der Ermordung des Kaisers Albrecht von Österreich bei Windisch im Jahre 1308 teilgenommen hatte, ließ Kaiserin Agnes das Dorf einäschern.

In der Umgebung

GELFINGEN, 6 km nördlich, 469 m, 500 Einw., Sommerfrische und Badeort am Nordostende des Baldegger Sees, überragt von Schloß Heidegg mit schönem Rosengarten.

Unterkunft in Hochdorf:

Hotels:
Hirschen, Tel. 88 12 75, 20 B.

Gasthöfe:
Kreuz, Urswil, Tel. 88 12 83, 10 B.
Löwen, Baldegg, Tel. 88 10 48, 7 B.

HÖFNERLAND, das zu Schwyz gehörende Gebiet mit einer Reihe reizender kleinerer Sommerfrischen zwischen dem südöstlichen Zürichsee und dem Etzel, 1097 m.

IMMENSEE (N 3) Kt. Schwyz, 460 m, 1500 Einw., ruhiger Ferienort am Nordhang des Rigi, an einer stillen Bucht des Zuger Sees gelegen.

Auskunft: Verkehrsverein, Tel. 81 22 42.

Postleitzahl: 6405

Telefon-Vorwählnummer: 041

Verkehr: Straße 2/E 9 Luzern—Schwyz. — Bahnstation. — Schiffsanlegestelle.

Orts- und Landschaftsbeschreibungen

Badegelegenheit: Strandbäder.
Sportmöglichkeiten: Rudern, Angeln, Reiten, Vita-Parcours.
Spaziergänge (Wandertafel beim Hotel Rigi-Royal und beim Postamt): Wanderwege im Waldgebiet des Kiemenberges, mit Aussicht auf beide Teile des Zuger Sees und die Berge. – Über eine Anhöhe zum Gymnasium von Bethlehem und weiter zur **Hohlen Gasse** mit Tellskapelle, 15 Min. südwestlich, sowie nach Küssnacht am Rigi, ½ Std. südwestlich.

Unterkunft in Immensee:
Hotels:
Rigi-Royal, Tel. 81 11 61, 80 B.
Hohle Gasse, Tel. 81 14 29, 45 B.
Baumgarten, Tel. 81 12 91, 30 B.
Bahnhof, Tel. 81 11 68, 20 B.
Eiche-Post, Tel. 81 12 38, 20 B.
Ferienwohnungen. Privatzimmer.

ISENTAL. Das Tal führt vom Uri-Rotstock in östlicher Richtung hinab und mündet bei Isleten in den **Urner See**. Im Dörfchen **Isenthal** führen Großtal und Kleintal zusammen. Beide Hochtäler sind durch Straßen zugänglich.

KÜSSNACHT am Rigi (N 3), Kt. Schwyz, 435–457 m, 8000 Einw. (nicht zu verwechseln mit Küsnacht am Zürichsee), Badeort zwischen **Vierwaldstätter See** und **Zuger See** am Nordende der Küssnachter Bucht. Aus der Geschichte der Eidgenossenschaft ist Küssnacht wohlbekannt: hier stand Gesslers Burg, hier ist die berühmte „Hohle Gasse". Eine Luftseilbahn verbindet Küssnacht mit der Seebodenalp, von der aus die nahen Rigihöhen auf etwas steilem Bergweg zu erreichen sind.
Auskunft: Verkehrsverein, Tel. 81 33 30.
Postleitzahl: 6403
Telefon-Vorwählnummer: 041
Verkehr: Straße 2/E 9 Luzern–Schwyz. – Bahnstation. – Schiffsanlegestelle.
Bergbahnen: Luftseilbahn auf die Seebodenalp, 1030 m.
Sehenswert: Ruine der sogenannten **Gesslerburg**. – **Hohle Gasse** mit **Tellskapelle** von 1638 (½ Std. nordöstlich), hier soll Tell den Landvogt Gessler erschossen haben. – Fachwerkbau **Hotel Engel** von 1552 mit Goethe-Stube. – Schöne alte **Bürgerhäuser.** – Kirche aus dem 18. Jh. – Telldenkmal auf dem Hauptplatz. – Königin-Astrid-Gedenkkapelle, an der Straße nach Luzern, zu Ehren der belgischen Königin, die hier am 29. 8. 1935 mit dem Auto tödlich verunglückte.
Badegelegenheit: Freibad.
Sportmöglichkeiten: Angeln, Rudern, Segeln, Minigolf, Tennis, Reiten.
Wintersport: Skilauf (Skilift), Eislauf (Kunsteisbahn).
Brauchtum: Fasnachtstreiben; Klausjagen am 5. Dezember.

Isental – Lago di Lugano

Wanderungen: **Merlischachen** mit St.-Jakobs-Kapelle und Burgruine, ³/₄ Std. südwestlich. — **Meggen** an der Kantonsgrenze Schwyz–Luzern, 1¹/₂ Std. südwestlich. — **Michaelskreuz**, 796 m, 2 Std. nordwestlich. — **Seebodenalp**, 1031 m, 1¹/₂ Std. südöstlich (auch Straße und Luftseilbahn).

Unterkunft in Küssnacht am Rigi:
Hotels:
Hirschen, Tel. 81 10 27, 55 B.
Hörnli, Tel. 81 13 37, 50 B.
Hohle Gasse, Tel. 81 14 29, 50 B.
Seehotel Drei Könige, Tel. 81 10 69, 30 B.
Du Lac-Seehof, Tel. 81 10 12, 30 B.
Eichholtern, Tel. 81 11 32, 30 B.
Motel Pic-Nic, Tel. 81 15 55, 28 B.
Adler, Tel. 81 10 25, 20 B.
Engel, Tel. 81 10 57, 20 B.
Bahnhof, Tel. 81 11 38, 18 B.
Ferienwohnungen. Privatzimmer.
Campingplatz: „Lido Seeburg", Tel. 81 26 55, geöffnet 15. 5.–15. 9.

Unterkunft außerhalb:
Hotels:
Rigi-Seebodenalp (1025 m), Seebodenalp, südöstlich, Tel. 81 10 02, 20 B.

In 6402 Merlischachen, 3 km südwestlich:
Hotels:
Swiss Chalet, Tel. 37 12 47, 35 B.

LAGO DI LUCENDRO (Lucendro-See; O 5), Kt. Tessin, 2134 m, ein schöner See in hochalpiner Umgebung westlich des Gotthardpasses. Er ist gestaut für das Kraftwerk in Airolo.

LAGO DI LUGANO (deutsch **Luganer See,** auch Lago di Ceresio, abgeleitet vom römischen Namen „Lacus Ceresius"), Kt. Tessin, 271 m, zwischen Lago Maggiore und Lago di Como, größtenteils auf schweizerischem Gebiet; italienisch sind das Südwestufer zwischen **Ponte Tresa** und **Porto Ceresio** sowie der Nordostzipfel bei **Porlezza** und die Enklave **Campione d'Italia.** An den Ufern der zahlreichen Arme und Verästelungen des 49 qkm umfassenden und bis zu 279 m tiefen Sees gedeiht eine üppige südliche Vegetation. Das milde, heilsame Klima lockt viele Erholungsuchende an. Vormittags weht meist der Südwind, die Breva, abends der Nordwind, die Tramontana. Am lieblichsten ist die große Bucht von Lugano mit dem Monte Brè und dem Monte San Salvatore am späteren Nachmittag, wenn es kühler wird und die sechs vielfarbigen Seefontänen ihr Wasser hoch in die Luft werfen: Promenadenzeit unter den Lichtern von Lugano. Ernste Bergnatur kennzeichnet den nordöstlichen Teil, schroffe Felsen säumen die Ufer, und malerisch liegen die Dörfer auf den Höhen. Eigenartig ist die westliche Bucht: Hier wird das Becken fast abgeschnürt, und Ponte Tresa scheint an einem eigenen kleinen See zu liegen.

Um den See und auf seinen Uferhöhen liegen schlichte Dörfer, gepflegte Sommerorte, elegante Kurorte.

Orts- und Landschaftsbeschreibungen

Hauptort ist **Lugano** mit drei Schiffslinien. Fünf Kilometer südlich der Stadt verläuft der Damm von **Melide,** auf dem die Gotthardbahn und die Autobahn N 2 (Gotthardstraße) den See überqueren. In den Luganer See mündet der V e d e g g i o nebst einer Anzahl kleinerer Flüsse. Der einzige Abfluß ist die T r e s a , die nach 12 km in den Lago Maggiore fließt. Die bekanntesten Orte am Luganer See auf Schweizer Gebiet sind neben Lugano und seinen reizvollen Vororten **Paradiso** und **Castagnola** vor allem **Gandria, Melide, Bissone, Brusino-Arsizio, Morcote, Caslano** und **Ponte Tresa.**

LAGO MAGGIORE (Langensee), Kt. Tessin, 193 m, zweitgrößter der oberitalienischen Seen, 65 km lang, bis zu 11 km breit und 372 m tief, 212 qkm Wasserfläche. In der Bucht vor Ascona wurde die tiefstgelegene Stelle auf dem Gebiet der Schweiz gemessen. Hauptzuflüsse sind der T i c i n o , die M a g g i a , die mit ihrem Delta fast bis zur Seemitte vorstößt, die aus dem Lago di Lugano kommende T r e s a und die in die Westbucht einmündende T o s a (Toce). Der nördliche Teil des Sees und die beiden kleinen **Isole di Brissago** mit ihren bedeutenden Botanischen Gärten und fast tropischer Vegetation gehören zur Schweiz und sind als ehemaliger Privatbesitz heute Eigentum des Kt. Tessin; der weitaus größere Teil des Sees und die berühmten **Isole Borromee** mit ihrer üppigen Pflanzenwelt gehören zu Italien.

Obstgärten, Reben, Kastanienhaine, aber auch Palmen, Agaven und andere südliche Pflanzen säumen die Ufer. Im oberen Teil zeigt der von Bergen umrahmte, fischreiche See ein tiefes Grün, im südlichen Teil wird er azurblau. Wie am Lago di Lugano liegen auch am Lago Maggiore viele bedeutende Kurorte, darunter **Locarno, Ascona, Ronco** und **Brissago.** Von den italienischen Orten ist am Ostufer vor allem **Luino** zu nennen ob seiner verkehrswichtigen Lage, am Westufer **Verbania** (mit Pallanza) und das bekannte **Stresa.** Der berühmteste Aussichtspunkt ist der **Monte Mottarone,** 1491 m, westlich Stresa, mit einem Panorama vom Monviso bis zum Ortler.

LAGO RITÒM (O 5), Kt. Tessin, 1850 m, malerischer Bergsee von 2 km Länge in der V a l P i o r a südlich der Gotthardgruppe; Wasserspeicher für das Elektrizitätswerk der Gotthardbahn. An seinem Ostende liegt die Alpe Piora, 1964 m.

LAUERZER SEE (O 3), Kt. Schwyz, 434 m, zwischen Arth-Goldau und Schwyz, eingerahmt vom R i g i und W i l d s p i t z h o r n . Nahe beim Südufer des fast 4 km langen und bis zu 1 km breiten Sees liegt östlich von **Lauerz** die kleine romantische **Insel Schwanau**

Orts- und Landschaftsbeschreibungen

mit der Ruine einer Raubritterburg, die Goethe auf seiner ersten Schweizreise 1775 besuchte und begeistert beschrieb. Die Insel ist Ausflugsziel mit Gasthaus.

LAUFENBURG (M 1), Kt. Aargau, 318 m, 1900 Einw., mittelalterliches Flußstädtchen (unter Denkmalschutz) an einer malerischen Biegung des Hochrheins zwischen bewaldeten Hügelketten. Die Stromschnellen, „Laufen" genannt, die früher hier die Schiffahrt unterbrochen hatten, wurden beim Bau des Kraftwerkes beseitigt. Mit dem deutschen Städtchen Laufenburg auf der gegenüberliegenden Rheinseite ist der Schweizer Ort durch eine Brücke verbunden.
Auskunft: Gemeindekanzlei, Tel. 64 12 34.
Postleitzahl: 4335
Telefon-Vorwählnummer: 064
Verkehr: Straße 7 Stein–Winterthur. – Bahnstation. – Busverbindung mit Aarau und Frick.
Sehenswert: Gut erhaltene **Altstadt** mit mittelalterlichen Türmen, einem **Stadttor** mit Renaissance-Relieftafel von 1581 an der Südfassade, einem Gerichtsgebäude von 1525 und 1771 mit Rokokosaal, einem spätgotischen **Rathaus** (ehemals Spital) und vielen mittelalterlichen Brunnen. – Den **Schlossberg** krönen die Ruine eines Habsburgerschlosses sowie die spätgotische **Pfarrkirche St. Johann** mit barocker Ausstattung, Chorgitter von 1672 (renoviert 1978).
Spaziergänge: **Kaisten** mit römischem Wachturm, 40 Min. südwestlich. – **Heuberg**, 558 m, 45 Min. südlich. – **Leidikon** im Sulzbachtal mit schöner Kirche, 1 Std. südöstlich. – Rheinuferweg nach **Sisseln**, 1½ Std. westlich. – Vier Rundwanderwege.

In der Umgebung

FRICK, 7 km südwestlich, 360 m, 2800 Einw., stattlicher Marktflecken am Zusammenfluß der beiden Bäche Sisseln und Brugg mit schöner, hochgelegener Kirche. Bahnstation. Auffallend ist die rote Färbung des Bodens, der Eisenverbindungen enthält. Über Gipf-Oberfrick führt ein steiler, befahrbarer Weg zur uralten **Ruine Thierstein** auf dem Thiersteinberg.
Unterkunft in Laufenburg:
Hotels:
Bahnhof, Tel. 64 12 22, 18 B. | **Schützen**, Tel. 64 12 64, 15 B.
Adler, Tel. 64 12 32, 15 B. | **Meerfräulein**, Tel. 64 12 18, 5 B.
Unterkunft in 5262 Frick, 7 km südwestlich:
Hotels:
Engel, Tel. 61 13 14, 45 B. | **Rebstock**, Tel. 61 12 65, 12 B.

LENZBURG (M 2), Kt. Aargau, 406 m, 8000 Einw., altertümliches Städtchen mit malerischen Straßen und Plätzen am Aabach, dem Abfluß des Hallwiler Sees, südlich seiner Mündung in die Aare. Der reizvolle, von grünen Hügeln und Wäldern umrahmte Ort wird vom Schlossberg mit mit dem stattlichen Schloß überragt.

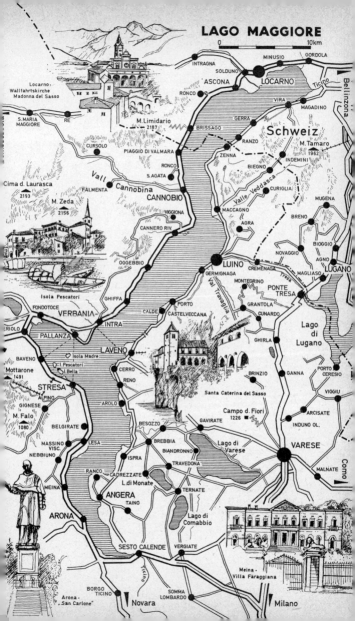

Orts- und Landschaftsbeschreibungen

Auskunft: Gemeindekanzlei, Tel. 51 18 31.
Postleitzahl: 5600
Telefon-Vorwählnummer: 064
Verkehr: Autobahnanschlußstelle an die N 1 Bern–Zürich. Straße 1/ E 17 Aarau–Zürich. — Bahnstation.
Sehenswert: **Lenzburg,** Schloß der Grafen von Lenzburg, eines der schönsten Schlösser der Schweiz mit einer langen Geschichte, die bis ins 11. Jh. reicht. Der mehrtürmige Bau liegt auf einem langgestreckten Molassefelsen 100 m über dem Städtchen und gehört zur „Historischen Ecke", die sich mit den Burgen Wildegg, Brunnegg und Habsburg von hier im Aaretal nordwärts bis in die Gegend von Brugg erstreckt. Von der Burghöhe bietet sich ein prächtiger Blick ins Mittelland und zu den Jurahöhen. Kaiser Barbarossa weilte 1173 zur Erbteilung auf der Lenzburg, die später mehrmals den Besitzer wechselte und einige Jahrzehnte lang im Privatbesitz war. Inneneinrichtung erhalten. Historische Sammlung des Kantons Aargau. — Stadtkirche von 1667. — **Klausbrunnen,** 1572. — Rathaus, 1677. — Altes Landgericht, reizvolles Ziegelhaus. — Patrizierhaus Burghalde, 17. und 18. Jh. — **Römisches Theater,** 1970 bei der Schützenmatte entdeckt. — Kirche auf dem Staufberg, 15. Jh., mit bedeutenden Glasmalereien.
Badegelegenheit: Freischwimmbad.
Sportmöglichkeiten: Reiten, Tennis.
Unterhaltung: Theater und Konzerte im Schloßhof.
Wanderungen (Wandertafel am Bahnhof): **Homberg,** 3½ Std. südlich, mit **Hochwacht,** 792 m. — **Eichberg,** 603 m, 2 Std. südöstlich. — **Chesterberg,** 647 m, 2 Std. nördlich. — **Schloß Hallwil** am Hallwiler See, 3½ Std. südlich. — **Schloß Wildegg** im Aaretal, 1½ Std. nördlich.

Unterkunft in Lenzburg:

Hotels:	
Krone, Tel. 51 26 12, 90 B.	**Ochsen,** Tel. 51 37 76, 25 B.
Haller, Tel. 51 44 51, 40 B.	**Sternen,** Tel. 51 27 27, 18 B.
	Bären, Tel. 51 26 68, 8 B.

LIESTAL (K 2), Kt. Basel-Landschaft, 327 m, 13 000 Einw., Kantonshauptstadt, hübsches altes Städtchen an der Ergolz bei der Einmündung mehrerer Juratäler, umgeben von bewaldeten Höhen.
Auskunft: Gemeindekanzlei, Tel. 91 52 52.
Postleitzahl: 4410
Telefon-Vorwählnummer: 061
Verkehr: Autobahn N 2/E 4 Basel–Härkingen, Anschlußstelle Sissach (6 km). — Straße 2 Basel–Olten. — Straße 12 Liestal–Balsthal. — Bahnstation.
Sehenswert: **Rathaus,** 16. Jh., in dem die 1477 bei Nancy erbeutete goldene Trinkschale Karls des Kühnen von Burgund aufbewahrt ist. — Spätgotische **Kirche** mit römischen Fundamenten. — **Oberes Tor** mit Glockentürmchen. — **Fischmarkt Kanonengasse,** malerische Gassen. — Waffensammlungen im Zeughaus und im Rathaus. Dichtermuseum im Rathaus. — Römische Villa Munzach.

Spaziergänge: **Ergolz-Wasserfall** „Im Kessel", 20 Min. nördlich. — **Schleifenberg**, 607 m, mit Aussichtsturm, 1 Std. östlich. — **Sichteren**, 431 m, (mit Gasthof), 20 Min. westlich. — **Bienenberg** (mit Gasthof), 30 Min. nördlich.

In der Umgebung

BUBENDORF, 4 km südlich, 363 m, 2000 Einw., hübscher Industrieort im waldreichen Frenketal.

SISSACH, 7 km südöstlich, 376 m, 5000 Einw., bedeutender Industrieort und Ausflugsziel in reizvoller Höhenlandschaft mit alten Burgen. Bahnstation. Im nahen **Gelterkinden** sehenswerte gotische Kirche. — In den Kirchen von Ormalingen und Oltingen wertvolle mittelalterliche Fresken.

Unterkunft in Liestal:
Hotels:
Engel, Tel. 91 25 11, 60 B.
Radackerhof, Tel. 94 32 22, 55 B.
Bad Schauenburg, Tel. 94 12 02, 35 B.
Bahnhof, Tel. 91 00 72, 25 B.
Gitterli, Tel. 91 41 88, 25 B.
Falken, Tel. 91 94 01, 24 B.
Krone, Tel. 91 33 50, 8 B.

In 4450 Sissach, 7 km südöstlich:
Hotels:
Sonne, Tel. 98 27 47, 45 B.
Löwen, Tel. 98 13 27, 18 B.
Terminus, Tel. 98 12 17, 13 B.

Campingplatz: In 4416 Bubendorf, 4 km südlich, „Talhaus", Tel. 95 17 20.

LIMMAT. Abfluß des Zürichsees, von dessen Nordende der Fluß geruhsam durch ein sanft hügeliges, bewaldetes und dicht besiedeltes Tal zum Kurort **Baden** strömt. Nordwestlich dieser Stadt vereinigen sich Aare, Reuss und Limmat, die nun gemeinsam nordwärts dem Rhein zufließen. Der Name Limmat entstand wie das Gewässer selbst aus den Zuflüssen Linth und Matt.

LOCARNO (F 4), Kt. Tessin, 205 m, 15 000 Einw., Kurort und Seebad italienischer Prägung, mit den Vororten **Muralto, Minusio, Orselina, Monti** und **Brione** etwa 30 000 Einw., in der Nordwestbucht des oberen Lago Maggiore gelegen. Locarno bedeutet internationale Welt, elegantes Strandleben, südliches Klima, aber auch Gebirge und fröhliche Schiffahrt, Erholung, Trauben- und Sonnenkur. (Siehe Übersichtskarte S. 115.)

Auskunft: Verkehrsbüro „Ente Turistico di Locarno", Via F. Balli, Tel. 31 86 33.

Postleitzahl: 6600

Telefon-Vorwählnummer: 093

Verkehr: Straße 21 Bellinzona–italienische Grenze. — Bahnstation. – Busverbindung mit Stresa und Lugano.

Bergbahnen: Standseilbahn zum Santuario Madonna del Sasso; Luftseilbahn Orselina–Cardada, von hier Sessellift auf den Cimetta.

Heilanzeigen: Rekonvaleszenz, Bronchitis, Schlaflosigkeit, Herzschäden, chronische Nierenleiden, Rheuma, Terrainkuren.

Geschichtliches: Urkundlich zuerst 007 genannt, war der Ort bereits

Orts- und Landschaftsbeschreibungen

eine Römersiedlung. 1512–1803 stand Locarno unter dem Schutz der Urkantone (Landvogtzeit). Seit 1803 ist der Tessin eigenständiger Kanton.

Sehenswert: Parkanlagen am Seeufer, subtropische Bäume. – **Piazza Grande,** Mittelpunkt der Stadt mit Altstadthäusern (Arkaden), zahlreichen Palazzi, Casino und Kursaal. – **Rathaus** (Municipio), im 19. Jh. umgebaut, mit Turm aus dem 14. Jh. – **Castello Rusca,** Schloß der Visconti, im 14. Jh. eine der stärksten Festungen Oberitaliens, mit spätgotischer Holzdecke und Fresko (Frührenaissance) im Treppenhaus. Schöner Innenhof mit Renaissance-Arkaden. Im Innern das **Museo Civico,** das **Römische Museum** mit Funden aus der Nekropole Giubiasco und **Museo d'Arte moderna** (Sammlung Hans Arp); Gedenksaal des Paktes von Locarno. – **Casorella,** nahe dem Castello, Patrizierhaus Ende 16. Jh., Fassade mit Freskenschmuck. – **Chiesa San Franceso,** Mitte 16. Jh., dreischiffige strenge Säulenbasilika mit toskanischer Fassade, mit ehem. Klostergebäude. – **Chiesa Santa Maria Assunta** (Chiesa nuova), Barockfassade, reiche Stuckdekoration. – **Casa del Negromante,** Contrada Borghese. – **Chiesa Sant'Antonio,** 14. Jh., 1674 umgebaut, Barockbau mit schönen Gemälden. – **Cappella Santa Maria in Selva,** Friedhofskapelle, 15. Jh., mit sehenswerten Fresken; westlich. – **Palazzo della Conferenza,** Via della Pace, Konferenzort des Pakts von Locarno 1925. – Oberhalb der Stadt: **Convento Madonna del Sasso,** 15. Jh., auf steilem Felsen, prachtvolle Aussicht, Wallfahrtsort mit dem berühmten Gemälde „Grablegung Christi" von Ciseris, 1869, und „Flucht nach Ägypten" von Bramantino, 16. Jh. – In Muralto, nördlich: **Collegiata San Vittore,** romanisch, am Turm Relief, Krypta mit Säulen. – In Rivapiana, nordöstlich: **Casa di Ferro,** alte Söldnerkaserne von 1560 inmitten eines Rebengeländes. – In Minusio, nordöstlich: Grab des Dichters Stefan George (1868–1933), auf dem alten Friedhof.

Badegelegenheit: Beheizte Schwimmbäder, Hallenbad.

Sportmöglichkeiten: Rudern, Paddeln, Segeln, Golf (18 Löcher), Minigolf, Tennis, Reiten. – Wintersport: Skilauf.

Veranstaltungen: Konzerte, Theater, Varieté, Internationales Film-Festival. – Blumenfeste, Kunstausstellungen, Regatten, Turniere. Zweimal monatlich populärer Markt auf der Piazza Grande. Winzerfeste, Seenachtsfest mit Feuerwerk. Spielsaal.

Spaziergänge: **Rivapiana,** 30 Min. nordöstlich, mit Casa di Ferro, einem mittelalterlichen Schloß. – **Madonna del Sasso,** 30 Min. nordwestlich (auch Seilbahn); von hier: **Monti della Trinità,** 456 m, ½ Std. südwestlich; **Orselina,** 449 m, 20 Min. nördlich; **Cappella San Bernardo,** 1091 m, 1½ Std. nordwestlich, Aussicht bis zum Monte Rosa. – **Ponte Brolla,** 1¼ Std. nordwestlich. – **Losone,** 40 Min. westlich, über die Maggiabrücke, weitere 10 Min. bis **Ascona.**

Locarno

Wanderungen: **Mergoscia,** 731 m, hoch über der Val Verzasca, von Orselina 2½–3 Std. nordöstlich. – **Monte Brè,** 1098 m, 2 Std. nordwestlich. – **Intragna,** 2 Std. westlich (s. Ascona, Umgebung).

In der Umgebung

GORDOLA, 5 km östlich, 203 m, 1700 Einw., Ferienort gegenüber Tenero am Ostufer der Verzasca. Hier wächst einer der besten Tessiner Weine.

MAGGIA, 12 km nordwestlich, 327 m, 500 Einw., Sommerfrische in der Valle Maggia. Busverbindung Locarno–Bignasco. Sehenswert ist hier vor allem die etwas außerhalb des Dorfes liegende **Chiesa Santa Maria delle Grazie,** deren Innenausstattung zu den bedeutendsten Kunstschätzen des Tessin gehört (Schlüssel im Pfarrhaus).

TENERO, 4 km östlich, 203 m, 900 Einw., Bade- und Luftkurort bei der Mündung der Verzasca in den Lago Maggiore, Bahnstation der Strecke Bellinzona–Locarno.

CONTRA, 4 km nordöstlich, 452 m, 200 Einw., Bergdorf inmitten prächtiger Weinberge hoch über der hier beginnenden Val Verzasca. Busverbindung mit Tenero. Parrocchia San Bernardo von 1506, unterhalb des Dorfes die sehenswerte kleine Chiesa Madonna della Fraccia von 1644.

Unterkunft in Locarno:

Hotels:
La Palma au Lac, Tel. 33 67 71, 200 B.
Grand-Hôtel Locarno, Tel. 33 17 82, 150 B.
Muralto, Tel. 33 88 81, 140 B.
Reber au Lac, Tel. 33 67 23, 130 B.
Park-Hôtel, Tel. 33 45 54, 125 B.
Esplanade-Hôtel, Tel. 33 21 21, 120 B.
Astoria, Tel. 33 67 61, 92 B.
Beau-Rivage, Tel. 33 13 55, 90 B.
Quisisana, Tel. 33 61 41, 90 B.
Dell'Angelo, Tel. 31 81 75, 80 B.
Montalto (garni), Piazza Stazione, Tel. 33 66 31, 75 B.
Gottardo, Tel. 33 44 54, 70 B.
Atlantico (garni), Tel. 31 18 64, 68 B.
Verbania au Lac, Tel. 33 64 43, 65 B.
Schloß-Hôtel, Tel. 31 23 61, 60 B.
Camelia, Tel. 33 17 67, 56 B.
Du Lac, Tel. 31 29 21, 53 B.
Belvédère, Tel. 31 11 54, 50 B.
Rosa Seegarten, Tel. 33 73 31, 50 B.
Zurigo, Tel. 33 16 17, 50 B.
Palmiera, Tel. 33 14 41, 47 B.
Daheim, Tel. 31 15 35, 45 B.
Rondinella (garni), Tel. 31 62 21, 45 B.
Carmine, Via Sempione 10, Tel. 33 60 33. 44 B.
Remorino (garni), 6648 Minusio, Tel. 33 10 33, 44 B.

Excelsior-Parcolago (garni), Tel. 31 56 56, 40 B.
Touring, Piazza corporazioni, Tel. 31 39 91, 36 B.
Grütli, Tel. 33 61 21, 35 B.
Rio (garni) Tel. 33 63 31, 34 B.
Eden, Tel. 31 19 76, 30 B.
Alexandra, Tel. 33 25 23, 30 B.
Casa al Lago, 6648 Minusio, Tel. 33 15 05, 30 B.
Navegna, 6648 Minusio, Tel. 33 22 22, 30 B.
Pestalozzi, Tel. 31 43 08, 30 B.
Sonne am See, Tel. 33 77 72, 30 B.
Vallemaggia, Tel. 31 25 82, 30 B.
Villa India, Tel. 31 12 10, 30 B.
Monica (garni), 6648 Minusio, Tel. 33 13 46, 28 B.
America (garni), Tel. 31 76 35, 27 B.
Millefiori (garni), Tel. 31 34 33, 24 B.
Annita (garni), Muralto, Tel. 33 16 33, 20 B.
Campagna, 6648 Minusio, Tel. 33 20 54, 20 B.
Campidoglio, 6648 Minusio, Tel. 33 13 43, 20 B.
Riva-Piana, Muralto, Tel. 33 20 63, 20 B.

Pensionen:
Eden, Tel. 31 19 76, 30 B.
Primavera, Tel. 33 12 28, 25 B.
Weitere kleinere Hotels und Pensionen

Campingplatz: „Delta", Tel. 31 60 81, geöffnet 1. 4.–20. 10.

Orts- und Landschaftsbeschreibungen

In der Umgebung:

In 6644 Orselina, 1 km nördlich:
Hotels:
Orselina, Tel. 33 62 21, 120 B.
Stella, Tel. 33 66 81, 50 B.
Mirafiori, Tel. 33 18 77, 40 B.

Mon-Désir, Christliche Pension, Tel. 33 48 42, 35 B.
Planta, Tel. 33 10 22, 34 B.

In 6645 Brione, 1 km nördlich:
Hotels:
Dellavalle, Tel. 33 13 21, 70 B.

Romantica, Tel. 67 11 14, 14 B.

In 6611 Monte-Brè:
Hotels:
Monte Brè, Tel. 31 23 58, 22 B.

In 6671 Coglio:
Hotels:
Cristallina, Tel. 87 11 41, 21 B.

In 6611 Cardada:
Hotels:
Cardada, Tel. 31 55 91, 30 B.

In 6573 Magadino:
Hotels:
Favini, Tel. 61 15 52, 38 B.

In 6611 Tenero-Contra:
Hotels:
Meister, Tel. 67 29 23, 38 B.
Stella d'Oro, Tel. 67 29 49, 24 B.

In 6574 Vira-Gambarogno:
Hotels:
Touring Mot-Hotel Bellavista,
Tel. 61 11 16, 96 B.
Viralago, Tel. 61 15 91, 70 B.

In 6676 Bignasco:
Hotels:
Della Posta, Tel. 96 11 23, 25 B.

Zahlreiche Ferienwohnungen.

Campingplätze: In Avegno, 9 km nordwestlich, „Piccolo Paradiso", Tel. 0 93/81 15 81, geöffnet 1. 5.–30. 9. – In Gordevio, 15 km nordwestlich, „Bellariva", Tel. 0 93/87 14 44, geöffnet 1. 6.–15. 9.; „da Renato", Tel. 0 93/87 13 64, geöffnet Ostern–30. 9. – In Gordola, 5 km östlich, „Europa", Tel. 0 93/67 18 56, geöffnet 1. 6.–30. 9. – In Tenero, 4 km östlich, „Lido Mappo", Tel. 0 93/67 14 37, geöffnet 1. 4.–15. 10.; „da Giorgio", Tel. 67 22 21, geöffnet Ostern–15. 10.; „Tamaro", Tel. 67 21 61, geöffnet 15. 3.–28. 10.; „Miralago", Tel. 67 12 55, geöffnet Ostern–15. 10.; „Rivabella", Tel. 67 22 13, ganzjährig; „Verbano-Lido", Tel. 67 10 20, geöffnet 1. 3.–31. 10.; „Lago Maggiore", Tel. 67 18 48, geöffnet 1. 4.–15. 10.; „Campofelice", Tel. 67 14 17, geöffnet 1. 4. bis 15. 10.

LUGANO (F 4/5), Kt. Tessin, 276 m, 30 000 Einw., klimatischer Kur- und Badeort mit den Vororten **Paradiso, Cassarate** und **Castagnola,** bedeutendste Stadt der italienischen Schweiz in der Bucht des Lago di Lugano zwischen Monte San Salvatore und Monte Brè. In dem gesegneten Klima dieser von der Natur bevorzugten Stadt zieht der Frühling früher ein, der Sommer ist reicher, der Herbst bunter und der Winter milder als anderswo. Lugano ist eine malerische Stadt mit Laubengängen und kühlen, engen Gassen, in denen sich die Buntheit südlichen Marktlebens entfaltet, während die Uferpromenaden das Bild eines eleganten Kurorts zeigen. Die reizenden Tessiner Orte an den Ufern des mehrarmigen Sees sind auf Ausflugsfahrten zu erreichen, auch zum Spielkasino in Campione d'Italia führen eine Bus- und eine Schiffslinie. Prachtvolle Rundsicht von dem 60 m über der Stadt gelegenen Bahnhof. Rings

Lugano

um Lugano, in den Hügeln und auf den Bergen des Sotto-Ceneri oder auf den Uferstraßen des Ceresio, zu den Dörfern und Weilern im Luganese und im Mendrisiotto lassen sich herrliche Wanderungen unternehmen. (Siehe Karte Seite 113.)

Auskunft: Verkehrsverein, Riva Albertolli 5, Tel. 21 46 64.

Postleitzahl: 6900

Telefon-Vorwählnummer: 091

Verkehr: Autobahn N 2/E 9 Bellinzona–Chiasso. — Bahnstation. — Schiffsanlegestelle. — Flughafen Linate bei Mailand (Busverbindung).

Bergbahnen: Standseilbahn Stadtmitte — Bahnhof. — Standseilbahnen auf den Angioli und den Monte San Salvatore; Standseilbahn Cassarate–Monte Brè. Gondelbahn Rivera–Monte Tamaro.

Heilanzeigen: Herzschäden, chronische Bronchitis, Emphysem, chronische Nierenerkrankungen, Nervosität, Rekonvaleszenz.

Geschichtliches: Schon zur Römerzeit war hier eine Siedlung. Urkundlich wird der Ort im 9. Jh. erstmals genannt. Im 12. Jh. Streitobjekt zwischen Mailand und Como, war er dann beherrscht von verschiedenen Adelsgeschlechtern. 1512 wurde er von den Kantonen Uri, Schwyz und Unterwalden erobert, 1516 endgültig schweizerisch.

Sehenswert: **Cattedrale San Lorenzo,** bereits 875 erwähnt, jetziger Bau 15. Jh. Die Fassade gilt mit ihrer reichen Ornamentalplastik als eines der schönsten Werke oberitalienischer Frührenaissance. Im Innern interessante Fresken. — **Municipio** (Rathaus), Piazza della Riforma, mit Säulenhof. Fußgängerzone, Markt. Schmiedeeiserne Gitter und Balkone an Profanbauten. — Barockpaläste, u. a. **Palazzo Riva-Primavesi,** Piazza Funicolare, 18. Jh. Innenhof mit schöner Freitreppe. — Via Nassa und Via Pessina, Altstadtstraßen. — **Chiesa San Rocco,** Barockbau mit Tonnengewölbe, Scheinarchitektur, Stuck. — **Museo di Belle Arti** (Städt. Museum), Villa Ciani, innerhalb des schönen Parco Civico, Gemälde- und Skulpturengalerie. — **Convento Santa Maria degli Angioli** im Süden der Stadt; ehem. Franziskanerkloster, spätgotische Kirche; an der Lettnerwand monumentales Passionsfresko von B. Luini, 1529. — In Castagnola, östlich: **Villa Favorita,** Gemäldesammlung Thyssen-Bornemisza mit Werken von Bramante, Ghirlandaio, Tizian, Carpaccio, Rembrandt, Rubens, Dürer, Holbein, Murillo, Velasquez u. a., eine der wertvollsten Privatsammlungen der Renaissancemalerei.

Badegelegenheit: Freibad, beheizte Schwimmbäder; mediz. Salzwasser-Schwimmbad (Meerbadekur) in Lugano-Paradiso.

Sportmöglichkeiten: Angeln, Rudern, Segeln, Wasserski, Golf (18 Löcher) in Magliaso (8 km), Reiten, Tennis, Boccia.

Orts- und Landschaftsbeschreibungen

Wintersport: Eislauf (Kunsteisbahn).
Unterhaltung: Kurkonzerte, Varietés, Saisonveranstaltungen.
Veranstaltungen: Im modernen Kongreßzentrum.
Wanderungen: **Collina d'Oro,** Höhenzug, der als Halbinsel zwischen Agno und Lugano nach Süden vorstößt, fruchtbarstes Land mit Weinbau und Kastanienhainen (vielfach Fernsichten auf Berge und Orte um den See), von Lugano über Loreto nach **Gentilino,** hier auf offenem Gelände und weithin sichtbar die große weiße Chiesa Sant'Abbóndio mit hohem Turm, Wahrzeichen der Collina d'Oro, und weiter bis **Agra,** 1½ Std. südwestlich, auch Bus; Rückweg auch zu Fuß hinab zur Uferstraße, dann mit Bus über Agno. — **Monte San Salvatore,** 912 m, am Osthang der Collina d'Oro, 2–2½ Std. südlich, von Paradiso (Bus) auch Drahtseilbahn; Aussichtsberg ersten Ranges, man überblickt einen Großteil des Sotto-Ceneri und sieht nach Italien hinein, die Zahl der sichtbaren Dörfer und Weiler mit der ausgedehnten Stadt Lugano als leuchtendem Fleck von weißen Häusern und ungezählten Villen wird mit mehr als 100 angegeben; südlich über Carabbia in das frühere Künstlerdorf **Carona,** ¾ Std. weiter, weiter südlich abwärts durch schöne Kastanienwälder über die Höhen des Monte Arbostora nach **Vico-Morcote,** insgesamt etwa 4 Std. südlich, romantisches Dorf beim Südkap der Collina d'Oro, im Westteil des Luganer Sees, über den alten Häusern mit ihren Arkaden am See ragt der Turm der Chiesa Madonna del Sasso hoch auf, der Blick schweift hinunter zum blauen Ceresio und weithin ans italienische Ufer; zurück mit Bus. — **Monte Brè,** 925 m, auch Drahtseilbahn, 2 Std. östlich, ebenfalls großartige Rundsicht. — **Monte Boglia,** 1516 m, von Dorf Brè 2 Std. nordöstlich, guter, teils steiler Weg, großartige Aussicht. — **Monte Generoso,** 1702 m, berühmter Aussichtsberg zwischen Luganer und Comer See, mit Bahn oder Schiff nach Capolago, dann Zahnradbahn, oder Fußweg von Mendrísio, 4 Std. — **Cantine di Caprino,** berühmte Felsenkeller (Weinkellereien), mit dem Boot über den See, insgesamt 2½ Std. — Von **Miglieglia** (s. Cademario) Sesselbahn auf den **Monte Lema,** 1621 m.

In der Umgebung

AGNO, 5 km südwestlich, 274 m, 1400 Einw., bekannter Badeort am nördlichen Ende des Luganer Seearms bei der Mündung des Vedeggio. Bahnstation der Strecke Lugano–Ponte Tresa und Schiffsanlegestelle.

BIOGGIO, 4 km westlich, 292 m, 900 Einw., Sommerfrische mit bekannten Nostranoweinen in der Val Vedeggio. Bahnstation der Strecke nach Ponte Tresa. Hübsche alte Häuser mit Loggien. — Meerwasser-Schwimmbad in Bosco Luganese.

BIRONICO-CAMIGNOLO, 13 km nordwestlich, 449–455 m, 500 Einw., Luftkurort unweit der Paßhöhe von Monte Ceneri, 1 km südlich mündet die Leguana in den Vedeggio. Bahnstation der Gotthardbahn. Die Casa Pretorio mit Wappen von 1643 war einst Reisestation der Landvögte, Stallungen (jetzt Garagen) für den Säumerverkehr. Chiesa San Martino aus dem 14. Jh. mit bedeutenden Kunstwerken, Madonnenkirche und Burgruine. — Vom nahen Rivera Gondelbahn zur **Alpe Foppa,** 1530 m, und weiter zum **Monte Tamaro,** 1961 m.

Lugano

BREGANZONA, 2 km westlich, 439 m, 1800 Einw., Luftkurort zwischen Lago di Lugano und Val d'Agno mit hübschen alten Häusern und sehenswerter Kirche.

CADEMPINO, 4 km nordwestlich, 318 m, 500 Einw., hübsches Dorf der Val Vedeggio. Bahnstation an der Gotthardbahn, mit interessanter romanischer Kirche aus dem 13. Jh.

CADRO, 5 km nördlich, 456 m, 600 Einw., Sommerfrische am Ostrand der Valle Cassarate. An der Strecke der Buslinie Lugano–Sonvico. Sehenswerte Kirche mit wertvollen Stuckarbeiten und Fresken.

COMANO, 4 km nördlich, 511 m, 700 Einw., kleiner Luftkurort am Fuß des Monte San Bernardo an der Westseite der Valle Cassarate. Bahnstation ist Canobbio. Schöne Malereien und Stuckarbeiten in der Parrocchia von 1613, in der Wallfahrtskapelle Santuario San Bernardo berühmtes Fresko von 1574.

DINO, 6 km nördlich, 482 m, 400 Einw., Sommerfrische über der Valle Cassarate. An der Strecke der Buslinie Lugano–Sonvico. Alte Kirche, 1146 bereits erwähnt, mit berühmten mittelalterlichen Wandmalereien.

GANDRIA, 4 km östlich, 290 m, 300 Einw., malerischer Badeort mit originellen Bauten am Südabfall des Monte Brè, Grenzort nach Italien, berühmt durch seine unvergleichlich schöne Lage. – Schmugglermuseum in den Cantine di Gandria.

MEZZOVICO-VIRA, 10 km nordwestlich, 417–450 m, 500 Einw., zwei freundliche Dörfer in gut erhaltenem Tessiner Baustil. Bahnstation der Gotthardbahn. Sehenswerte Kirchen mit bedeutenden Kunstdenkmälern.

MONTAGNOLA, 4 km südwestlich, 472 m, 1200 Einw., Luftkurort im Gebiet der Collina d'Oro, zwischen den zwei Armen des Luganer Sees. Wohn- und Sterbeort des Dichters Hermann Hesse (1877–1962).

MUZZANO, 3 km westlich, 398 m, 500 Einw., Luftkurort am reizenden Laghetto di Muzzano mit schönen alten Patrizierhäusern und sehenswerter Kirche.

PAMBIO-NORANCO, grenzt südwestlich an das Stadtgebiet Lugano, 319 m, 600 Einw., sehenswerte Kirche mit Freskogemälde aus dem 15. und 16. Jh.

PONTE CAPRIASCA, 8 km nordwestlich, 453 m, 250 Einw., Hauptort der Pieve Capriasca und Sommerfrische in einer idyllischen Landschaft. Busstation ist Tesserete. In der **Chiesa Sant'Ambrogio** befindet sich neben anderen Kunstwerken eine berühmte **Kopie des Abendmahls von Leonardo da Vinci;** man weiß heute, daß Francesco Melzi diese Kopie gemalt hat, der um 1500 Leonardo nach Rom und Frankreich begleitete und dessen Manuskripte und Zeichnungen erbte.

PREGASSONA, grenzt nördlich an das Stadtgebiet von Lugano, 351 m, 1800 Einw., hübsches Dorf am Fuß des Monte Brè, hochgelegene Kirche mit romanischem Campanile.

RIVERA, 14 km nordwestlich, 472 m, 1000 Einw., Sommerfrische über der Val Vedeggio. Gondelbahn auf den Monte Tamaro, 1961 m. – Kunststoff-Langlauf-Loipe auf der Alpe Foppa, 1530 m; im Winter 4 Skilifts und Sessellift.

Orts- und Landschaftsbeschreibungen

SONVICO, 7 km nördlich, 606 m, 1200 Einw., hochgelegener Luftkurort am Ostrand der Valle Cassarate. Endstation der Buslinie Lugano–Sonvico. Gotische Parocchia mit interessanten Fresken und Gemälden. Oberhalb des Dorfes die Chiesa San Martino aus dem 12. Jh. mit romanischem Campanile und oben am Berg inmitten einer zauberhaften Landschaft die Wallfahrtskapelle Santuario Madonna d'Arla. Ausgangspunkt für die **Val Colla** mit Möglichkeiten zu schönen Bergwanderungen.

TESSERETE, 8 km nördlich, 517 m, 800 Einw., Kurort in der Valle Cassarate. Endstation der Buslinie von Lugano. Heilanzeigen: Rheuma, Kreislaufstörungen, Rekonvaleszenz. Bedeutende Kunstwerke in der Chiesa Santo Stefano. Ausgangspunkt für schöne Bergwanderungen.

Unterkunft in Lugano:

Hotels:
Excelsior, Tel. 22 86 61, 190 B.
Commodore, Tel. 54 39 21, 130 B.
Cristallo, Tel. 22 99 22, 130 B.
Bellevue au Lac, Tel. 54 33 33, 125 B.
Splendide-Royal, Tel. 54 20 01, 125 B.
Continental-Beauregard, Tel. 56 11 12, 120 B.
International au Lac, Tel. 22 75 41, 120 B.
Villa Castagnola au Lac, Tel. 51 22 13, 120 B.
Arizona, Tel. 22 93 43, 110 B.
Ceresio, Tel. 23 10 44, 106 B.
Béha, Tel. 54 13 31, 96 B.
King's, Tel. 23 97 71, 90 B.
Everest (garni), Tel. 22 95 55, 85 B.
Gotthard-Terminus, Tel. 22 77 77, 85 B.
Minerva, Tel. 54 27 31, 85 B.
Belmonte, Tel. 51 40 33, 80 B.
Delfino, Tel. 54 53 33, 80 B.
Panorama, Tel. 22 94 33, 80 B.
Derby, Tel. 54 71 51, 78 B.
Federale, Tel. 22 05 51, 70 B.
Kocher's Washington, Tel. 56 41 36, 70 B.
Besso, Tel. 57 23 12, 69 B.
Lugano-Dante (garni), Tel. 22 95 61, 66 B.
Walter au Lac, Tel. 22 74 25, 64 B.
Colorado, Tel. 54 16 31, 62 B.
Ideal (garni), Tel. 56 28 01, 62 B.
Aurora, Tel. 23 37 67, 60 B.
Dan, Tel. 54 10 61, 60 B.
Nizza, Tel. 54 17 71, 60 B.
Adler, Tel. 22 72 42, 54 B.
Nassa (garni), Tel. 23 28 33, 54 B.
Plaza (garni), Tel. 22 74 23, 53 B.
Ascot (garni), Tel. 23 54 41, 52 B.
Astoria (garni), Tel. 22 97 22, 50 B.
Bellariva, Tel. 54 10 41, 50 B.
Cattedrale (garni), Tel. 23 78 61, 46 B.
Alpha (garni), Tel. 54 27 21, 45 B.
Ariana, Tel. 22 04 56, 45 B.
Patio, Tel. 22 87 01, 45 B.
Ticino. Tel. 22 77 72, 45 B.
Villa Magnolia, Tel. 23 14 41, 44 B.
San Carlo (garni), Tel. 22 71 07, 43 B.
Felix au Lac, Tel. 23 79 33, 40 B.
Roxi, Tel. 54 34 41, 40 B.
Luzern-Jura, Tel. 56 10 72, 35 B.
Montana, Tel. 56 03 63, 35 B.
Rio, Tel. 22 81 44, 35 B.
Rex (garni), Tel. 22 76 08, 31 B.
Beatrice, Tel. 22 76 07, 30 B.
Camelia, Tel. 56 31 79, 30 B.
Monte Ceneri, Tel. 23 33 40, 30 B.

Im Vorort 6900 Cassarate, östlich:

Hotels:
Strandhotel Seegarten, Tel. 51 23 21, 130 B.
La Residenza, Tel. 52 18 31, 80 B.
Marina (garni), Tel. 51 45 12, 60 B.
Diana, Tel. 51 41 41, 55 B.
Midi-Mafalda au Lac, Tel. 51 10 21, 55 B.
La Torre, Tel. 51 56 21, 45 B.

Im Vorort 6976 Castagnola, östlich:

Hotels:
Carlton, Tel. 51 38 12, 100 B.
Belmonte, Tel. 51 40 33, 80 B.
Boldt-Arcadia, Tel. 51 44 41, 90 B.
Eldorado, Tel. 51 72 21, 72 B.
Casa Aniro, Tel. 51 34 31, 50 B.
Helvetia (garni), Tel. 51 41 21, 52 B.
Fischer's Seehotel „Boccalino", Tel. 51 55 71, 35 B.
Club, Tel. 51 32 61, 34 B.

Lugano

Im Vorort 6900 Paradiso, südlich:
Hotels:
Calipso, Tel. 54 33 41, 320 B.
Carioca, Tel. 54 30 81, 170 B.
Europa Grand Hotel au Lac,
Tel. 54 36 21, 170 B.
Admiral (garni), Tel. 54 23 24,
156 B.
Beau-Rivage au Lac, Tel. 54 29 12,
140 B.
Eden Grand Hotel, Tel. 54 26 12,
140 B.
Meister, Tel. 54 14 12, 130 B.
De la Paix, Tel. 54 23 31, 116 B.
Du Lac - Seehof, Tel. 54 19 21, 90 B.
Canva Riviera (garni), Tel. 54 17 31,
82 B.
Dischma, Tel. 54 21 31, 72 B.
Nizza, Tel. 54 17 71, 70 B.
82 B.
Victoria au Lac, Tel. 54 20 31, 67 B.
Schmid, Tel. 54 18 12, 65 B.
Conca d'Oro au Lac, Tel. 54 31 31,
64 B.
Domus (garni), Tel. 54 34 21, 63 B.
Cristina, Tel. 54 33 12, 60 B.
Flora, Tel. 54 16 71, 60 B.
Kempler, Tel. 54 28 22, 60 B.
Post-Simplon, Tel. 54 12 21, 50 B.
Regina, Tel. 54 15 03, 45 B.
Alba, Tel. 54 37 31, 42 B.
Primerose au Lac, Tel. 54 28 41,
40 B.
Tivoli au Lac, Tel. 54 15 61, 40 B.
Zappia, Tel. 54 14 04, 24 B.

In 6816 Bissone:
Hotels:
Lago di Lugano, Tel. 63 85 91, 250 B.

In 6911 Brè:
Hotels:
Montefiore, Tel. 51 36 21, 70 B.
Brè, Tel. 51 47 61, 40 B.
Colibri, Tel. 51 42 42, 40 B.

In 6978 Gandria:
Hotels:
Moosmann, Tel. 51 72 61, 40 B.

In 6943 Vezia:
Hotels:
Motel Vezia, Tel. 56 36 31, 150 B.

In der Umgebung:
Hotels:
La Perla, 6982 Agno, 5 km südwestlich, Tel. 50 31 11, 170 B.
Tesserete, 6950 Tesserete, 8 km nördlich, Tel. 91 24 44, 80 B.
Sorriso, 6950 Tesserete, 8 km nördlich, Tel. 91 22 09, 60 B.
Tropical, 6982 Agno, 5 km südwestlich, Tel. 59 19 12, 60 B.
Opera Charitas – Casa di Cura, 6968 Sonvico, 7 km nördlich, Tel. 91 11 31, 50 B.
Allogi Bellavista, 6963 Pregassona, 2 km nördlich, Tel. 51 72 65, 40 B.
Posta (garni), 6802 Rivera, 14 km nordwestlich, Tel. 95 14 40, 37 B.
La Comanella, 6911 Comano, 4 km nördlich, Tel. 51 65 71, 34 B.
Roncobello, 6963 Pregassona, 2 km nördlich, Tel. 51 39 62, 30 B.
Bellavista, 6926 Montagnola, 4 km südwestlich, Tel. 54 69 27, 25 B.
Villa Marita, 6932 Breganzona, 2 km westlich, Tel. 56 05 61, 25 B.

Campingplätze: In Agno, 5 km südwestlich, „Eurocampo", Tel. 0 91/59 21 14, geöffnet Pfingsten bis Oktober; „La Palma", Tel. 0 91/59 25 61, geöffnet Ostern bis Ende Oktober; „Molinazzo", Tel. 0 91/59 17 57, geöffnet Ostern bis 30. 9. – In Agnuzzo, 3 km westlich, „Piodella", Tel. 0 91/54 77 88, geöffnet Ostern bis 3. 10. – In Taverne, 9 km nördlich, „Taverne", Tel. 0 91/93 11 98, geöffnet 1. 4.–15. 10.; „Centro Quadri", Tel. 0 91/93 22 51, geöffnet März bis Oktober.

Jugendherbergen: In Figino, 5 km südwestlich, „Casaro", Tel. 0 91/60 11 51, 160 B., geöffnet 1. 3.–31. 10. – In Crocifisso, 2 km nordwestlich, Tel. 0 91/56 27 28, 125 B., geöffnet 20. 3.–31. 10.

Orts- und Landschaftsbeschreibungen

LUNGERN (M 4), Kt. Unterwalden/Obwalden, 752 m, 2000 Einw., einladender Ferienplatz und Winterkurort auf der obersten Stufe des Aatales, zwischen dem Lungernsee und dem Brünigpass.
Auskunft: Verkehrsbüro, Tel. 69 14 55.
Postleitzahl: 6078
Telefon-Vorwählnummer: 041
Verkehr: Straße 4 Sarnen–Brünigpass. – Bahnstation.
Bergbahnen: Luftseilbahn Lungern-Obsee, 760 m–Schönbüel, 2100 m.
Badegelegenheit: Zwei Strandbäder.
Sportmöglichkeiten: Segeln, Wasserski, Tennis, Angeln.
Wintersport: Skilauf (Skilifte, Skischule, Langlaufloipe), Eislauf.
Spaziergänge (Wandertafel an der Hauptstraße): **Dundelbach-Wasserfall**, 20 Min. – Schöne Uferwege am **Lungernsee**. – **Sattelwald**, 10 Min. – **Brünigpass**, 1¼ Std. südlich.
Unterkunft in Lungern:
Hotels:
Löwen, Tel. 69 11 51, 70 B.
Alpenhof, Tel. 69 11 07, 60 B.

Derby-Hotel, Tel. 69 11 64, 52 B.
Rößli, Tel. 69 11 71, 21 B.
Ferienwohnungen.

Campingplatz: „Obsee", Tel. 69 14 63, ganzjährig.
In der Umgebung:
Hotels:
Alp- und Sporthotel, 6078 Schönbüel, Tel. 66 39 77, 90 B.

Kaiserstuhl, 6099 Kaiserstuhl, 5 km nördlich, Tel. 69 11 89, 40 B.
Bellevue, 6078 Schönbüel, Tel. 66 49 39, 30 B.

LUZERN (N 3), Kt. Luzern, 436 m, 70 000 Einw., Kantonshauptstadt und kultureller Mittelpunkt der Innerschweiz mit bedeutenden Sehenswürdigkeiten, weltoffenes Zentrum des Reiseverkehrs und Eingangstor zu den Alpen, Kurort und Seebad am Nordwestende des Vierwaldstätter Sees und zu beiden Seiten der Reuss, flankiert von Rigi und Pilatus, den berühmtesten Aussichtsbergen der Schweiz.
Auskunft: Verkehrsbüro der Stadt Luzern, Pilatusstraße 14, Tel. 23 52 52.
Postleitzahl: 6000
Telefon-Vorwählnummer: 041
Verkehr: Autobahn N 2 Luzern–Buochs. – Straße 2/E 9 Olten–Schwyz; Straße 4 Zug–Brünigpass; Straße 10 Bern–Luzern; Straße 120 Lenzburg–Luzern. – Bahnstation. – Schiffsanlegestelle.
Bergbahnen: Standseilbahnen auf den Dietschiberg und den Gütsch. Luftseilbahn Kriens–Frackmüntegg–Pilatus-Kulm; Standseilbahn Kriens–Sonnenberg.
Geschichtliches: Die Ufer des Sees waren schon in vorgeschichtlicher Zeit besiedelt. Urkundlich ist Luzern, damals „Luciaria", 840 erstmals erwähnt, als das hier bestehende Kloster zur Benediktinerabtei Murbach

im Elsaß kam. Im 13. Jh. gelangte Luzern unter Habsburgs Herrschaft, doch riß sich die Stadt von Österreich wieder los, trat dem Bund der Waldstätte bei und errang mit dem Sieg bei Sempach 1386 völlige Unabhängigkeit. Das ehemalige Fischerdorf und der spätere Marktort für die Erzeugnisse der Waldstätte entwickelte sich schon im 13. Jh., als der Weg über den Gotthard eröffnet wurde, zu einem bedeutenden Handelsplatz. Nach der Befreiung nahm die Stadt einen großen wirtschaftlichen Aufschwung. Sie erwarb große Ländereien und erweiterte ihren Mauergürtel. Luzern wurde Stadtstaat und im 16. Jh. Initiator der Gegenreformation. 1848 wurde Luzern ein Bundeskanton der Schweiz.

Stadtbesichtigung

Der Besucher Luzerns, komme er mit Bahn, Schiff oder Auto, wird mitten ins Herz der Stadt geführt. Auf den zentralen Bahnhofsplatz münden die wichtigsten Straßen. Er ist zugleich Ausgangspunkt für Stadt- und Vorortbuslinien. Von den Anlegestellen der Schiffe überblickt man die Altstadt, eingerahmt von der um 1400 erbauten Ringmauer der Musegg, und einen großen Teil des rechten Seeufers bis zur Stadtgrenze sowie die Hotelbauten, die um die Mitte des 19. Jh. dem Stadtbild ein neues Gepräge verliehen.

Durch die Altstadt am linken Ufer der Reuss zur Spreuerbrücke

Die **Kapellbrücke** stammt aus dem Anfang des 14. Jh. und ist bis auf die beiden Uferanschlüsse in ihrem ursprünglichem Zustand erhalten. Die Tafeln der Kapellbrücke stellen teils Begebenheiten der Luzerner und Schweizer Geschichte dar, teils zeigen sie Szenen aus der Legende der Stadtpatrone, der hl. Leodegar und des hl. Mauritius; sie wurden zu Beginn des 17. Jh. von Heinrich Wägmann d. Ä. und seinen Schülern gemalt. Der ursprünglich freistehende, heute von der Kapellbrücke aus zugängliche **Wasserturm** ist noch älter als die Brücke und 1300 erstmals beurkundet. Das klassizistische **Stadttheater**, erbaut 1838/39 durch Louis Pfyffer von Wyher, ist nach dem Brand von 1924 nach den alten Plänen wiederaufgebaut und erneuert worden. Die benachbarte **Jesuitenkirche zum hl. Franz Xaver** wurde 1666 durch Christoph Vogler erbaut. Die Ausstattung im Stil der Zeit stammt in der Hauptsache von Pater Heinrich Mayer und einigen Stukkatoren aus Wessobrunn. Das Bild des Hochaltars schuf Domenico Torriani Ende des 17. Jh., die Stukkaturen der Decke des Kirchenschiffs wurden um 1750 im Rokokostil erneuert. Bemerkenswert sind ein Wandbrunnen und ein gotischer Flügelaltar aus dem 16. Jh. Die Kirche stößt unmittelbar an das **Kantonale Regierungsgebäude**. Sein Mittelteil, im Volksmund noch heute **Ritterscher Palast** genannt, wurde 1557–64 von Schultheiß Lux Ritter als Privatbesitz im Stil der italienischen Frührenaissance erbaut. Nach 1557 diente er als Jesuitenkollegium und ist seit 1804 Sitz der Regierung. Im ursprünglich nach Süden offenen Säulenhof fand das Original des Weinmarktbrunnens Aufstellung. Im obersten Geschoß des Treppenhauses ist der berühmte „Totentanz" von Jacob Wyl aus dem Anfang des 17. Jh. zu sehen. Gegenüber dem Regierungsgebäude trifft man auf eine malerische Gebäudegruppe, deren hölzerne, teils steinerne Lauben unmittelbar in den „Kolegi-Bogen" des 1731 errichteten Staatsarchivs überleiten. Es folgt die **Franziskaner- oder Barfüsserkirche**, ein Überrest des ehemaligen Klosters St. Maria in der Au. Chor und Langhaus wurden um 1300 erbaut. Die 1434 an das nördliche Seitenschiff angefügte alte **Antoniuskapelle** ist 1626 durch das Marienchörlein und 1658 durch die neue Antoniuskapelle erweitert worden. Die Stukkaturen stammen teils von italienischen Meistern, teils von Michael Schmuzer aus Wessobrunn. Um 1620 entstanden die Fahnendekorationen an den Wänden des Langhauses als Nachbildung der 1386 bei Sempach und in den Burgunderkriegen erbeuteten Fahnen. Das Kreuzigungsbild über dem Chorbogen stammt aus dem Anfang des 15. Jh., es wurde 1897 unter einer Putzschicht entdeckt. Der **Barfüsserbrunnen** von 1564 ist beherrscht von einer Statue des hl. Franziskus von 1685. Weiter, vorbei am ehemaligen Wohnhaus von Theodor von Liebenau, erbaut Mitte 16. Jh., heute katholisches Pfarrhaus St. Maria, zum ehemals vom Krienbach durchflossenen früheren S t a d t g r a b e n.

Auf der gegenüberliegenden Straßenseite, R ü t l i g a s s e 1, steht das **Fideikommisshaus Segesser von Brunegg**, 1752 nach den Plänen von Hans Georg Urban erbaut, eines der schönsten Beispiele des Rokoko. Die bemerkenswerten Steinhauerarbeiten zeigen, offenbar durch heimkehrende Missionare angeregt, Anklänge an chinesische Motive (im Innern reichhaltige Privatsammlung). Bei der Einmündung des alten Stadtgrabens in die Reuss befindet sich das **Korporationsgebäude**, Reuss-Steg 7, 1675 erbaut durch Heinrich von Sonnenberg.

Der Weg führt reussabwärts und gewährt einen schönen Blick auf die **Museggmauer**. Dieses Wahrzeichen Luzerns ist um die Mitte des 14. Jh. begonnen und nach dem Sempacher Krieg verstärkt worden. Die 9 Türme von Westen nach Osten sind: **Nölliturm**, heute Zunftstube und Museum der Safranzunft; **Männliturm**, mit offener Plattform und Standartenträger; **Luegisland**, der erste und älteste Museggturm; **Heu- und Wachtturm**, 1701 durch eine Pulverexplosion zerstört, mit Dachaufbau (Wächterwohnung) von 1768; **Zytturm**, mit einem der ersten schlagenden Uhrwerke, das seit 1536 auf die Minute genau die Zeit angibt; **Schirmerturm**, zusammen mit einem Stück Museggmauer der öffentlichen Besichtigung zugänglich, von der Zinne schöne Aussicht; **Holdermeyerturm** oder **Pulverturm**; **Allenwindenturm**; **Dächli- oder Chuzenturm**. Diese Türme waren früher nach der Stadt hin offen und wurden erst im Laufe der Zeit geschlossen. Die M u s e g g m a u e r hat ihren früheren Charakter fast unverfälscht erhalten, die Stadtmauern auf dem linken Ufer dagegen sind um die Mitte des letzten Jahrhunderts bis auf spärliche Überreste geschleift worden.

Das **Natur-Museum** (altes Waisenhaus, erbaut 1808–11); Ausgrabungen der neolithischen Pfahlbausiedlungen Wauwiler Moos; Mineralien und Ver-

---

1 Kapellbrücke mit Wasserturm
2 Jesuitenkirche, Kantonales Regierungsgebäude
3 Franziskanerkirche
4 Museggmauer mit neun Türmen
5 Natur-Museum mit Herrenkeller und Zeughaus
6 Spreuer- oder Mühlenbrücke
7 Panorama
8 Heimatmuseum, Gletschergarten
9 Hofkirche
10 Rathaus
11 Kunst- und Kongresshaus
12 Verkehrshaus der Schweiz, Planetarium, Kosmorama

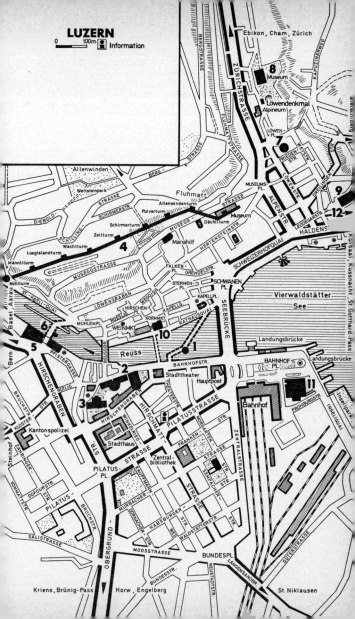

Orts- und Landschaftsbeschreibungen

steinerungen, zoologische Abteilung. – Das **Zeughaus** wurde 1567 von Rochus Helmlin errichtet; der **Zeughausbrunnen** von 1678 ist bekrönt von der Figur des Wilden Mannes. Nun durch die Pfistergasse zum Kasernenplatz. Vom gotischen **Kasernenbogen**, einem Überrest des alten Kornhauses, führen einige Stufen hinauf zur **Spreuer-** oder **Mühlenbrücke**. Sie ist die bedeutendste unter den drei gedeckten Holzbrücken. Ihnen Namen erhielt sie vom anstoßenden Korn- und Streumagazin und von den Stadtmühlen. Die Brücke besteht aus einem schon 1408 erwähnten, auf Pfeilern quer über den Fluß gelegten Teil und einem 1805 schräg über den Fluß gespannten Bogen. Der Mittelpfeiler des älteren Teils trägt eine zierliche Kapelle aus dieser Zeit. Auf der Brücke befindet sich ein „Totentanz" von Kaspar Meglinger, gemalt 1626–35. Die Spreuerbrücke mündet auf den Mühlenplatz.

Vom Mühlenplatz über die Musegg auf Dreilinden nach dem Hofquartier

Durch den Bogen des **Mühlentores** gelangt man zum alten Stadtgraben mit dem Haus der Herren zu Schützen von 1719. An der Reuss entlang geht es durch die Brüggligasse zum **Nölliturm**, dem westlichen Endpunkt der Museggbefestigung. Weiter reussabwärts kommt man zur modernen Kirche St. Karli mit sehr schönem Innenraum, unweit davon steht das Kantonsspital und der Friedhof Friedental. Wieder zurück über die Brüggligasse zum **Museggmagazin**, 1686 als Vorratshaus für Getreide erbaut, eine wuchtige Dominante im Stadtbild. Weiter durch die Museggstrasse zum ehemaligen **Ursulinenkloster Mariahilf**, 1676–81 erbaut, jetzt Schulhaus.

Von hier wenige Schritte hinauf zur **Museggmauer**, umfassender Blick auf die Stadt, See und Berge. Zurück zur Mariahilfkirche und durch die Museggstrasse abwärts, dann über den Museumsplatz zum **Panorama**, Löwenplatz 10, mit einem 1889 geschaffenen Kolossalgemälde, das den Übertritt der 1871 geschlagenen französischen Ostarmee unter General Bourbaki bei Les Verrières (im Jura) darstellt. Das **Löwendenkmal**, der berühmte „Löwe von Luzern", wurde zum Andenken an die 1792 bei der Verteidigung der Pariser Tuilerien gefallenen Schweizer nach einem Entwurf des Dänen Berthel Thorwaldsen vom Bildhauer Ahorn aus Konstanz ausgeführt. Im anstoßenden **Gletschergarten** sehr gut erhaltene Spuren des ehemaligen Reussgletschers mit Gletschermühlen und im Heimatmuseum mit naturhistorischen Sammlungen und dem Spiegellabyrinth. Nun über den Weseminrain zum **Kapuzinerkloster Wesemlin**, gegründet 1584, in der Kirche Glasmalerei und ein hübsches Stifterrelief.

Über den Kapuzinerweg gelangt man hinunter zum Chorherrenstift im Hof mit der **Stiftskirche St. Leodegar und Mauritius** (Hofkirche), hervorgegangen aus einem im 8. Jh. errichteten Benediktinerkloster. Von der romanischen Kirche und einer 1345 erbauten gotischen Pfeilerbasilika sind keine Reste mehr sichtbar. Dem Großbrand von 1633 widerstanden lediglich die beiden mit schlanken Helmen versehenen Türme. Am Nordturm ein schöner „Ölberg" des Meisters Anton von 1512. Der Wiederaufbau von 1634 erfolgte in den strengen Formen der italienischen Hochrenaissance. Die zwischen die beiden Türme eingespannte Eingangshalle mit der darüberliegenden Michaelskapelle wurde bald nach dem Brand erbaut, die Giebelkrone zeigt die Formen des ausklingenden 18. Jh., Zifferblatt von 1790. Das Innere ist von starker Wirkung, das Hochaltarbild stammt von Giovanni Lanfranco, bemerkenswerte Nebenaltäre (die Altartafeln, Tod Mariä und Pietà darstellend, konnten ebenfalls aus dem Brand gerettet werden). Sehr bedeutend ist der Kirchenschatz. Die berühmte Orgel wurde von Johann Geissler aus Salzburg geschaffen. Im vordersten rechten Fenster des Kirchenschiffes befinden sich zwei wertvolle Glasgemälde von 1532. Bald nach 1634 entstanden auch die den Friedhof umrahmenden Gräberhallen mit bemerkenswerten Grabmälern. Am Aufstieg zur Kirche steht der **Marienbrunnen**, ein Werk des Bildhauers Dub von 1603, am Trog die Wappen des Stifters und der Familie zur Gilgen. Vorbei an Propstei- und Chorherrenhäusern aus dem 17. Jh. und einigen charakteristischen Holz- und Riegelbauten hinunter zum Luzerner Hof, von hier über den S c h w e i z e r h o f q u a i zum S c h w a n e n p l a t z.

Vom Schwanenplatz durch die Altstadt am rechten Ufer der Reuss zum Mühlenplatz

Die lebhafteste Stelle des Fremdenortes Luzern ist der S c h w a n e n p l a t z. Hier endet die vom Bahnhof herüberführende Seebrücke, hier beginnen die stattlichen Quaianlagen des rechten Ufers, hier öffnet die Altstadt einladend ihre Pforten. Den markanten Eckpfeiler der rechtsufrigen Altstadt bildet das **Haus zur Gilgen** am K a p e l l p l a t z 1, 1507 bis 1510 erbaut an Stelle des 1495 durch Brand zerstörten Bagharzturmes, 1731 Umbau, bemerkenswerte Barockportale. Die **Peterskapelle** oder Kapellkirche geht auf die Zeit vor der Stadtgründung von 1178 zurück, sie wurde um 1750 durchgreifend verändert und 1965 erneuert.

Der 1918 von Architekt August Am Rhyn geschaffene Fritschibrunnen, eine geschickte Nachbildung historischer Brunnen, bringt die Gestalten der Luzerner Fastnacht zur Darstellung. Das **Haus der Joseph-Willmann-Stiftung** in der H a n s - H o l b e i n - G a s s e 2, erbaut 1509, enthält getäfelte Stuben aus dem 17. Jh., Kachelöfen aus dem 18. Jh. und eine wertvolle Privatsammlung. Im **Haus Zelger**, Kapellplatz 2, und im **Haus Schwytzervon Buonas**, Kapellplatz 3, sind zwei sehr schöne Patrizierhäuser des ausgehenden 18. Jh. erhalten geblieben.

Weiter durch die F u r r e n g a s s e. Das **Haus am Rhyn** besteht aus zwei durch einen mehrgeschossigen Laubengang miteinander verbundenen Hälften, dem an der Furrengasse liegenden 1617 erbauten Teil und dem 1786 stark umgebauten Haus an der Reuss. Es enthält zwei Prunksäle mit gut erhaltenen Malereien. Unmittelbar anstoßend das **Rathaus** am K o r n m a r k t, 1602–1606 anstelle eines baufällig gewordenen früheren Rathauses erbaut, es ist der markanteste Profanbau jener Zeit, eine einmalige Mischung italienischer Einflüsse und heimischer Bauweise mit hervorragenden Steinmetzarbeiten. Im ersten Stock mehrere Prunksäle, ihre reiche Wand- und Deckentäfelung gehört zu den besten Werken ihrer Art, die „neue Kanzlei" von 1698 gilt als eine der schönsten Räume des Frühbarock. Um 1600 entstanden die unterhalb des Rathauses gelegenen Markthallen „Unter der Egg". Nun durch die K o r n m a r k t g a s s e rechts zum H i r s c h e n p l a t z, hier sehenswerte Schilder der alten Gasthöfe. Bemerkenswert das Fideikommisshaus der Familie Göldlin von Tiefenau mit schönem Hof.

Orts- und Landschaftsbeschreibungen

Weiter durch die „Brodschol", (ehemals Verkaufsstelle der Bäcker) zum **Weinmarkt**, einst Fischmarkt, im 16. und 17. Jh. Schauplatz der berühmten Osterspiele. Der Platz ist umsäumt von einer Reihe guter, alter Bürgerbauten. Im **Zunfthaus zur Metzgern** (Bau von 1533) soll nach der Überlieferung die „Mordnacht" von 1332 verraten worden sein. Mitten auf dem Platz steht der **Weinmarktbrunnen** von 1481—1493 (Kopie). Er stellt einen fastnächtlichen Reigen von geharnischten Kriegern dar, gekrönt von einer Statuette des hl. Mauritius. Das Original befindet sich im Hof des Ritterschen Palastes.

Das Metzgerrainle hinunter zum Zöpfli; hier das einstige **Haus Ronca**, im Zöpfli 3, ein typisches Beispiel des späten Rokoko. Zurück zur Kramgasse und zum Mühlenplatz. Unter den den Platz einrahmenden Bürgerbauten nimmt das **Haus Bell**, Mühlenplatz 1, eine hervorragende Stellung ein, es wurde 1807 in frühklassizistischen Formen erbaut. Am **Mühlentor** (nach dem Wasserturm das älteste erhaltene Bauwerk der Luzerner Stadtbefestigung) befindet sich eine Nachbildung des Wappens am ehemaligen Judenturm von 1412 mit Reichsadler und den Insignien des Ritterordens vom roten Salamander. Angelehnt daran die **Neue Münz** mit schönem Portal von 1704. Vom Mühlenplatz über die Spreuerbrücke nach dem Kasernenplatz.

Vom Kasernenplatz über den Obergrund nach der Allmend

Am Kasernenplatz befindet sich der stattliche **Fachwerkbau** der von Moosschen Eisenwerke. Das Haus wurde 1679 von Schultheiß Karl Anderallmend errichtet. Dahinter das ehemalige Schützenhaus von 1756, heute Lagergebäude. Der Weg führt weiter über den unteren Hirschengraben zur Obergrundstrasse mit ehemaligem **Bürgerspital** von 1654, heute Verwaltungsgebäude. Eine Gedenktafel erinnert an die Überschwemmung des Krienbaches von 1738. Der **Grundhof**, Obergrundstrasse 9—13, ist der hervorragendste Vertreter des Empirestils in Luzern nur spärlich vorhandenen Empirestils. Das **Haus zum Himmelrich**, Obergrundstrasse 61, wurde 1772 für Franz Plazidus Schumacher, Ingenieurhauptmann im Dienst des Herzogs von Modena, Astronom und Mathematiker, erbaut. Der ehemalige **Landsitz zum obern Guggi** in der Guggistraße 5 wurde 1712 errichtet, er bildet ein anschauliches Beispiel einer typisch barocken Gartenanlage. Das bedeutendste Luzerner Bauwerk des 18. Jh. ist das ehemalige **Schloß Steinhof**, 1759 errichtet, jetzt Kranken- und Erholungsheim. Vorbei am Eichhof, wo die Straße nach Kriens und dem Eigenthal von der Hauptroute abzweigt, gelangt man durch die Horwerstrasse nach der **Allmend**. Diese wird hauptsächlich vom Militär benützt, dient aber auch großen Ausstellungen und ist Schauplatz der Luzerner Pferderennen, großes Sportstadion. Von hier zur Stadt zurück mit Trolleybuslinie 5.

Museen: **Kunstmuseum** im Kongresshaus am Bahnhofplatz, Schweizer Kunst des 15. bis 20. Jahrhunderts, moderne europäische Malerei. — Im Am-Rhyn-Haus, an der Reuss, Werke von Picasso. — **Natur-Museum** mit Mineralien, Versteinerungen, zoologischer Abteilung, Kasernenplatz. — **Brot- und Gebäckmuseum**, Rigistr. 48. — **Schweizerisches Trachten- und Heimatmuseum**, Akkordeon-Museum, Utenberg. — **Richard-Wagner-Museum** auf Tribschen mit Originalpartituren, Wagner-Archiv und 1965 be-

Luzern

reicherter Sammlung alter Instrumente. — **Gletschermühlen** und **Heimatmuseum** im Gletschergarten. Denkmalstr. 4. — Das **Verkehrshaus der Schweiz,** Lidostr. 5, ist das modernste und größte Verkehrsmuseum Europas und gibt ein Bild von der Vielgestaltigkeit und Bedeutung des Verkehrswesens und Tourismus. Es zeigt Entwicklung und technischen Fortschritt aller Verkehrsmittel zu Lande, zu Wasser und in der Luft sowie des Nachrichten- und Fremdenverkehrs. In lebendiger Weise stellen Originalfahrzeuge, Motoren, Modelle und graphische Darstellungen sowie Photos und Lichtbilderprojektionen die Wege und Mittel dar, die früher zur Bewältigung der Verkehrsaufgaben dienten und wie sie die Brücke zur Gegenwart bilden, zeigen aber auch die Technik und Leistungen des Verkehrs von heute. Zahlreiche Maschinen und Motoren, Apparate und Modelle lassen sich in Betrieb setzen und veranschaulichen Funktion und Verlauf bestimmter technischer Vorgänge. Ferner befinden sich im Verkehrshaus ein **Planetarium,** eine Luftschiff-Dokumentation sowie ein **Kosmorama** mit Darstellung der Geschichte der Raumfahrt.

Badegelegenheit: Hallenschwimmbad, Freibäder.

Sportmöglichkeiten: Angeln, Rudern, Paddeln, Segeln, Tennis, Reiten, Golf (18 Löcher), Fechten, Kegeln, Minigolf.

Wintersport: Skilauf (Skilifte), Eislauf (Kunsteisbahn), Curling.

Veranstaltungen: Internationale Musikfestwochen, August/September. — Kurkonzerte. — Aufführungen im Stadttheater. — Freilichtspiele der Luzerner Spielleute. — Budenmesse im Herbst. — Auktionen, Kunstattraktionen. — Seenachtfest mit Riesenfeuerwerk. — Internationale Ruderregatten auf dem Rotsee. — Concours Hippiques Internationaux (Reitturnier) auf der Allmend.

Spaziergänge

Nach den **Dreilinden** auf dem Hitzlisberg, 35 Min. nordöstlich, vorbei an der Stiftskirche. Schöne Aussicht. — Auf den **Gütsch,** 523 m, zu Fuß vom Waisenhaus aus oder mit der Gütschdrahtseilbahn. Aussicht. — **Dietschiberg** (Kleiner Rigi), 668 m, mit Modelleisenbahnanlage im Freien, zu Fuß in 1½ Std. über Dreilinden oder mit Drahtseilbahn vom Ostende der Stadt (Trolleybus). — Auf den **Sonnenberg** (Kreuzhöhe), 776 m, in 1 Std. über Böschenhof und Hotel Sonnenberg, hierher auch mit Drahtseilbahn von Kriens herauf. — Über die Allenwindenhöhe, 511 m, zum **Rotsee,** 40 Min. nördlich. — Vom Bahnhofsplatz zur **Tribschenhalbinsel,** 25 Min. südöstlich, mit Landhaus, in dem Richard Wagner 1866–1872 lebte, kleines Museum.

Tagesausflüge

Schiffrundfahrt auf dem **Vierwaldstättersee.** — Auf den **Rigi,** mit Schiff nach Vitznau, von dort mit Zahnradbahn. — **Pilatus,** mit Bahn oder Schiff nach Alpnachstad, dann mit Zahnradbahn; oder mit Trolleybus Nr. 1 nach Kriens und dann mit Luftseilbahn. — Auf den **Bürgenstock,** mit Schiff nach Kehrsiten, dann mit Drahtseilbahn.

Orts- und Landschaftsbeschreibungen

In der Umgebung

EIGENTAL, 13 km südwestlich, 1010 m (zu Kriens gehörend), bekannter Luftkurort im gleichnamigen Tal am Nordfuß des P i l a t u s zwischen ausgedehnten Wäldern und schönen Alpweiden. Busverbindung mit Kriens und Luzern.

HERGISWALD, 8 km südwestlich, 789 m (zu Obernau gehörend), alte Einsiedelei im oberen R ä n g g b a c h t a l mit kunstgeschichtlich bedeutsamer **Kirche** aus dem 17. Jh., die eine noch ältere Loretokapelle und das Grab des Einsiedlers Johannes umschließt. Im Gewölbe der Kirche und auf der Orgelempore befinden sich über 300 Gemälde, Altar und Kanzel tragen barocken Schmuck.

KRIENS, 3,5 km südwestlich, 492 m, 21 500 Einw., Vorstadt von Luzern mit Busverbindung; Ausflugsort am Fuß des P i l a t u s. Von hier führt eine Luftseilbahn über **Fradkmüntegg** zum **Pilatus-Kulm.** — Eine Standseilbahn führt von Kriens auf den **Sonnenberg,** schöne Aussicht.

MEGGEN, 7,5 km östlich, 472 m, 4800 Einw., Villenort am Nordufer des K ü s s n a c h t e r B e c k e n s mit besonders schöner Gebirgssicht. Bahnstation, Schiffsanlegestellen Hinter- und Vordermeggen.

SCHWARZENBERG, 12 km südwestlich, 830 m, 1100 Einw., Luftkurort und Wintersportplatz im westlichen Vorgeländer des P i l a t u s mit vielen Möglichkeiten für reizvolle Wanderungen. Busverbindung mit Malters.

S p e z i a l i t ä t e n : Roter und weißer Riesling von der Staatsdomäne Schloß Heidegg. Luzerner Kügelipastete. Bratwurst und Rösti. Geschnetzeltes Kalbfleisch. Luzerner Süßspeisen.

Unterkunft in Luzern:

Hotels:
Europe Grand Hotel, Haldenstr. 59,
Tel. 30 11 11, 300 B.
Palace, Haldenstr. 10,
Tel. 22 19 01, 300 B.
Schweizerhof, Schweizerhofquai 3,
Tel. 22 58 01, 300 B.
Union, Löwenstr. 16,
Tel. 22 02 12, 200 B.
Monopol, Pilatusstr. 1,
Tel. 22 08 01, 200 B.
Carlton-Hotel Tivoli, Haldenstr. 57,
Tel. 23 23 33, 180 B.
Kolping, Friedenstr. 8,
Tel. 22 29 01, 160 B.
Grand Hotel National, Haldenstr. 4,
Tel. 24 33 22, 150 B.
Astoria, Pilatusstr. 27,
Tel. 23 53 23, 150 B.
Bernerhof, Seidenhofstr. 8,
Tel. 23 05 24, 135 B.
Schiller, Sempacherstr. 4,
Tel. 23 51 55, 135 B.
Flora, Seidenhofstr. 3,
Tel. 23 81 61, 120 B.

Johanniterhof, Bundesplatz 18,
Tel. 23 18 55, 120 B.
Montana, Adligenswilerstr. 22,
Tel. 22 57 91, 120 B.
Luzernerhof, Alpenstr. 3,
Tel. 22 44 44, 116 B.
Balances & Bellevue, Metzerrainle 7,
Tel. 23 18 33, 110 B.
Drei Könige, Bruchstr. 35,
Tel. 22 08 87, 110 B.
New Hotel Seeburg,
Tel. 31 19 22, 110 B.
Rütli & Rheinischer Hof, Hirschengraben 38, Tel. 22 41 61, 100 B.
Waldstätterhof (alkoholfrei),
Zentralstr. 4, Tel. 22 91 66, 100 B.
Untergrund, Baselerstr. 57,
Tel. 22 47 51, 90 B.
Raben am See, Kornmarkt 5,
Tel. 22 07 34, 84 B.
Wilder Mann, Bahnhofstr. 30,
Tel. 23 16 66, 80 B.
Royal, Rigistr. 22, Tel. 23 12 33,
80 B.
Diana, Sempacherstr. 16,
Tel. 23 26 23, 75 B.

Steghof, Voltastr. 2, Tel. 22 23 60, 75 B.
Château Gütsch, Kanonenstr., Tel. 23 38 83, 75 B.
Des Alpes, Rathausquai 5, Tel. 22 58 25, 75 B.
Continental, Morgartenstr. 4, Tel. 23 75 66, 70 B.
De la Paix, Museggstr. 2, Tel. 23 73 73, 70 B.
Eden au Lac, Haldenstr. 47, Tel. 22 03 06, 70 B.
Rothaus, Klosterstr. 4, Tel. 23 50 15, 70 B.
Ilge, Pfistergasse 17, Tel. 22 09 18, 62 B.
Beau-Séjour au Lac, Haldenstr. 53, Tel. 23 30 76, 60 B.
Park, Morgartenstr. 13, Tel. 23 92 32, 60 B.
Alpina, Frankenstr. 6, Tel. 22 06 60, 55 B.
Anker, Pilatusplatz, Tel. 22 18 94, 55 B.
Klosterhof, Bruchstr. 54, Tel. 22 19 19, 55 B.
Central, Zentralstr. 8, Tel. 22 18 02, 50 B.
Gambrinus, Mühlenplatz 12, Tel. 22 17 91, 50 B.
Hermitage (Seeburg), Tel. 31 37 37, 50 B.

Bären, Pfistergasse 8, Tel. 22 10 63, 40 B.
Savoy, Kapellgasse 8, Tel. 23 07 22, 36 B.
St. Christoph (Rothenburg), Tel. 53 13 08, 35 B.
Winkelried, Winkelriedstr. 26, Tel. 22 03 53, 30 B.
Adler, Rössligasse 2, Tel. 22 00 74, 30 B.
Schiff, Brandgässli 9, Tel. 23 17 17, 30 B.
Schlüssel, Franziskanerplatz 12, Tel. 22 10 78, 26 B.
Pickwick (garni), Rathausquai 6, Tel. 22 79 27, 25 B.
Weisses Kreuz, Furrengasse 19, Tel. 23 60 23, 25 B.
Einhorn, Hertensteinstr. 23, Tel. 22 05 95, 24 B.
Goldener Stern, Franziskanerplatz 4, Tel. 23 08 91, 24 B.
Rebstock, St. Leodegardstr. 3, Tel. 22 35 81, 24 B.
Spatz (garni), Obergrundstr. 103, Tel. 41 10 75, 24 B.
Metzgern, Weinmarkt 3, Tel. 22 01 36, 22 B.
Krone (alkoholfrei), Weinmarkt 12, Tel. 22 00 45, 21 B.
Villa Maria (garni), Haldenstr. 36, Tel. 31 21 19, 20 B.

Jugendherberge: Sedelstr. 24, Tel. 36 88 00, 240 B. ganzjährig.
Campingplatz: „Lido", Tel. 31 21 46, ganzjährig.

Unterkunft in der Umgebung:

Pilatus, 6010 Kriens, 4 km südwestlich, Tel. 41 10 57, 107 B.
Motel Luzern-Süd, 6010 Kriens, 4 km südwestlich, Tel. 41 35 46, 70 B.
Rössli, 6103 Schwarzenberg, 12 km südwestlich, Tel. 97 12 47, 60 B.
Weisses Kreuz, 6103 Schwarzenberg, 12 km südwestlich, Tel. 97 12 46, 40 B.
Waldhaus, 6048 Horw, 4 km südlich, Tel. 42 11 54, 30 B.
Hammer, 6013 Eigenthal, 13 km südwestlich, Tel. 97 12 87, 30 B.
Balm, 6045 Meggen, 8 km östlich, Tel. 37 11 35, 30 B.

Löwen, 6030 Ebikon, 4 km nordöstlich, Tel. 36 10 06, 30 B.
Splendid, 6045 Meggen, 8 km östlich, Tel. 37 26 25, 30 B.
Sonnenberg, 6010 Kriens, 4 km südwestlich, Tel. 22 26 33, 30 B.
Felmis, 6048 Horw, 4 km südlich, Tel. 42 12 82, 25 B.
Schönau, 6045 Meggen, 8 km östlich, Tel. 37 11 27, 25 B.
Kreuz, 6045 Meggen, 8 km östlich, Tel. 37 11 14, 20 B.
Emmenbaum, 6020 Emmenbrücke, 3 km nordwestlich, Tel. 55 29 60, 12 B.

MAGADINO (F 4), Kt. Tessin, 215 m, 900 Einw., Badeort und Sommerfrische im Gambarogno, einem Landstreifen am Ostufer des Lago Maggiore nahe der Mündung des Ticino. Bis zur Eröffnung der Gotthardbahn (1882) war Magadino ein wichtiger Umschlagplatz mit Susten (schweizerisch für Raststätte) und Lagerhäusern für den Gotthardverkehr.

Auskunft: Ente Turistico del Gambarogno, 6574 Vira, Tel. 61 18 66.
Postleitzahl: 6573
Telefon-Vorwählnummer: 093
Verkehr: Straße 2/E 9, Straße 22 Bellinzona–Locarno, Abzweigung bei Quartino. – Nächste Bahnstation Magadino-Vira (2 km). – Schiffsanlegestelle.
Sehenswert: **Parrocchia San Carlo** mit „La Pietà" von Ciseris und Fresken (1948) von Richard Seewald (1889–1976). – Klassizistischer Tempel im Friedhof.

In der Umgebung

In Magadino beginnt die **Riviera del Gambarogno**, die in südwestlicher Richtung am Ostufer des Lago Maggiore bis zur italienischen Grenze zieht. Sie umschließt eine Reihe idyllischer Badeorte mit eigenen Bahnstationen, neben **Vira** (2 km), 204 m, **San Nazzaro** (5 km), 211 m, und **Gerra** (7 km), 222 m.

INDEMINI, 18 km südlich, 930 m, 100 Einw., höchster Ort des Gambarogno im bergigen Landesinnern, gelegen an einer kurvenreichen Bergstraße über den Pass Alpe di Neggia, 1395 m, in der Val Vedasca. Im Sommer Busverkehr von Locarno.

PIAZZOGNA, 3 km südwestlich, 363 m, 200 Einw., Sommerfrische oberhalb des Ufers des Lago Maggiore gegenüber Locarno.

SANT'ABBONDIO, 9 km südwestlich, 335 m, 100 Einw., Sommerfrische auf einer Höhenterrasse über dem Lago Maggiore.

Unterkunft in Magadino:
Hotels:
Favini, Tel. 61 15 52, 50 B.
Suisse, Tel. 61 15 32, 40 B.

Pensionen:
S. Gottardo (garni), Tel. 61 10 76, 18 B.
Elvezia, Tel. 61 14 28, 8 B.

In 6575 San Nazzaro: 5 km südwestlich:
Hotels:
Consolina, Tel. 63 23 36, 36 B.

Pensionen:
Villa Sarnia, Tel. 63 11 08, 10 B.

In 6579 Piazzogna, 3 km südwestlich:
Pensionen:
Clinica casa Alabardia,
Tel. 61 10 31, 65 B.

Gambarogno, Tel. 61 15 62, 10 B.

In 6849 Vira, 2 km südwestlich:
Hotels:
Mot-Hotel Bellavista, Tel. 61 11 16, 100 B.
Viralago, Tel. 61 15 91, 64 B.

Gasthöfe:
Ritrovo di Neggia (1450 m), Tel. 61 20 37, 11 B.
La Riva, Tel. 61 17 37, 8 B.

Pensionen:
Fosanella, Tel. 61 16 16, 8 B.

In 6576 Gerra, 7 km südwestlich:
Hotels:
Panorama, Tel. 63 11 73, 28 B.

Gasthöfe:
Al Portico, Tel. 63 22 12, 14 B.

MAGGIA (siehe auch **V**alle Maggia). Ursprungsgebiet dieses Tessiner Flusses sind die Seen am **Passo di Naret,** am Fuß der Cristallina, 2912 m. Tausend Meter tiefer sperrt eine gewaltige Staumauer den Weg. Dort bildet die Maggia den großen Stausee L a g o S a m b u c o. Auch auf dem Weiterweg nach **Fusio** befinden sich Stauanlagen und weitere Talstufen. Dann fließt die Maggia durch die V a l L a v i z z a r a. Im weiteren Verlauf verzweigt sich der Fluß im breiter werdenden Tal, in dem er vielerorts Sand und Steingeschiebe angehäuft hat, dann sammelt er sich, durchbricht die Schlucht bei **Ponte Brolla** (schöner Blick von der alten Eisenbahnbrücke!), nimmt die M e l e z z a auf und strömt nun dem L a g o M a g g i o r e zu. Die Mündung liegt zwischen **Locarno** und **Ascona,** sie bildet ein weit in den See vorgetragenes Delta. Ab **Bignasco** heißt das Tal des Flusses V a l l e M a g g i a. Es ist reich an Wasserfällen, schönen Bergdörfern und alten Brücken, es hat alpinen und südlichen Pflanzenwuchs und ist durch einen Busdienst Locarno-Bignasco erschlossen.

MALCANTONE, Kt. Tessin. Fruchtbares Höhengelände mit vielen Luftkurorten zwischen V a l V e d e g g i o und der italienischen Grenze nordwestlich des L a g o d i L u g a n o. Verbindungs- und Wanderwege erschließen das reizvolle, klimatisch begünstigte Gebiet. Eine Sesselbahn führt von Miglieglia auf den **Monte Lema,** 1620 m, Weitsicht zu den Bergen um den Lago Maggiore und die Gegend von Lugano.

MARIASTEIN (K 1), Kt. Solothurn, 514 m, 800 Einw., Ortsteil der Gemeinde **Metzerlen,** Sommerfrische am Fuß des B l a u e n im J u r a, nahe der französischen Grenze, seit Jahrhunderten einer der bekanntesten Wallfahrtsorte der Schweiz mit einem Benediktinerkloster von 1648 auf einem steilen Felsen.

A u s k u n f t : Verkehrsverein Mariastein, Tel. 75 10 06.
Postleitzahl: 4149
T e l e f o n - V o r w ä h l n u m m e r : 0 61
V e r k e h r : Straße 18 Basel-Delemont, Abzweigung Straße 99 bei Laufen (11 km). – Nächste Bahnstation Flüh (5 km).
S e h e n s w e r t : **Klosterkirche** mit Sterngewölbe von 1655 in Spätgotik und Frühbarock mit Hochaltar von 1680, Geschenk Ludwigs XIV. In den Felsen eingebaut **Gnadengrotte** mit gotischem Madonnenbild und barocker Marienstatue.
S p o r t m ö g l i c h k e i t e n : Reiterferien.
S p a z i e r g ä n g e : **Ruine Landskron,** 40 Min. nördlich. – **Jugendburg Rotberg,** 30 Min. südlich. – Auf die Höhen des **Blauen,** 837 m, 2 Std. südöstlich; vom höchsten Punkt dieses langgestreckten Bergzuges großartige Sicht auf das Leimental und Basel, das breite Rheintal mit dem glitzernden Fluß bis zum Isteiner Klotz, die Höhen des Dinkelberges östlich von

Orts- und Landschaftsbeschreibungen

Basel und den Schwarzwald, im Westen die Vogesen und das historische Tor vom Rheintal zum Elsaß, im Süden die Hochebenen und die bewaldeten Höhenzüge des Schweizer Jura. — Über Metzerlen nach **Burg**, 1½ Std. südwestlich, unweit davon die Birsigquelle und ein altes, wiederaufgebautes Schloß auf hohem Fels, in dem 859 Kaiser Lothar wohnte.

Unterkunft in Mariastein:

Hotels:
Kurhaus Kreuz, Tel. 75 15 75, 38 B.
Jura, Tel. 75 10 03, 30 B.

Post, Tel. 75 10 22, 20 B.
Heulenhof (Pony-Trekking), Tel. 75 19 62.

MARIENTAL, Kt. Luzern, Tal der Waldemme, das sich von **Sörenberg** über **Flühli** nach Norden erstreckt; die Waldemme mündet bei **Schüpfheim** im Entlebuch (siehe dort) in die Kleine Emme. Erholungs- und Wintersportorte sind Sörenberg und Flühli. Wahrzeichen des Tales ist das **Brienzer Rothorn** im Süden.

MEIENTAL, Kt. Uri. Tal der Meienreuss, das vom Sustenpass nach Osten zum Tal der Reuss hinab verläuft. Die Meienreuss, die die Kantone Uri und Bern voneinander trennt, mündet bei **Wassen** an der Gotthardstraße in die Reuss. Das wildromantische Bergtal wird von der **Sustenstraße** (Straße 20) durchzogen, die das Berner Oberland mit den Glarner Alpen verbindet.

MEILEN (O 2), Kt. Zürich, 420 m, 10 200 Einw., einer der beliebten Badeorte am Zürichsee, am Fuß des Pfannenstiels, ehemaliger Wohnsitz von C. F. Meyer und Richard Wagner. In dem günstigen Klima gedeiht ein vorzüglicher Wein. In Obermeilen wurden um die Mitte des 19. Jh. die ersten Schweizer Pfahlbauten vorgefunden. — Zu Meilen gehören die Ortsteile **Obermeilen** und **Feldmeilen**.

Auskunft: Verkehrsbüro (Gemeindekanzlei), Tel. 9 23 43 43.

Postleitzahl: 8706

Telefon-Vorwählnummer: 01

Verkehr: Straße 17 Zürich–Rapperswil. — Bahnstation. — Busverbindung mit Uetikon. — Schiffsanlegestelle. — Autofähre nach Horgen.

Sehenswert: Gotische **Kirche**, 15. Jh. — Patrizierhaus Seehof, hier wohnte 1872–75 der Schriftsteller C. F. Meyer. — Alte **Winzerhäuser**, darunter ein Gasthof um 1676.

Badegelegenheit: Freibäder in Feld-, Dorf- und Obermeilen.

Sportmöglichkeiten: Angeln, Rudern, Vita-Parcours.

Spaziergänge (Wandertafel beim Bahnhof): **Pfannenstiel**, 853 m, Aussicht auf Säntis und die Bergwelt der inneren Schweiz, auf schöner Bergstraße oder durch den romantischen Dorfbachtobel, 1½ Std. nordöstlich. — Aussichtspunkt **Luft**, 30 Min. nordwestlich, Blick auf Zürichsee und Gebirge. — Restaurant **Burg**, Aussichtspunkt, 30 Min. nordöstlich.

In der Umgebung

HERRLIBERG, 3 km nordwestlich, 423 m, 3500 Einw., Winzerdorf mit bekannten Weinlagen am Ostufer des Zürichsees. Das Weingut „Zum Schipf" wurde von Goethe besucht. — Schiffsanlegestelle.

MÄNNEDORF, 4 km südöstlich, 419 m, 7500 Einw., stattlicher Ort mit der größten Schweizer Orgelfabrik am Ostufer des **Zürichsees.** Bahnstation; Schiffsanlegestelle.

STÄFA, 7 km südöstlich, 414 m, 10 000 Einw., größte Weinbaugemeinde des Kt. Zürich und Ausflugsort am **Zürichsee.** – Bahnstation; Schiffsanlegestelle.

Unterkunft in Meilen:
Hotels:
Löwen, Tel. 9 23 43 66, 10 B.
Hirschen, Tel. 9 23 00 15, 10 B.
Bahnhof, Tel. 9 23 04 08, 6 B.

Unterkunft in der Umgebung:
Hotels:
Metzg, 8712 Stäfa, 7 km südöstlich, Tel. 9 26 52 59, 28 B.
Sonne, 8712 Stäfa, 7 km südöstlich, Tel. 9 26 11 10, 20 B.
Raben, 8704 Herrliberg, 3 km nordwestlich, Tel. 9 15 05 00, 16 B.
Rebe, 8704 Herrliberg, 3 km nordwestlich, Tel. 9 15 26 11, 16 B.
Neugut, 8706 Männedorf, 4 km südöstlich, Tel. 9 20 45 91, 15 B.
Rößli, 8704 Herrliberg, 3 km nordwestlich, Tel. 89 23 88, 12 B.
Wildenmann, 8708 Männedorf, 4 km südöstlich, Tel. 9 20 00 05, 12 B.

MELCHSEE, Kt. Unterwalden/Obwalden, 1887 m, im Alptal der **Melchaa,** benachbart dem **Blauseeli.**

MELCHTAL (N 4), Kt. Unterwalden/Obwalden, 894 Einw., Ortsteil der Gemeinde **Kerns,** Luftkurort und Wintersportplatz im **Melchtal.**

Auskunft: Kurverein Melchtal, Tel. 67 12 69; Verkehrsverein Melchsee-Frutt, Tel. 85 51 42.

Postleitzahl: 6067

Telefon-Vorwählnummer: 041

Verkehr: Straße 4 Stansstad–Sarnen, Abzweigung bei Kerns (9 km). – Nächste Bahnstation Sarnen (15 km).

Bergbahnen: Luftseilbahn Stöckalp–Melchsee-Frutt, von hier Sessellift auf das Balmeregghorn.

Sehenswert: **Wallfahrtskirche** Unserer Lieben Frau.

Brauchtum: Aelperchilbi, Fastnachts- und Neujahrsbräuche.

Spaziergänge: **Stöckalp,** 1 Std. südlich, Luftseilbahn nach **Melchsee-Frutt.** – **Flüeli-Ranft,** vielbesuchter Wallfahrtsort mit Einsiedelei des hl. Bruder Klaus (Niklaus von der Flüe), 1 Std. nördlich. – **St. Niklausen** mit schöner alter Kapelle, 1¼ Std. nördlich. – **Wasserfall,** 20 Min. – **Stollen,** 30 Min. – **Rütialp,** 1350 m, 1½ Std., auch Luftseilbahn, Sporthotel.

In der Umgebung

MELCHSEE-FRUTT, 10 km südlich, 1919 m, Sommerfrische und Wintersportplatz auf einem Hochplateau am idyllischen **Melchsee,** Seilbahn von **Stöckalp.**

Unterkunft in Melchtal:
Hotels:
Alpenhof-Post, Tel. 67 12 37, 50 B.

Orts- und Landschaftsbeschreibungen

Unterkunft in 6061 Melchsee-Frutt, 10 km südlich:
Hotels:
Reinhard am See, Tel. 67 12 25, 120 B.
Jugendsporthotel Glogghuis,
Tel. 67 11 39, 100 B.

Kurhotel Frutt, Tel. 67 12 12, 100 B.
Posthaus, Tel. 85 51 44, 25 B.

MELIDE (F 5), Kt. Tessin, 274 m, 1800 Einw., Luftkur- und Badeort am Lago di Lugano, unmittelbar vor dem Damm, auf dem Bahn und Straße den See überqueren.
Auskunft: Pro Ceresio, Tel. 68 83 63.
Postleitzahl: 6815
Telefon-Vorwählnummer: 091
Verkehr: Straße 2 Lugano–Chiasso. – Bahnstation. – Schiffsanlegestelle.
Bergbahnen: Luftseilbahn nach Carona, 560 m. Luftseilbahn Brusino-Arsizio–Serpiano, 635 m.
Sehenswert: Swissminiatur, Modell der bedeutendsten Sehenswürdigkeiten der Schweiz, im Freien.
Badegelegenheit: Am See.
Sportmöglichkeit: Tennis.
Ausflüge: **Campione d'Italia** mit Spielkasino, italienische Enklave, 4 km nordöstlich, über die Seebrücke. – **Monte San Salvatore,** 912 m, 3 km nördlich, auch Luftseilbahn bis Carona.

In der Umgebung

BRUSINO-ARSIZIO, 3 km südlich, am gegenüberliegenden Ufer des Lago di Lugano, 276 m, 400 Einw., idyllischer Luftkurort zu Füßen des Monte San Giorgio. – Schiffsanlegestelle, Seilbahn nach **Serpiano**.

CARONA, 1 km westlich, 602 m, 300 Einw., malerisches Dorf auf einem südlichen Ausläufer des Monte San Salvatore, der hier steil zum Luganer See abfällt. Busverbindung mit Lugano. Der Erholungsort hat schöne Kirchen mit wertvollen Kunstschätzen. Luftseilbahn von Melide.

MORCOTE, 5 km südlich, 280 m, 600 Einw., Kurort an der Südspitze des in den Lago di Lugano vorstoßenden Landzipfels. Schiffsanlegestelle. Hier die bekannte Wallfahrtsstätte Madonna del Sasso aus dem 13. Jh., zu der 400 Stufen emporführen.

SERPIANO, 5 km südlich, 645 m, Gemeinde Brusino–Arsizio, Kurort hoch über dem Lago di Lugano am Südwestabfall des Monte San Giorgio, 1097 m, mit einzigartiger Aussicht über das dichtbesiedelte, fruchtbare lombardische Hügelland zwischen Varese und Como. – Bahnstation ist Mendrisio, Busverbindung, Seilbahn von Brusino-Arsizio.

Unterkunft in Melide:
Hotels:
Park-Palace, Tel. 68 77 95, 110 B.
Battello, Tel. 68 71 42, 50 B.
Generoso Strandhotel, Tel. 68 70 71, 50 B.
Seehotel Riviera, Tel. 68 79 12, 50 B.
Ceresio, Tel. 68 75 80, 30 B.

Villa Pace, Tel. 68 75 92, 15 B.
Al Boccalino, Tel. 68 77 67, 11 B.
Fremdenheime:
Brander, Tel. 68 86 02, 40 B.
Florida, Tel. 68 70 59, 30 B.

In 6911 Brusino-Arsizio, 3 km südlich:
Hotels:
Zappa, Tel. 68 11 63, 30 B.

Villa Serena (garni),
Tel. 68 12 72, 23 B.

In 6922 Morcote, 5 km südlich:

Hotels:
Olivella au Lac, Tel. 69 17 31, 250 B.
Iris (garni), Tel. 68 12 42, 48 B.
Carina Carlton, Tel. 69 11 32, 35 B.
Palmetta, Tel. 69 12 52, 32 B.
Rivabella, Tel. 69 13 14, 30 B.
Oasi, Tel. 69 12 90, 17 B.
Posta, Tel. 69 11 27, 4 B.

In 6867 Serpiano, 5 km südlich:

Hotels:
Serpiano Kurhotel, Tel. 68 12 61, 120 B.

MENDRISIO (F/G 5), Kt. Tessin, 355 m, 6000 Einw., Sommerfrische im südlichsten Teil des Tessin, Hauptort des Mendrisiotto, in dessen Hügel- und Bergland etwa ein Dutzend Wanderwege führen. Die Nähe des Luganer Sees wie auch des Comer Sees (Italien) machen Mendrisio zu einem idealen Ausflugsstützpunkt. Das malerische Städtchen hat den alten Tessiner Baustil bewahrt, mit alten Gassen, Torbögen und der Piazza. In der Campagna um den Ort liegen Mais- und Tabakfelder; die einst umfangreiche Seidenraupenzucht ist stark zurückgegangen, der Weinbau wird nach wie vor gepflegt.

Auskunft : Ente Turistico Mendrisio, Tel. 46 57 61.

Postleitzahl: 6850

Telefon-Vorwählnummer: 091

Verkehr: Straße 2 Bellinzona–Chiasso. – Autobahnanschlußstelle an die N 2/E 9. – Bahnstation.

Bergbahnen: Zahnradbahn Capolago–Monte Generoso, 1700 m.

Sehenswert: Mehrere reich ausgeschmückte Barockkirchen. – **Servitenkirche** mit Kreuzgang und Oratorio. – **Chiesa Santa Maria,** 17. Jh., mit romanischem Campanile. – Palazzo Torriani. – Palazzo Pollini. – Museum von Vincenzo Vela in Ligornetto mit eindrucksvollen Statuen.

Veranstaltungen: Historischer Umzug in der Passionswoche.

In der Umgebung

CAPOLAGO, 4 km nördlich, 274 m, 600 Einw., Badeort am Südende des Lago di Lugano. Bahnstation Capolago-Riva San Vitale. Schiffsanlegestelle. – Die schöne Lage, die Zahnradbahn auf den berühmten Aussichtsgipfel des **Monte Generoso,** 1701 m, und nicht zuletzt die bekannten **Weingrotten** machen Capolago zu einem bevorzugten Ausflugsziel. Sehenswert ist vor allem die Parrocchia Santa Maria mit wertvollen Kunstschätzen und einer Cappella dell'Assunta des berühmten Tessiner Baumeisters Carlo Maderna, der auch am Bau der Peterskirche von Rom beteiligt war. An der Piazza am See eine alte Dampflokomotive der Monte-Generoso-Bahn.

CASTELLO SAN PIETRO, 2 km südöstlich, 473 m, 1200 Einw., Ferienort am Eingang zur Valle di Muggio. Sehenswert sind in dem historisch interessanten Ort besonders die Chiesa San Pietro von 1343 und die barocke Chiesa Sant'Eusebio.

Orts- und Landschaftsbeschreibungen

MERIDE, 4 km nordwestlich, 582 m, 400 Einw., hübscher Luftkurort auf einem Ausläufer des Monte San Giorgio. Interessante romanische Kirche mit barockem Chorraum.

RIVA SAN VITALE, 5 km nördlich, 276 m, 1500 Einw., Badeort am äußersten Südzipfel des Lago di Lugano, dicht bei Capolago. Bahnstation Capolago-Riva San Vitale. Der interessante Ort besitzt neben vielen anderen Sehenswürdigkeiten in seinem Baptisterium aus dem 5. Jh. eines der ältesten christlichen Bauwerke der Schweiz.

STABIO, 5 km südwestlich, 347 m, 2000 Einw., Heilbad mit schwefel- und eisenhaltigen Quellen gegen Rheuma, Gicht und Ischias, Grenzort nach Italien, einst römische Siedlung (Merkur-Altarstein beim Pfarrhaus, römischer Inschriftstein im Kirchlein des nahen San Pietro). Mehrmals umgebaute Parrocchia mit bedeutenden Malereien und Plastiken.

Unterkunft in Mendrisio:

Hotels:
Coronado, Tel. 46 56 51, 120 B.
Milano, Tel. 46 57 41, 55 B.
Stazione, Tel. 46 22 44, 36 B.
Morgana, Tel. 46 23 55, 32 B.
Commercio, Tel. 46 38 77, 18 B.

Grütli, Tel. 46 18 60, 18 B.
Mezzaluna, Tel. 46 15 95, 6 B.
Mezzaluna, Tel. 46 15 95, 6 B.

Pensionen:
Sport, Tel. 46 15 60, 20 B.
Stella, Tel. 46 12 22, 8 B.
Del Gallo, Tel. 46 15 33, 8 B.

Gasthöfe:
San Gottardo, Tel. 46 12 94, 21 B.

In 6825 Capolago, 4 km nördlich:
Hotels:
Svizzero, Tel. 48 14 21, 20 B.

In 6866 Meride, 4 km westlich:
Gasthöfe:
San Silvestro, Tel. 46 11 72, 16 B.

Campingplatz: „Parco al Sole", Tel. 46 43 30, geöffnet 15. 6.–15. 9.

In 6826 Riva San Vitale, 5 km nördlich:
Hotels:
Chéry (garni), Tel. 48 11 37, 40 B.

Gasthöfe:
Della Posta, Tel. 48 11 80, 10 B.

In 6855 Stabio, 5 km südwestlich:
Hotels:
Terme di Stabio, Tel. 47 15 64, 90 B.

Gasthöfe:
Del Sole, Tel. 47 25 67, 5 B.

MENDRISIOTTO. Der südlichste Teil des Tessin mit dem Monte Generoso, beliebtes Erholungsgebiet zwischen Capolago, Chiasso und dem Hauptort **Mendrisio.** Einige seiner Vorzüge sind mildes Klima, Fruchtbarkeit und die Nähe von Luganer und Comer See. (Autobahn N 2 Chiasso–Lamone, über Capolago, den Seedamm, Melide, durch den Grancia-San-Salvatore-Tunnel.)

MUOTA. Bergbach, der vom Klausenpass durch das Bisistal und das Muotatal fließt. Schließlich durchbricht er im Schlattli eine Schlucht und verläuft im Bogen durch das Tal von Schwyz nach Brunnen zum Vierwaldstätter See.

MURI (N 2), Kt. Aargau, 459 m, 5000 Einw., Bezirkshauptort und alter Marktflecken an der Bünz zwischen Reusstal und Hallwiler See, aus einer mittelalterlichen Klostergründung des 11. Jh. entstanden. Unter den Mönchen dieser reichsten Abtei der Eidgenossenschaft waren bedeutende Gelehrte. Hier ist eines der ältesten erhaltenen Dramen in deutscher Sprache, das „Osterspiel von Muri", entstanden.

Auskunft: Verkehrsverein, Tel. 8 17 05; Gemeindekanzlei, Tel. 8 11 36.
Postleitzahl: 5630
Telefon-Vorwählnummer: 0 57
Verkehr: Straße 25 Wohlen–Cham bei Zug. – Bahnstation.
Sehenswert: **Klosterkirche** mit romanischer Krypta, barockem Oktogon und 2 Barockorgeln; restaurierte große Orgel. – **Kreuzgang** aus dem 16. Jh. mit Renaissancescheiben-Zyklus (Glasmalereien; Anmeldung im Benediktiner-Hospiz, Tel. 8 12 13.)
Wanderungen: **Lindenberg**, 865 m, Gebirgszug mit Gräbern aus der Steinzeit und Römervilla, 2 Std. westlich. – **Schloß Horben** mit Aussicht auf Zuger See und Alpen, mit Kapelle; Grab des hl. Burkard in Beinwil/Freiamt.

Unterkunft in Muri:
Hotels:
Adler, Tel. 8 12 88, 20 B. | Ochsen, Tel. 8 11 83, 10 B.

OBERALPSEE, Kt. Uri, 2025 m, dunkler, 1200 m langer Hochsee, unmittelbar am Oberalppass.

OLIVONE (P 5), Kt. Tessin, 893 m, 1000 Einw., Sommerfrische mit mildem Klima und Touristenstandort in der oberen Val Blenio, in alpiner Lage mit südlicher Vegetation am Fuß des Sosto.
Auskunft: Ente Turistico Blenio, 6716 Acquarossa, Tel. 0 92/78 17 65.
Postleitzahl: 6716
Telefon-Vorwählnummer: 0 92
Verkehr: Straße 61 Disentis–Biasca. – Nächste Bahnstation Biasca (22 km). Busverbindung mit Biasca. Bahnstation Disentis (38 km), im Sommer.
Sehenswert: Romanische **Chiesa San Martino** mit barocken Anbauten. – **Casa Bolla**, mit Fresken und Wappen geschmücktes Haus der früheren Landvogtei. – **Heimatmuseum** (rustikale Arbeitsgeräte, Hausrat und Möbel; Stein- und Holzskulpturen).
Sportmöglichkeiten: Angeln.
Wintersport: Skilauf.
Spaziergänge: **Marzano** mit barocken Fresken und lombardischem Madonnenbild aus dem 16. Jh. in der Chiesa San Rocco, 1/4 Std. nördlich. – **Scona** mit sehenswertem Kirchlein, um 1200 errichtet, 1/4 Std. westlich. – **Sommascona** mit Chiesa Santa Maria delle Grazie, an der das Triptychon und die Fresken bemerkenswert sind, 1/2 Std. westlich. – Über Solario

Orts- und Landschaftsbeschreibungen

mit Fassadenfresko des 15. Jh. an einem Wohnhaus nach **Sallo** mit freskengeschmückter Bartholomäuskapelle, ½ Std. südlich.

In der Umgebung

CAMPO BLENIO, 3 km nördlich, 1230 m, Sommerfrische und günstiger Wintersportplatz in der obersten Val Blenio und Stützpunkt für zahlreiche Bergtouren. Zwei Skilifte, Skischule.

DANGIO, 4 km südlich, 806 m, Gemeinde Torre, Sommerfrische mit Edelkastanien und Maulbeerbäumen an der Einmündung der Val Soja in die Val Blenio. An einem Wohnhaus spätgotisches Madonnenfresko von 1469.

Unterkunft in Olivone:

Hotels:
Posta, Tel. 70 13 66, 40 B.
S. Martino, Tel. 70 15 21, 35 B.

Gasthöfe:
Alpino, Tel. 70 12 84, 30 B.
Centrale, Tel. 70 11 07, 10 B.

In 6718 Campo Blenio, 3 km nördlich:

Gasthöte:
Genziana, Tel. 70 11 93, 25 B.

Broggi, Tel. 70 11 41, 15 B.

In 6717 Dangio, 4 km südlich:

Hotels:
Adula, Tel. 78 11 89, 12 B.

OLTEN (L 2), Kt. Solothurn, 396 m, 22 000 Einw., Industriezentrum und Verkehrsknotenpunkt inmitten bewaldeter Jurahöhen am Südfuß des Hauenstein und zu beiden Seiten der Aare. Die historisch und künstlerisch interessante Stadt ist Mittelpunkt der östlichen Ausbuchtung des Kantons Solothurn, der sich hier zwischen die Kantone Aargau und Basel-Landschaft schiebt. – Schweizer Buchzentrum in Hägendorf bei Olten.

Auskunft: Verkehrsbüro, Tel. 22 35 35.

Postleitzahl: 4600

Telefon-Vorwählnummer: 062

Verkehr: Autobahn N 1 (Bern–Zürich), Anschlußstelle Aarburg (6 km). – Kreuzungspunkt Straße 2 (Basel–Luzern) – Straße 5 (Aarau–Solothurn). – Bahnstation.

Sehenswert: **Altstadt** mit schönen Profanbauten. – Spätgotischer **Glockenturm** mit barocker Haube. – Pfarrkirche mit Gemälde „Jüngstes Gericht" von Disteli. – Kapuzinerkirche mit Madonna von Deschwangen. – Gedeckte **Holzbrücke** über die Aare. – Historisches und Naturhistorisches Museum. – **Disteli-Museum**, der Maler Martin Disteli (1802–44) wurde in Olten geboren. – Am Bahnhof der alte Nullstein des Streckennetzes der Schweizer Bahnen.

Badegelegenheit: Freibäder.

Sportmöglichkeiten: Angeln, Tennis, Reiten (Reitstall in Lostorf).

Wintersport: Skilauf, Eislauf (Kunsteisbahn).

Wanderungen: Säli-Schlössli und **Ruine Alt-Wartburg**, 1 Std. südlich. – **Kurhaus Froburg**, 820 m, mit Burgruine, 1½ Std. nordwestlich. – **Aar-**

burg, mittelalterliche Stadt, 1 Std. südlich. — **Born**, 719 m, 1½ Std. südwestlich. — **Läufelfingen**, über Hauenstein, 2½ Std. nordwestlich. — **Bölchenfluh**, 1123 m, 2½ Std. westlich. — **Engelberg**, 702 m, 1½ Std. südöstlich.

In der Umgebung

EPTINGEN, 12 km nordwestlich, 567 m, 600 Einw., freundlicher Erholungsort im D i e g e r t a l mit Thermalquelle, umgeben von bewaldeten Höhen.

LÄUFELFINGEN, 9 km nordwestlich, 559 m, 1300 Einw., Ferienort unterhalb der Ruine Homburg im anmutigen H o m b u r g t a l am Nordeingang des alten Hauensteintunnels. Bahnstation. Der Ort bietet viele Möglichkeiten für schöne Wanderungen in den Wäldern der Umgebung.

Unterkunft in Olten:

Hotels:
Schweizerhof, Bahnhofquai 18, Tel. 21 45 71, 60 B.
Astoria, Tel. 21 84 91, 55 B.

Emmental, Tannwaldstr. 34, Tel. 21 36 12, 45 B.
Kurhaus Froburg, O.-Froburg, Tel. 21 29 78, 9 B.

A u ß e r h a l b : Berghaus Oberbölchen (889 m), Bölchenfluh, 10 km westlich. Tel. 69 62 73, 20 B.

In 4633 Läufelfingen, 9 km nordwestlich:

Hotels:
Bad Ramsach, Tel. 69 23 23, 50 B. | **Sonne**, Tel. 69 11 13, 15 B.

C a m p i n g p l a t z : In Aarburg, 4 km südlich, „Ruppoldingen", Tel. 0 62/41 40 37, geöffnet 15. 5.—30. 9.

J u g e n d h e r b e r g e : In 4458 Eptingen, 12 km nordwestlich, „Hofgut Weier", Bölchenstr., Tel. 0 62/69 12 64, 50 B.

PFÄFFIKER SEE, Kt. Zürich. See im Z ü r c h e r O b e r l a n d östlich des Greifensees. An seinem Nordende liegt die Sommerfrische **Pfäffikon**. Das Land um den See ist Naturschutzgebiet, es weist Spuren sehr früher Besiedlung auf. Im See wurde 1870—1880 das größte Schweizer Pfahlbaudorf entdeckt und freigelegt; die wichtigsten Fundstücke befinden sich im Schweizerischen Landesmuseum in Zürich.

PFÄFFIKON (P 2), Kt. Zürich, 547 m, 8200 Einw., typischer Ort des Z ü r c h e r O b e r l a n d e s, der am Nordufer des reizvollen P f ä f f i k e r S e e s terrassenförmig zum höchsten Punkt des Glattals ansteigt und eine großartige Fernsicht vom Mürtschenstock bis zum Rigi bietet.

A u s k u n f t : Verkehrsverein (Gemeindekanzlei), Tel. 97 51 39.

P o s t l e i t z a h l : 8330

T e l e f o n - V o r w ä h l n u m m e r : 01

V e r k e h r : Kreuzungspunkt Straße 137 (Dübendorf—Turbenthal)—Straße 138 (Kemptthal—Rüte). — Bahnstation.

S e h e n s w e r t : Spätgotische **Kirche** mit Fresken aus dem 15. Jh. — **Römerkastell**, Ortsmuseum mit Fundgegenständen aus den Pfahlbauten am See.

B a d e g e l e g e n h e i t : Freibad.

S p o r t m ö g l i c h k e i t e n : Angeln, Rudern, Tennis.

Orts- und Landschaftsbeschreibungen

Wintersport: Eislauf.
Spaziergänge: **Rundgang** um den **Pfäffiker See**, 2 Std. — **Guyer-Zeller-Weg**, idyllischer Spazierweg in das Zürcher Oberland. — **Fehraltorf** mit keltischer Fliehburg, 1 Std. nordwestlich.

In der Umgebung

WETZIKON, 6 km südlich, 532 m, 14 000 Einw., Mittelpunkt des Zürcher Oberlandes südlich des Pfäffiker Sees mit Schloß aus dem 13. Jh. Bahnstation.

Unterkunft in Pfäffikon:
Hotels:
Bahnhof, 21 B.
In 8620 Wetzikon, 4 km südlich:
Hotels:
Schweizerhof, 12 B. | **Krone**, 6 B.
Campingplatz: In Wetzikon, 4 km südlich, „Strandbad", Tel. 0 51/97 53 29, geöffnet April bis Oktober.

PFÄFFIKON (P 3), Kt. Schwyz, Ortsteil der Gemeinde **Freienbach**, 412 m, 3100 Einw., Verkehrsknotenpunkt am Südufer des Zürichsees gegenüber von Rapperswil, mit dem es durch einen Seedamm mit Brücke verbunden ist. Der hübsche Ort bietet zahlreiche Möglichkeiten für schöne Spaziergänge am See und im bewaldeten Höfnerland (Etzel, 1098 m).
Auskunft: Verkehrsbüro Höfe in Bäch, Seestrasse, Tel. 01/7 84 08 73.
Postleitzahl: 8808
Telefon-Vorwählnummer: 0 55
Verkehr: Autobahn N 3 Zürich–Walensee (bis Pfäffikon). — Kreuzungspunkt Straße 3 (Zürich–Ziegelbrücke), Straße 8 (Rapperswil–Schwyz). — Bahnstation.
Sehenswert: Altes **Schloß**, 13. Jh., mit Turm. — **Rathaus**, 1765. — **Stiftshaus** des Klosters Einsiedeln. — **Frauenwinkel**, Seebucht bis Ufenau, Schenkung des Kaisers Otto I. an das Kloster Einsiedeln 965.
Badegelegenheit: Alpamare, am Zürichsee (Hallen-Wellenbad, Jodbad, Sauna, Solarium), Tel. 48 44 44.
Wanderungen (Wandertafel am Bahnhof): **Etzel**, 1098 m, 2 Std. südlich, Berggasthaus. — **Rapperswil** (s. dort), 50 Min. nordöstlich; von hier mit dem Schiff zur **Insel Ufenau** mit zwei alten Kirchen. — Über Bäch auf die hübsche **Halbinsel Bächau**, 1 Std. westlich. — **Schindellegi**, Ferienort auf einem Moränenhügel zwischen Etzel und Hohe Rone, 1½ Std. südwestlich.

In der Umgebung

ALTENDORF, 4,5 km östlich, 412 m, 2200 Einw., hübscher alter Ort mit romanischer Kirche und dem „Freihof", einem alten Warenspeicher. Auf dem nahen Johanneshügel Kapelle aus dem 15. Jh. mit geschnitzten Altarflügeln.
FEUSISBERG, 5 km südwestlich, 685 m, 2000 Einw., beliebter Luftkurort des Höfnerlandes am Nordwesthang des Etzel mit Blick auf den Zürichsee, sehenswerte Barockkirche.

HURDEN, 2,5 km nordöstlich, 411 m, Gemeinde Freienbach, altes, malerisches Fischerdörfchen und einfache Sommerfrische mit gotischer Kapelle auf der gleichnamigen Halbinsel beim Damm über den Z ü r i c h s e e.

LACHEN, 6,5 km östlich, 417 m, 4000 Einw., malerisches Fischerdorf an einer weiten Bucht des Z ü r c h e r O b e r s e e s mit zweitürmiger Barockkirche und Riedkapelle aus dem 17. Jh.

SIEBNEN, 11 km südöstlich, 443 m, 3300 Einw., aufstrebender Ort am südlichen Rand der L i n t h e b e n e, die durch die Regulierung der wilden Linth aus einem morastigen Überschwemmungsgebiet in fruchtbares Land verwandelt wurde. Siebnen ist Ausgangspunkt für das W ä g i t a l mit seinem sehenswerten Stausee.

U n t e r k u n f t i n P f ä f f i k o n :
Hotels:
Sternen, Tel. 48 12 91, 16 B.
Höfe, Tel. 48 14 87, 12 B.

Schwanen, Tel. 48 12 36, 12 B.
Schiff, Tel. 48 11 51, 14 B.

I n 8806 B ä c h , 4 km westlich:
Hotels:
Bächau, Tel. 01/7 84 61 75, 18 B.

I n 8835 F e u s i s b e r g , 5 km südwestlich:
Hotels:
Tourotel Wienerwald,
Tel. 01/7 84 24 64, 130 B.

Kurhotel Feusisgarten,
Tel. 01/7 84 04 55, 45 B.
Frohe Aussicht,
Tel. 01/7 84 04 67, 35 B.

J u g e n d h e r b e r g e : In Innerthal, 20 km südöstlich, Tel. 0 55/69 12 01, 150 B.

PILATUS (M/N 4), Kt. Luzern, Ob- und Nidwalden, mächtiges Bergmassiv bei Luzern. Das natürliche Wahrzeichen der „Lichtstadt" bietet als Vorposten der Zentralalpen eine großartige Aussicht ins weite Mittelland, auf die Jurahöhen, den Schwarzwald und die Alpenkette vom Säntis bis zu den Gipfeln des Berner Oberlandes. Der Pilatus stellt ein zumal für Geologen und Botaniker recht interessantes Wandergebiet mit reicher Flora und Fauna (Steinbock!) dar. Höchste Erhebung ist der Felsgipfel des **Tomlishorn,** 2129 m. Den Ostpfeiler, gegen den Vierwaldstätter See hin, bildet der **Pilatus-Kulm,** 2121 m, mit dem Aussichtspunkt Esel. Weitere Gipfel sind im Westen das **Widderfeld,** 2075 m, im Norden der vorgelagerte **Klimsen,** 1907 m, und die **Windegg,** 1673 m. Den schönsten Blick genießt man bei Sonnenaufgang.

P i l a t u s b a h n (elektrische Zahnradbahn): **Alpnachstad** (436 m) — **Pilatus-Kulm** (Bergst. 2070 m), Höhenunterschied 1634 m, Fahrzeit 1/2 Std. Sehr interessante Trassenführung mit einigen Felstunnels, größte Steigung 48 %, steilste Zahnradbahn der Welt.

L u f t s e i l b a h n : **Kriens—Frackmüntegg** (Gondelbahn); **Frackmüntegg—Pilatus-Kulm** (Kabinenseilbahn); Gesamtfahrzeit 40 Min.

S p a z i e r g a n g : Rundgang auf dem Pilatus (bez. Weg), 20 Min.

W a n d e r u n g e n v o m P i l a t u s - K u l m : **Klimsen,** 1907 m, 1/2 Std. nördlich, Abzw. vom Weg nach Hergiswil am Klimsenhorn. — **Tomlishorn,** 2129 m, auf Felsengalerie in 1/2 Std. südwestlich, am Grat entlang.

Orts- und Landschaftsbeschreibungen

Unterkunft auf dem Pilatus:
Hotels:
Bellevue, Tel. 0 41/96 12 55, 50 B.
Pilatus-Kulm (2070 m), Tel. 0 41/96 12 55, 28 B.

PONTE TRESA (F 5), Kt. Tessin und Italien, 276 m, 800 Einw., Badeort und Sommerfrische am Westarm des Lago di Lugano, der hier durch den steil emporragenden Monte Caslano fast abgeschnürt wird und den Laghetto bildet. Der malerische Grenzort mit schöner Brücke, Arkaden und hübschen Schweizer Häusern wird durch die Tresa in zwei Teile geteilt, von denen der eine zur Schweiz, der andere zu Italien gehört.
Auskunft: Ente Turistico del Malcantone, 6987 Caslano, Tel. 0 91/71 29 86.
Postleitzahl: 6988
Telefon-Vorwählnummer: 03 32
Verkehr: Straße 23 Lugano–italienische Grenze (Varese, SS 233). – Bahnstation.
Sehenswert: Mittelalterliche Parrocchia mit vier Altären, im 17. Jh. barock erneuert.

In der Umgebung

CASLANO, 3 km östlich, 289 m, 2000 Einw., Badeort und Sommerfrische am Nordfuß des Monte Caslano, umgeben von Weingärten und fruchtbarem Ackerland. Station der Ponte-Tresa-Bahn. Sehenswerte Chiesa San Christoforo mit uralten Fresken und Oratorio aus dem 11. Jh.
MAGLIASO, 4 km nordöstlich, 290 m, 700 Einw., Badeort in der Bucht von Agno des Lago di Lugano. Bahnstation. Parrocchia aus dem 10. Jh. und Castello aus dem 12. Jh. In der Nähe der Golfplatz von Lugano (18 Löcher).
PURA, 5 km nordöstlich, 382 m, 500 Einw., Luftkurort an der Magliasina oberhalb des Lago di Lugano mit schönen alten Häusern und einer sehenswerten Parrocchia.

Unterkunft in Ponte Tresa:
Hotels:
Zita, Tel. 71 18 25, 68 B.
Del Pesce, Tel. 71 11 46, 60 B.
Motel Ponte Tresa, Tel. 71 15 44, 60 B.
Miralago (garni), Tel. 71 13 10, 28 B.

In der Umgebung:
Hotels:
Gardenia, 6987 Caslano, 3 km östlich, Tel. 71 17 16, 46 B.
Sporting, 6983 Magliaso, 4 km nordöstlich, Tel. 71 11 35, 36 B.
Fonte dei Fiori, 6987 Caslano, 3 km östlich, Tel. 71 40 66, 30 B.
Golf Villa Magliasina, 6983 Magliaso, 4 km nordöstlich, Tel. 71 34 71, 20 B.
Del Sole, 6983 Magliaso, 4 km nordöstlich, Tel. 71 14 51, 11 B.

Pensionen:
Casa Mimosa, 6987 Caslano, 3 km östlich, Tel. 71 14 64, 68 B.
Del Popolo, 6987 Caslano, 3 km östlich, Tel. 71 11 54, 40 B.

RAPPERSWIL (P 3), Kt. St. Gallen, 409 m, 8000 Einw., Badeort und Ausflugsort auf einer Landzunge zwischen unterem und oberem Zürichsee mit großartiger Aussicht über den See zu den Alpen. Die auch „Rosenstadt" genannte mittelalterliche Stadt auf dem halb-

inselartig in den See ragenden Felsrücken birgt in den Winkeln ihrer
Gassen und Plätze viele Sehenswürdigkeiten.
Auskunft: Verkehrsbüro, Tel. 27 70 00.
Postleitzahl: 8640
Telefon-Vorwählnummer: 055
Verkehr: Kreuzungspunkt Straße 8 St. Gallen–Schwyz, Straße 17 Zürich–Glarus. — Autobahn N 3 Zürich–Sargans, Anschluß Pfäffikon. — Bahnstation. — Schiffsanlegestelle.
Sehenswert: **Schloß,** imposante Dreieckanlage, Unterbau von vor 1200, obere Teile um 1354, mit dem **Polenmuseum.** — Kath. **Pfarrkirche St. Johannes,** zweitürmiger Bau, romanischer Nordturm, spätgotischer Südturm, nach Brand 1882 neugotisch wiederaufgebaut. — **Rathaus,** spätgotischer Bau von 1470, mit gotischer geschnitzter Tür und Sammlung alter Goldschmiedearbeiten. **Archivturm** von 1614. — **Breny-Haus** am Herrenberg, eindrucksvolles spätgotisches Wohnhaus vom Ende des 15. Jh. (restauriert) mit Turm vom Anfang des 13. Jh.; **Heimatmuseum** mit bedeutenden Kunstschätzen. — **Kapuzinerkloster** von 1605 an der Spitze der Halbinsel. — **Heilighüsli,** frühere Brückenkapelle an der Stelle der früheren Holzbrücke (bis 1878). — Reizvolle **Altstadt** mit alten Bürgerhäusern. — **Hirschpark.** — **Knie's Kinderzoo** des Schweizer Nationalzirkus Knie, mit Delphinarium. — **Rosengarten.**
Badegelegenheit: Freibad.
Sportmöglichkeiten: Reiten, Angeln, Rudern, Segeln, Eislauf (Kunsteisbahn).
Spaziergänge: Hirschpark und **Lindenpromenade** auf dem **Schlossberg,** 20 Min. — Auf dem Seedamm zur **Halbinsel Hurden** mit malerischem Fischerdorf und gotischer Kapelle, 40 Min. südwestlich. — **St. Dionys,** Weiler mit kleiner mittelalterlicher Kirche, die wertvolle Malereien birgt, 1 Std. südöstlich. — **Wurmsbach,** Frauenkloster am Seeufer aus dem 13. Jh. mit Kirche aus dem 18. Jh., 1½ Std. südöstlich. — **Bubikon** mit Ritterhaus des Malteserordens aus dem 12. Jh., 2 Std. nördlich. — Strandweg nach **Busskirch,** ½ Std. südöstlich.

In der Umgebung

RÜTI, 5 km nordöstlich, 465 m, 10 000 Einw., ausgedehnte Gemeinde an der Jona im Zürcher Oberland mit eleganten Villen und Maschinen- und Textilindustrie. Bahnstation. Sehenswert ist die Kirche des ehemaligen Prämonstratenserklosters von 1219 mit Malereien von 1492 und alten Grabplatten, daneben altes Amtshaus der Stadt Zürich.

UFENAU, 3 km südwestlich, Insel im Zürichsee mit zwei sehenswerten Kirchen: **St. Peter und Paul** aus dem 13. Jh. mit noch älterem Türsturz und Grab des hl. Adalrich, die Statuen der Namenspatrone stammen aus dem 16. Jh., sowie die im 12. Jh. erbaute **Martinskapelle.** Der Reformator Ulrich von Hutten fand Zuflucht auf Ufenau und starb hier 1523, seine Grabstätte wurde 1958 entdeckt. Am 29. Juli findet eine Wallfahrt statt. Ufenau ist Schiffsanlegestelle der Linie Rapperswil–Wädenswil (Fahrzeit 10 Min.).

Orts- und Landschaftsbeschreibungen

Unterkunft in Rapperswil:
Hotels:
Speer, Tel. 27 17 20, 35 B.
Du Lac, Tel. 27 19 43, 30 B.
Freihof, Tel. 27 12 79, 30 B.
Post, Tel. 27 13 43, 30 B.
Schwanen, Tel. 27 77 77, 30 B.
Rössli, Tel. 27 11 75, 20 B.
Campingplatz: „Lido", Tel. 27 14 77, geöffnet 1. 3.–30. 9.
Jugendherberge: Im Sportstadion am Strandweg, Tel. 27 14 77, 350 B.

REUSS. Mit ihren Quellflüssen **Gotthardreuss, Furkareuss, Göschener Reuss, Meienreuss, Schächen** und anderen Zuflüssen aus den Urner Alpen zählt die Reuss zu den vier großen Gewässern, die dem Gotthard entspringen. Sie durchfließt auf ihrem Weg die **Schöllenenschlucht** und erreicht als kanalisierter Fluß den Vierwaldstätter See bei Flüelen. In **Luzern** verläßt die Reuss den See, windet sich später am türmereichen Städtchen Bremgarten vorbei und mündet zusammen mit der Limmat am „Wassertor der Schweiz" bei **Brugg** in die Aare.

RHEIN. Der Rhein entspringt südlich des Oberalppasses dem 2345 m hoch gelegenen Tomasee; von hier fließt er als **Vorderrhein** nordostwärts und nimmt schon bald den Medel auf, der, von einem kleinen Bergsee bei der Cadlimohütte (westlich des Lukmanierpasses) kommend, den längeren Weg hinter sich hat. Der **Hinterrhein** entspringt am Osthang der Adulagruppe und benützt das vom San-Bernadino-Pass herabkommende Rheinwaldtal nordostwärts. Beide vereinigen sich bei Reichenau zum **Alpenrhein**; sie haben bis jetzt bereits etwa 60 Zuflüsse aufgenommen. Bei **Chur** wendet sich der Fluß nordwärts zum Bodensee bei Bregenz-Hard und durchfließt ihn bis zum Austritt aus dem Untersee bei **Stein am Rhein.** Von hier bis **Schaffhausen** wird er **Seerhein** genannt; dort bildet er den berühmten Rheinfall. In vielen Windungen und Schleifen setzt er nun seinen Lauf als **Hochrhein** fort und nimmt einen Zufluß nach dem anderen auf: Thur, Töss, Glatt, Aare, Sisseln, Möhlin strömen ihm aus dem Schweizer Mittelland zu und, schon nahe bei Basel, Ergolz, Birs und Birsig kommen aus dem Jura. Den Hochrhein stauen Flußkraftwerke zu mehreren Seen auf; der erzeugte Strom geht zur Hauptsache nach Süddeutschland. Wo von Norden der Schwarzwald herandrängt, aus Südwesten die Juraausläufer hinzustreben, ist die Hochrheinlandschaft von eindringlicher Schönheit. Im Gegensatz dazu steht die Industrielandschaft mit großen Hafenanlagen, Werften und Industriewerken nach Basel; je näher der Strom der Stadt kommt, um so lebhafter wird es um ihn. In **Basel** macht der 1320 km lange Rhein das berühmte Knie, mit dem er seinen Lauf nach Norden wendet und als **Oberrhein** die Schweiz verläßt.

RHEINFELDEN (L 1), Kt. Aargau, 285 m, 8500 Einw., mauerumgürtete alte Reichsstadt und beliebtes Solbad mit Heilquellen in malerischer Lage am Südufer des Hochrheins bei der Mündung des Magdener Baches. Vor dem Städtchen liegt im Strom eine Insel mit dem Burgkastell. Auf dem deutschen Rheinufer liegt das zu Baden-Württemberg gehörende **Rheinfelden** (Beschreibung s. GRIEBEN-Band 238 „Schwarzwald Süd").

Auskunft: Verkehrsbüro, Tel. 87 55 20.
Postleitzahl: 4310
Telefon-Vorwählnummer: 061
Verkehr: Autobahn N 3 Basel–Frick. – Straße 3 Basel–Brugg. – Bahnstation.

Heilanzeigen: Allgemeine Erschöpfungszustände, Frauenleiden, Rheuma, Ischias, Herz- und Kreislaufstörungen, chronische Katarrhe der Luftwege.

Kurmittel: Kurzentrum (Diagnostik, Therapie). Natursole-Behandlungen.

Geschichtliches: Das Städtchen Rheinfelden wurde um 1130 durch Konrad von Zähringen (Baden) zur Stadt erhoben und 1328 an Österreich verpfändet. 1446 zerstörten die Eidgenossen das Schloß, 1477 wurden die Befestigungswerke geschleift. 1801 trat Österreich die Stadt an die Schweiz ab, 1815 kam sie an den Kt. Aargau. Schon im 17. Jh. war Rheinfelden ein Badeort. Das Bad entwickelte sich besonders seit der Entdeckung der großen Salzlager beidseitig des Hochrheins vor etwa 100 Jahren.

Sehenswert: **Martinskirche**, 15. Jh., mit spätromanischem Hauptportal und glanzvoller barocker Innenausstattung. – **Rathaus**, 1530. – **Tore** und **Türme** der mittelalterlichen Befestigung. – Bannerträgerbrunnen, 16. Jh. – **Heimatmuseum.**

Veranstaltungen: Kurkonzerte. – Theatergastspiele. – Sebastiani- und Weihnachtssingen.

Badegelegenheit: Soleschwimmbad (33 °C), Strandbad.
Sportmöglichkeiten: Angeln, Tennis, Reiten, Golf.

Spaziergänge: Auf dem Rheinpromenadeweg zur **Römischen Warte**, 40 Min. nordöstlich. – Über den Sunnenberg, 632 m, nach **Maisprach**, 1½ Std. südöstlich. – Am Magdener Bach entlang nach **Magden**, 45 Min. südlich. Hier Pfarrkirche von 1620, die der Sage nach ursprünglich im Tal erbaut werden sollte, doch seien immer wieder über Nacht die Bausteine an der Baustelle verschwunden und auf dem jetzigen Kirchhügel gefunden worden.

In der Umgebung

MÖHLIN, 5 km östlich, 308 m, 6400 Einw., Ferienort am Möhlinbach. Bahnstation. Das Gemeindegebiet, zu dem auch **Riburg** mit dem römischen Wachtturm, der Fridolinkapelle und seinen Salinen gehört, erstreckt sich im Norden bis zum Naturreservat am seeähnlichen Rhein, einem Sammelplatz der Störche, im Süden bis zum 632 m hohen **Sunnenberg**. Die St.-Leodegards-Kirche wird bereits 794 erwähnt.

Orts- und Landschaftsbeschreibungen

MUMPF, 10 km, östlich, 310 m, 800 Einw., altes Fischer- und Schifferdorf in schöner Rheinlandschaft, das sich in letzter Zeit zu einer stillen Sommerfrische mit modernen Solebädern entwickelte. Bahnstation. Am Rheinufer römischer Wachtturm. Großes Hallenschwimmbad im Kurhaus Schönegg.

Unterkunft in Rheinfelden:
Hotels:
Kurhotel Schützen, Tel. 87 50 04, 90 B.
Kurhotel Eden, Tel. 87 54 04, 80 B.
Kurhotel Schwanen, Tel. 87 53 44, 80 B.
Schiff, Tel. 87 60 87, 45 B.

Kurhotel Storchen, Tel. 87 53 22, 40 B.
Kurhotel Adler, Tel. 87 53 32, 35 B.
Bahnhof-Terminus, Tel. 87 51 11, 25 B.
Ochsen, Tel. 87 51 01, 24 B.

In der Umgebung:
Hotels:
Sonne, 4322 Mumpf, 10 km östlich, Tel. 0 64/63 12 03, 40 B.
Sonne, 4313 Möhlin, 5 km östlich, Tel. 88 10 84, 30 B.
Schiff-Riburg, 4313 Möhlin, 5 km östlich, Tel. 88 11 29, 25 B.

Solebad Schönegg, 4322 Mumpf, 10 km östlich, Tel. 0 64/63 12 40, 24 B.
Glocke, 4322 Mumpf, 10 km östlich, Tel. 0 64/63 21 64, 18 B.
Adler, 4313 Möhlin, 5 km östlich, Tel. 88 10 10, 16 B.
Anker, 4322 Mumpf, 10 km östlich, Tel. 0 64/63 11 67, 10 B.

Campingplatz: In Mumpf, 10 km östlich, Tel. 0 64/63 11 01, geöffnet 1. 4.–30. 9.

RIGI (N 3), Kt. Luzern und Schwyz, 1798 m, Aussichtsberg, der inselgleich zwischen Vierwaldstätter See, Zuger See und Lauerzer See liegt. Der Blick geht über 200 km weit, ein unvergeßliches Erlebnis bietet der Sonnenuntergang. Der Name Rigi wird von „Regina Montis" (Bergkönigin) oder „Riginen" (althochdeutsch: Felsbänder) abgeleitet und deshalb vielfach als Feminium gebraucht. Jedoch hat sich neuerdings die Bezechnung „der Rigi" durchgesetzt. Das Bergmassiv besteht aus Nagelfluh. Interessant sind die zahlreichen Höhlen und Felsspalten wie auch die artenreiche Pflanzenwelt. Die geschützt in Mulden liegenden Hotelsiedlungen **Rigi-Kaltbad,** 1440 m (kein Autoverkehr im Ort), und **Rigi-Klösterli,** 1305 m, sind bekannte Luftkurorte und Wintersportplätze.

Auskunft: Kurverein Rigi-Kaltbad, Tel. 83 11 28.

Postleitzahlen: 6356 für Rigi-Kaltbad, 6411 für Rigi Klösterli.

Telefon-Vorwählnummer: 041

Elektrische Zahnradbahn (erbaut 1869–71): **Vitznau** (435 m) – Grubisalm – Freibergen – Romiti-Felsentor – Rigi-Kaltbad-First – Rigi-Staffelhöhe – Rigi-Staffel – **Rigi-Kulm** (1787 m), Höhenunterschied 1307 m, Länge 6,8 km, Steigung bis 25 %, Fahrzeit 35 Min. Unterwegs prachtvolle Ausblicke auf die einzelnen Becken des Vierwaldstätter Sees.

Elektrische Zahnradbahn (erbaut 1873–75): **Goldau** (420–510 m) – Kräbel – Fruttli – Rigi-Klösterli – Rigi-First – Rigi-Staffel – **Rigi-Kulm,** Höhenunterschied 1332 m, Länge 8,6 km, Steigung bis 20 %, Fahrzeit 35 Min., im Sommer stündlich.

Luftseilbahn: **Krägel** (772 m; Zwischenstation der Zahnradbahn Goldau—Rigi-Kulm)—**Rigi-Scheidegg** (1662 m), Höhenunterschied 890 m, Länge 1800 m, Fahrzeit 6 Min.
Luftseilbahn: **Weggis** (490 m)—**Rigi-Kaltbad** (1440 m), Fahrzeit 10 Min.
Sehenswert: **Wallfahrtskapelle Maria zum Schnee** bei Rigi-Klösterli.
Badegelegenheit: Hallenschwimmbad in Rigi-Kaltbad.
Sportmöglichkeiten: Tennis in Rigi-Kaltbad.
Wintersport: Skilauf, Langlauf (Rigi-Kaltbad), Rodeln, Eislauf, Curling.
Wanderungen: Von Rigi-Kaltbad nach **Rigi-Scheidegg**, mit prachtvollen Rundblicken: über Rigi-First (Hotel), hier auf breitem Weg nördlich bzw. auf Felsenweg südlich um den Schild nach Rigi-Unterstetten (Hotel), nördlich weiter um den Dossen (die Überschreitung des Dossen 1/2 Std. weiter) nach Rigi-Scheidegg, 1³/₄ Std.; oder auf der Trasse der einstigen Scheideggbahn, fast eben, teils Waldweg, 2 Std., besonders schön. Abstiege nach Gersau, Vitznau und Goldau oder mit Luftseilbahn nach Krägel an der Rigibahn, mit dieser nach Arth-Goldau.
Unterkunft auf dem Rigi:
Hotels:
Hostellerie Rigi, R.-Kaltbad (1440 m), Tel. 83 16 16, 110 B.
Rigi-Kulm, R.-Kulm (1676 m), Tel. 83 13 12, 100 B.
Bellevue, R.-Kaltbad (1440 m), Tel. 83 13 51, 80 B.
Schwert, R.-Klösterli (1305 m), Tel. 83 15 45, 80 B.
Berghaus, R.-Staffel (1600 m), Tel. 83 12 05, 60 B.
Des Alpes, R.-Klösterli (1305 m), Tel. 83 11 08, 50 B.
Bergsonne, R.-Kaltbad (1440 m), Tel. 83 11 47, 40 B.
Rigi-Bahn, R.-Staffel (1600 m), Tel. 83 11 57, 40 B.
First, R.-First (1453 m), Tel. 83 14 64, 25 B.
Rigi-Unterstetten, R.-Unterstetten (1422 m), Tel. 83 11 27, 25 B.
Rigisonne, R.-Kaltbad (1440 m), Tel. 83 11 53, 25 B.
Edelweiss, R.-Staffelhöhe (1600 m), Tel. 83 11 33, 20 B.

SARNEN (M/N 4), Kt. Unterwalden/Obwalden, 473 m, 7000 Einw., Hauptort des Halbkantons Obwalden, Städtchen an der Nordspitze des Sarner Sees bei der Mündung der Sarner Aa und der Melchaa. — Die Orte **Wilen** und **Stalden** gehören touristisch zu Stalden.
Auskunft: Verkehrsbüro, Hofstr. 2, Tel. 66 40 55.
Postleitzahl: 6060
Telefon-Vorwählnummer: 041
Verkehr: Straße 4/Autobahn N 8 Luzern—Brünigpass. — Bahnstation.
Sehenswert: **Rathaus** von 1731, mit wertvollen Urkunden über die Gründung der Eidgenossenschaft. — Barocke **Pfarrkirche** mit Freitreppe. — **Beinhaus** mit geschnitzter Holzdecke von 1505. — Frauenkloster. — Moderne Kollegkirche. — Heimatmuseum.
Badegelegenheit: Hallenbad, Strandbad.
Sportmöglichkeiten: Angeln, Rudern, Paddeln, Tennis, Reiten, Wasserski, Windsurfing, Vita-Parcours.
Wintersport: Skilauf, Langlauf.

Orts- und Landschaftsbeschreibungen

In der Umgebung

WILEN, 3 km südwestlich, 506 m, 500 Einw., kleiner Weiler und Sommerfrische am Sarner See.

STALDEN und **SCHWENDI KALTBAD,** 3 und 7 km südwestlich auf steiler Bergstraße, 797 m und 1400 m, 500 Einw., Höhenluftkurorte an den Hängen des Glaubenberges. Langlaufgebiet Langis.

KERNS, 2 km östlich, 569 m, 3600 Einw., schmuckes Dorf mit schönen Schnitzereien an den Holzhäusern und Luftkurort auf einer breiten Bergterrasse am Eingang zum Melchtal, dessen Orte zur Gemeinde Kerns gehören. Das sogenannte Steinhaus stammt aus dem 15. Jh.

SACHSELN, 4 km südlich, 472 m, 2500 Einw., Luftkurort und Wallfahrtsort am Ostufer des Sarner Sees. Bahnstation. In der Wallfahrtskirche aus dem 17. Jh. befindet sich das Grab des Mystikers und Einsiedlers Nikolaus von der Flüe (1417–1487). Sachseln ist die Heimat des Dichters Heinrich Federer. — Spaziergang: **Flüeli-Ranft,** 45 Min. östlich, auf einer Terrasse des Sachsler Grats mit 3 Kapellen des 15. und 16. Jh.

GISWIL, 9 km südlich, 485 m, 2700 Einw., Luftkurort mit Ruine Rudenz südlich des Sarner Sees beim Zusammenfluß von Kleiner Melchaa, Aa und Laui.

Unterkunft in Sarnen:

Hotels:
Peterhof, Tel. 66 12 38, 50 B.
Kurhaus Stalden, Tel. 66 14 93, 40 B.
Mühle AG, Tel. 66 13 36, 40 B.
Metzgern, Tel. 66 11 24, 35 B.

Kreuz, Tel. 66 12 04, 25 B.
Oberwaldnerhof, Tel. 66 18 17, 20 B.
Schlüssel, Tel. 66 11 75, 13 B.
Hirschen, Tel. 66 15 42, 12 B.
Sarnerhof, Tel. 66 12 58, 12 B.
Ferienwohnungen.

In der Umgebung:

Hotels:
Paxmontana, 6073 Flüeli-Ranft, 5 km südöstlich, Tel. 66 22 33, 170 B.
Wilerbad, 6062 Wilen, 3 km südwestlich, Tel. 66 12 92, 130 B.
Mot-Hotel Kreuz, 6072 Sachseln, 4 km südlich, Tel. 66 14 66, 105 B.
Krone, 6074 Giswil, 9 km südlich, Tel. 68 11 51, 100 B.
Seehof, 6072 Sachseln, 4 km südlich, Tel. 66 11 35, 100 B.

Waldheim au Lac, 6062 Wilen, 3 km südwestlich, Tel. 66 13 83, 85 B.
Kurhotel, 6073 Flüeli-Ranft, 5 km südöstlich, Tel. 66 12 84, 50 B.
Engel, 6072 Sachseln, 4 km südlich, Tel. 66 36 46, 35 B.
Krone, 6064 Kerns, 2 km östlich, Tel. 66 13 67, 25 B.
Bahnhof, 6074 Giswil, 9 km südlich, Tel. 68 11 61, 24 B.

Campingplatz: „Sarnen", Tel. 66 18 66, geöffnet 1. 5.–15. 9. — In Giswil, 9 km südlich. „Sarner See–Giswil", Tel. 0 41/68 13 33, geöffnet Ostern bis 15. 10.

Jugendherberge: In Giswil, 9 km südlich, „Landhüsli", Tel. 0 41/68 11 43, 65 B, geöffnet 1. 4.–31. 10.

SCHÄCHENTAL, Kt. Uri, reizvolles enges Bergtal des Schächenbachs, der bei Attinghausen in die Reuss mündet, welche bald darauf den Urner See erreicht. Wilhelm Tell, dessen Geburtsort das am Talende gelegene Bürglen ist, soll bei der Rettung eines Kindes aus dem Schächenbach den Tod gefunden haben. Im Schächental verläuft die Klausenpass-Straße, die über Spiringen, Unterschächen und Urigen den Klausenpass, 1948 m, erreicht.

SCHMERIKON (P 3), Kt. St. Gallen, 408 m, 3000 Einw., reizvoll am Ostende des Zürichsees und am Beginn der Linthebene gelegener Badeort.
Auskunft: Verkehrsverein.
Postleitzahl: 8716
Telefon-Vorwählnummer: 055
Verkehr: Straße 17 Rapperswil–Niederurnen. – Bahnstation.
Sehenswert: Schöne **Bürgerhäuser**, u. a. spätgotisches Haus St. Josef.
Badegelegenheit: Strandbäder, Hallenbad.
Sportmöglichkeiten: Angeln.
Spaziergänge (Wandertafel am Bahnhof): Aussichtspunkt **Töltsch**, 1/2 Std. nördlich. – **Schloß Grynau**, 25 Min. südöstlich, Wohnturm aus dem 13. Jh., übriges von 1652.
Unterkunft in Schmerikon:
Hotels:
Bahnhof, Tel. 86 16 33, 9 B.
Bad am See, Tel. 86 11 72, 8 B.
Strandhotel Obersee, Tel. 86 11 34, 6 B.

SCHÜPFHEIM (M 4), Kt. Luzern, 717 m, 4000 Einw., Hauptort des Entlebuch, Ferienort und Wintersportplatz an der Kleinen Emme im Wiesental zwischen bewaldeten Bergen.
Auskunft: Verkehrsbüro, Tel. 76 12 45.
Postleitzahl: 6170
Telefon-Vorwählnummer: 041
Verkehr: Straße 10 Luzern–Bern. – Bahnstation.
Seilbahnen: Luftseilbahn Sörenberg/Schönenboden, 1170 m – Brienzer Rothorn, 2350 m.
Sehenswert: Kapuzinerkloster auf dem Bühl mit schöner **Kapelle**.
Badegelegenheit: Beheiztes Freischwimmbad, Hallenbad in Sörenberg.
Sportmöglichkeiten: Fitness-Parcours.
Wintersport: Skilauf (Skilift).
Wanderungen: Über 100 km markierte Wanderwege. – **Heiligkreuz**, 1127 m, Wallfahrtsort und Kapelle mit Wandmalereien aus dem 16. Jh., 1 Std. östlich. – **Schiltenberg**, 1053 m, 2 Std. nordwestlich. – **Brandchnubel**, 1413 m, 2 Std. südlich. – **Finishütte**, 1252 m, 1 1/2 Std. südöstlich. – **Chlusboden**, 40 Min. südlich. – Über Geissmatten nach **Unterberg**, 1 1/4 Std. südwestlich. – Über St. Josef nach **Gmeinwerch**, 1 3/4 Std. nordwestlich. – Über Bodnig zum **Schüpferegg**, 1 Std. nordwestlich.
Ausflüge: Durch das Tal der Waldemme südlich über **Flühli**, 893 m, nach **Sörenberg**, 1166 m; von dort mit Luftseilbahn auf das **Brienzer Rothorn**, 2350 m.

In der Umgebung

FLÜHLI, 9 km südlich, 893 m, 1500 Einw., Luftkur- und Wintersportort mit Skilift, hübsches Bergdorf in windgeschützter Lage im Tal der Waldemme.

Orts- und Landschaftsbeschreibungen

SÖRENBERG, 17 km südlich, 1166 m, 500 Einw., beliebte Sommerfrische, Luftkur- und schneesicherer Wintersportort mit mehreren Skiliften im **Mariental** am Nordfuß des **Brienzer Rothorns,** 2350 m.

Unterkunft in Schüpfheim:

Hotels:
Kreuz, Tel. 76 12 64, 50 B.
Adler, Tel. 76 12 22, 25 B.

Kurhotel, Tel. 76 11 63, 10 B.
Rössli, Tel. 76 12 40, 10 B.

In der Umgebung:

Hotels:
Panorama-Sporthotel (Sauna und Hallenbad), 6174 Sörenberg, 17 km südlich, Tel. 78 11 88, 70 B.
Kurhotel, 6173 Flühli, 9 km südlich, Tel. 86 61 66, 50 B.
Mariental, 6174 Sörenberg, 17 km südlich, Tel. 78 11 25, 36 B.

Sonne, 6173 Flühli, 9 km südlich, Tel. 78 11 10, 9 B.

Gasthöfe:
Stutz, 6173 Flühli, 9 km südlich, Tel. 78 11 52, 20 B.
Sporthaus Sörenberg, 6174 Sörenberg, 17 km südlich, 60 Lager.

SCHWYZ (O 3), Kt. Schwyz, 455–517 m, 12 600 Einw., Kantonshauptstadt und Luftkurort mit den Ortsteilen **Seewen, Ibach** und **Rickenbach,** im weiten Tal von Schwyz am Fuß der beiden Mythen gelegen. Mittelpunkt der Urschweiz und ihrer historischen Stätten. Das malerische Städtchen, das sich seit alters „Flecken Schwyz" nennt, gab dem Land den Namen.

Auskunft: Verkehrsbüro, Rickenbachstr. 1, Tel. 21 34 46.

Postleitzahl: 6430 für Schwyz, 6423 für Seewen, 6438 für Ibach, 6432 für Rickenbach.

Telefon-Vorwählnummer: 043

Verkehr: Kreuzungspunkt Straße 2/E 9 (Küssnacht a. R.–Altdorf), Straße 8 (Schwyz–Pfäffikon). – Bahnstation. – Busverbindung mit Brunnen, Gersau, Morschach, Muotathal, Sattel/Oberägeri, Oberiberg.

Bergbahnen: Drahtseilbahn Schwyz–Stoos; Sessellifte Stoos–Fronalpstock; Luftseilbahn Rickenbach–Huserenberg, Huserenberg–Rotenfluh.

Sehenswert: **Pfarrkirche St. Martin** von 1774, prunkvoller Barockbau mit Marmorkanzel. – Am eindrucksvollen Hauptplatz, wo einst die Schwyzer Landgemeindeversammlung stattfand, das große **Rathaus,** nach Brand von 1642 neuerrichtet, im 19. Jh. erneuert, an der Außenwand **Fresken,** innen prächtiger **Ratssaal** mit Kassettendecke, intarsierten Wänden und einer Reihe von Gemälden der Schwyzer Landamtsleute (1590–1850). – **Bundesbrief-Archiv** mit vielen wertvollen Dokumenten, u. a. dem ältesten **Bundesbrief** von 1291 sowie alten Fahnen und Feldzeichen, außen Fresken von Danioth. – **Zeughaus** mit alten Waffen. – **Turm-Museum** (Kantonalschwyzerisches Historisches Museum). – Schöne **Bürgerhäuser,** 16.–18. Jh., darunter das Ital-Reding-Haus, 1605. – Wehrmannsdenkmal von 1941 mit dem Text des Bundesbriefes.

Badegelegenheit: Freibäder.

Sportmöglichkeiten: Angeln, Rudern, Segeln, Tennis.

Schwyz

Wintersport: Skilauf (Skilifte), Langlauf, Eislauf.

Brauchtum: Urschweizer Trachtenfeste, Schwing- und Aelpler-Feste, Volkstänze, Jodeln, Fastnachtsbräuche und Bauernfeste.

Spaziergänge (Wandertafel am Bahnhof): In 15 Min. zu den **Kapellen St. Joseph und St. Agatha.** — In ³/₄ Std. zur **Einsiedelei Tschütschi**, 713 m, am Hang des Grossen Mythen, mit Kapelle und prächtigem Rundblick. — Vom Ortsteil Ibach über Ingenbohl nach **Brunnen**, 1¹/₂ Std. südwestlich.

Wanderungen: Vom Ortsteil Seewen über Ängiberg, Burg, Engelstock nach **Mostel**, 2¹/₂ Std. nördlich. — Mit Luftseilbahn zum Huserenberg, von dort zum **Holzegg-Pass**, 1400 m (von hier Alpenwanderung nach Einsiedeln), ¹/₂ Std.; auf Felsenweg Aufstieg auf den **Grossen Mythen**, 1899 m, mit großartigem Rundsicht und Bergrestaurant, 4 Std. nordwestlich. Die rötliche Spitze des Gr. Mythen ist ein seltener geologischer Überrest der sog. Helvetischen Decke, die sich bei der Aufwerfung der Alpenregion bildete.

Ausflüge: **Stoos**, 1275 m, mit Bus zur Talstation Schlattli an der Muotatalstraße. Von hier mit Seilbahn nach Stoos (1¹/₂ km). Schwimmbad (im Winter geheizt). Schöner Aussichtsberg. Skigelände, Sessellifte auf den **Fronalpstock**, 1922 m. — Mit der Luftseilbahn von Schwyz-Rickenbach über Huserenberg auf die **Rotenfluh**, 1571 m, schöner Aussichtspunkt. Übergang in 1 Std. (etwas weiter über den Brünnelistock, 1563 m) zur **Ibergeregg**, 1406 m (Paßübergang Schwyz-Einsiedeln), Luftkurort, Wintersportplatz.

In der Umgebung

MUOTATHAL, 12 km südöstlich, 612 m, 3700 Einw., Gebirgssommerfrische in dem von der Muota gebildeten Tal, das durch den **Pragelpass**, 1550 m, mit dem Glarner Land verbunden ist. Sehenswertes Nonnenkloster von 1684 mit Kruzifix aus dem 14. Jh. in der Kapelle und barocke Pfarrkirche.

Spaziergang: **Höllochgrotten** bei Stalden, größte Felshöhlen Europas mit Gängen bis zu etwa 100 km Länge, 45 Min. Restaurant beim Eingang.

OBERIBERG, 16,5 km östlich, 1126 m, 700 Einw., Sommerkurort mit Heilquelle und Wintersportplatz an der Minster südlich des Sihlsees. Bahnstation Einsiedeln, Busverbindung.

SEEWEN, 2 km nordwestlich, 455 m, Ortsteil und Badeort am Ostende des Lauerzer Sees. Busverbindung mit Schwyz.

Unterkunft in Schwyz:
Hotels:
Wysses Rössli, Tel. 21 19 22, 46 B.
Drei Königen, Tel. 21 24 10, 40 B.
Engel, Tel. 21 12 52, 20 B.
Ochsen, Tel. 21 14 06, 20 B.

Gasthöfe:
Hirschen, Tel. 21 12 76, 35 B.
Alpina, Tel. 21 31 61, 16 B.
Storchen, Tel. 21 13 32, 10 B.
Pension Theresia, Tel. 21 17 13, 10 B.

In Seewen:
Hotels:
Barcarola, Tel. 21 50 45, 90 B.
Rössli, Tel. 21 10 77, 60 B.
Kristall, Tel. 21 34 74, 50 B.
Schwyzerhof, Tel. 21 10 82, 35 B.

Mythenblick, Tel. 21 11 45, 26 B.

Gasthöfe:
Hirschen/Burg, Tel. 21 44 16, 16 B.
Burg, Tel. 21 16 14, 10 B.

In Ibach:
Hotels:
Post, Tel. 21 16 53, 27 B.

Gasthöfe:
Rose, Tel. 21 48 42, 14 B.
Hof, Tel. 21 20 63, 9 B.
Ehrlen, Tel. 21 53 20, 7 B.

Orts- und Landschaftsbeschreibungen

In Rickenbach:
Gasthöfe:
Aufiberg, Tel. 21 15 86, 25 B.
Ibergeregg, Tel. 21 20 49, 15 B.
Hand, Tel. 21 23 62, 10 B.
Rotenfluh, Tel. 21 47 10, 6 B.

In der Umgebung:
Hotels:
Kurhaus, 6433 Stoos, 5 km südlich, Tel. 21 15 05, 120 B.
Klingenstock, 6433 Stoos, 5 km südlich, Tel. 21 52 12, 45 B.
Holdener, 8843 Oberiberg, 16,5 km östlich, Tel. 0 55/6 51 61, 40 B.
Posthotel, 8843 Oberiberg, 16,5 km östlich, Tel. 0 55/6 51 72, 40 B.
Alpstubli, 6433 Stoos, 5 km südlich, Tel. 21 23 04, 35 B.
Roggenstock, 8843 Oberiberg, 16,5 km östlich, Tel. 0 55/6 51 38, 35 B.
Wirz, 6433 Stoos, 5 km südlich, Tel. 21 13 22, 15 B.
Passhöhe, 6431 Ibergeregg, 11 km östlich, Tel. 21 20 49, 15 B.
Post, 6436 Muotathal, 12 km südöstlich, Tel. 47 11 62, 12 B.

Jugendherberge: In Muotathal, 12 km südöstlich, Tel. 47 11 45, 50 B.

SEELISBERG (O 4), Kt. Uri, 770–839 m, 700 Einw., Luftkur- und Ferienort auf der Landzunge zwischen Vierwaldstätter See und Urner Becken mit großartiger Aussicht auf das Gebiet der Innerschweiz mit ihren Bergen und auf die Seenlandschaft. Von Seelisberg führt der Waldweg zum **Rütli**, der schweizerischen Nationalgedenkstätte am Urner See.

Auskunft: Verkehrsbüro, Tel. 31 15 63.
Postleitzahl: 6446
Telefon-Vorwählnummer: 0 43
Verkehr: Autobahn N 2 Luzern–Seedorf/Altdorf, Abzweigung bei Bekkenried (11 km). – Nächste Bahnstation Brunnen (8 km), von hier Schiffsverbindung Brunnen–Treib.
Badegelegenheit: Freibad.
Sportmöglichkeiten: Angeln, Rudern, Tennis.
Spaziergänge (Wandertafel bei der Bergstation der Treib-Seelisberg-Bahn): **Kapelle Maria Sonnenberg** aus dem 17. Jh., 10 Min., herrliche Aussicht über den Urner See. – **Schlößchen Beroldingen** am Saumweg nach Bauen, Schloßkapelle mit Flügelaltar, 50 Min. südlich. – Aussichtspunkte **Unteres Känzeli**, 30 Min., **Oberes Känzeli**, 50 Min. südwestlich. – **Seelisberger Seeli** mit Naturstrandbad, 30 Min. südwestlich. – **Rütli**, 50 Min. südöstlich, 10 Min. weiter zur Schiffsanlegestelle. – **Schwibogen am See**, 1 Std. westlich. – **Emmetten**, 1½ Std. südwestlich.

In der Umgebung

RÜTLI, 482 m, südöstlich unterhalb, nahe dem Westufer des Urner Sees, Schiffahrtsstation, einsame Waldwiese (seit 1859 Eigentum der Schweizer Schuljugend), auf der in der Nacht vom 7. zum 8. November 1307 Stauffacher von Steinen (Schwyz), Walter Fürst aus Attinghausen (Uri) und Arnold Anderhalden aus dem Melchthal (Unterwalden) mit dreißig Genossen sich zur Vertreibung der habsburgischen Vögte verbanden und den Bund von 1291 erneuerten; dieser „Rütlischwur" setzte den Anfang zur Eidgenossenschaft. Im Rütlihaus (altschweizerische Holzarchitektur) einfache Erfrischungen.

TREIB, 3 km nördlich, 435–508 m, Talstation der Bergbahn Treib–Seelisberg, Schiffstation und ehedem Zufluchtsort für die Schiffer am Nordfuß des Bergrigels, der sich zwischen **Urner See** und **Gersauer Seebecken** des Vierwaldstätter Sees schiebt. Früher bestand hier eine Warenniederlage. Originell das 1658 erbaute, 1905 und 1965 erneuerte Wirtshaus zur Treib, das mit seinen schwarz-gelb geflammten Fensterläden die Farben Uris zeigt; über dem Eingang der Spruch: „Ein jeder, der da tritt herein, wird, wenn er fortgeht, älter sein." Südöstlich am Steilufer der **Schillerstein,** ein hoher Felsen im See mit der Inschrift: „Dem Sänger Tells. F. Schiller, die Urkantone 1859".

Unterkunft in Seelisberg:
Hotels:
Bellevue, Tel. 31 16 26, 100 B.
Waldegg-Montana, Tel. 31 12 68, 55 B.
Löwen, Tel. 31 13 69, 40 B.
Schützenhaus, Tel. 31 12 77, 20 B.
Tell, Tel. 31 12 67, 15 B.

SEETAL, Kt. Aargau und Kt. Luzern, erstreckt sich mit zahlreichen freundlichen Orten und vielen Burgen zwischen **Luzern** und **Lenzburg.** Seinen Namen erhielt es durch den **Baldegger See** und **Hallwiler See** sowie einige kleinere Gewässer.

SEMPACH (M 3), Kt. Luzern, 515 m, 1800 Einw., Ferienort im freundlichen Voralpenland am Ostufer des **Sempacher Sees.** Das mit mittelalterlichen Türmen und Ringmauern bewehrte Städtchen war 1386 Schauplatz der Schlacht, in der nach dem Tod Arnolds von Winkelried 1500 Eidgenossen die Österreicher besiegten. Im Chüsenrainwald wächst die wildblühende Calla.
Auskunft: Verkehrsverein, Tel. 99 18 70.
Postleitzahl: 6204
Telefon-Vorwählnummer: 041
Verkehr: Straße 2/E 9 Olten–Luzern, Abzweigung bei Neuenkirch (5 km). – Straße 119 Beromünster–Luzern, Abzweigung bei Hildisrieden (3 km). – Nächste Bahnstation Sempach-Neuenkirch (3 km). – Busverbindung mit Neuenkirch.
Sehenswert: **Rathaus** von 1735 mit Bürgersaal und Heimatmuseum. – **Schlachtkapelle** aus dem 15. Jh., auf dem einstigen Schlachtfeld, Säulenvorhalle, Bilder und Wappen, daneben Winkelried-Denkmal. – **Luzerner Turm,** 16. Jh. – Romanische **Kirche** auf dem Kirchbühl mit Fresken aus dem 14. Jh. und 3 holzgeschnitzten Altären von 1513. – Schweizerische **Vogelwarte** mit Sammlung; sie widmet sich der Erhaltung des Storches durch Nachzucht.
Sportmöglichkeiten: Rudern, Segeln, Angeln.
Spaziergänge (Wandertafel beim Postamt): **Chüsenrainwald,** 2 Std. südwestlich. – Wallfahrtskapelle **Gormund,** Aussichtspunkt, 2½ Std. nordöstlich. – **Steinenbühlweiher** mit Vita-Parcours, 2 Std. östlich. – **Seeallee,** ½ Std. südlich. – **Kirchbühl-Eich,** 2½ Std. nordwestlich.
Spezialitäten: Sempacher Most. Sempacher Balchen (Fisch).

Orts- und Landschaftsbeschreibungen

Unterkunft in Sempach:
Hotels:
Kreuz, Tel. 99 19 14, 20 B.
Krone, Tel. 99 18 80, 20 B.
Adler, Tel. 99 13 23, 16 B.
Winkelried, Tel. 99 11 72, 10 B.
Ochsen, Tel. 99 18 58, 7 B.
Herrenkeller, Tel. 99 17 15, 5 B.

Campingplatz: „Seeland", Tel. 99 14 66, geöffnet 1. 5.–30. 9.

SILENEN (O 4), Kt. Uri, 591–800 m, 2200 Einw., Ferienort und Touristenplatz im unteren Tal der Reuss und einem ihrer Seitentäler, dem Maderanertal. Der alte Ort Silenen war Rastplatz am Gotthard-Säumerweg. **Amsteg** liegt am Fuß des Kleinen Windgällen und des Bristenstocks an der Mündung des Maderanertals. Der Ortsteil **Bristen-Maderanertal** schließlich liegt am romantischen Kärstelenbach.

Auskunft: Gemeindekanzlei Silenen, Tel. 6 41 33.

Postleitzahl: 6473 für Silenen, 6474 für Amsteg, 6499 für Bristen-Maderanertal.

Telefon-Vorwählnummer: 0 44

Verkehr: Autobahn N 2 / E 9 Altdorf–Andermatt. – Bahnstation Amsteg–Silenen. – Busverbindung zwischen den Ortsteilen.

Bergbahnen: Luftseilbahn Amsteg, 519 m – Arnisee, 1400 m. – Luftseilbahn Intschi, 660 m – Arnisee, 1400 m. – Luftseilbahn Bristen, 800 m – Golzern, 1400 m. – Seilbahn Kirchberge, 1100 m.

Sehenswert im Ortsteil Silenen: **Barockkirche** (alte Landeskirche) von 1754, restauriert. – **Turmruine** der Edlen von Silenen von 1250. – **Sust** (Warenspeicher und Umladeplatz) am alten Gotthard-Saumweg, von 1610. – **Turmruine** Zwing-Uri (in Schillers „Wilhelm Tell" erwähnt). – Im Ortsteil Bristen: Restaurierter **Eisenschmelzofen,** 16. Jh. – Schöne Bergkristalle und Mineralien.

Wanderungen: Vom Ortsteil Amsteg mit Seilbahn nach **Arni,** 1400 m, Bergterrasse und Aussichtspunkt, Bergsee. 2 Gasthäuser. Von hier leichte Wanderungen (bezeichnet). Ausgangspunkt für Bergtouren zur **Leitschach-Hütte,** 2200 m (von Arni 3 Std.) und zur **Sunniggrathütte,** 2000 m (von Arni 2 Std.), Bergseen. – Vom Ortsteil Bristen zahlreiche Wanderungen und Bergtouren. Mit der Seilbahn nach **Golzern,** 1400 m, 2 Gasthäuser. Bergsee. Zur **Windgällenhütte,** 2032 m, 2 Std.; zur **Etzlihütte,** 2052 m, 4 Std.; zur **Hüfihütte,** 2334 m, 3 Std.; zur **Carvardirashütte,** 2649 m, 6 Std.

In der Umgebung

GURTNELLEN DORF, 8 km südwestlich, 733 m, 1300 Einw., Sommerfrische auf einer Bergterrasse im Tal der Reuss. Station (¹/₂ Std.) der Gotthardbahn, die hier in einen ihrer interessantesten Streckenabschnitte eintritt. Sehenswert: Annakapelle des 18. Jh.

Unterkunft in Silenen:
Hotels:
Stern und Post, Amsteg, Tel. 6 41 90, 70 B.
Weisses Kreuz, Amsteg, Tel. 6 41 51, 40 B.
Hotel S.A.C., Maderanertal, 1400 m, Tel. 6 41 22.

Gasthöfe:
Madrano, Bristen, Tel. 6 41 37.

In 6482 Gurtnellen Dorf, 8 km südwestlich:
Hotels:
Gotthard, Tel. 6 51 10, 32 B.
Jugendherberge: In Bristen, „Wehribrücke", Tel. 6 41 19, 60 B.

SONOGNO (F 4), Kt. Tessin, 911 m, 200 Einw., hochgelegene Sommerfrische und Touristenstandort am Nordende der Val Verzasca, in die Val Redorta und Val Vogornesso einmünden; eine romantische Landschaft mit Wasserfällen (s. Übersichtskarte S. 165).
Auskunft: Ente Turistico di Tenero e Val Verzasca, 6598 Tenero, Tel. 67 16 61.
Postleitzahl: 6611
Telefon-Vorwählnummer: 093
Verkehr: Straße 21 Bellinzona—Locarno, Abzweigung bei Gordola. — Nächste Bahnstationen Gordola und Tenero (je 30 km).

In der Umgebung

BRIONE VERZASCA, 6 km südlich, 761 m, 400 Einw., Sommerfrische und Ausgangspunkt für schöne Bergtouren am Zusammenfluß von Osola und Verzasca. In der Pfarrkirche wertvolle hochgotische Fresken des 14. Jh.
FRASCO, 2 km südöstlich, 873 m, 100 Einw., Sommerfrische an der Mündung der Valle d'Efra.
Unterkunft im Val Verzasca:

Gasthöfe:
Efra, Frasco, Tel. 90 11 72, 20 B.
Alpina, Sonogno, Tel. 90 11 63, 10 B.

Castello, Brione Verzasca, Tel. 90 11 56, 5 B.

STANS (N 4), Kt. Unterwalden/Nidwalden, 454 m, 5600 Einw., Hauptstadt des Halbkantons Nidwalden und beliebter Luftkurort zwischen zwei Armen des Vierwaldstätter Sees am Südrand der schmalen Ebene, die den Bürgenstock vom Stanser Horn trennt.
Auskunft: Verkehrsverein Stans und Engelbergertal, Bahnhofstr. 2, Tel. 61 32 17.
Postleitzahl: 6370
Telefon-Vorwählnummer: 041
Verkehr: Autobahn N 2 Luzern—Seedorf/Altdorf (im Bau), Anschlußstelle. — Straße 130 Luzern—Engelberg. — Bahnstation.
Bergbahnen: Standseilbahn auf das Stanser Horn; Standseilbahn Stans-Harissenbucht nach Fürigen; Standseilbahn Stans-Kehrsiten nach Bürgenstock; Luftseilbahn Stans nach Niederrickenbach. — Luftseilbahn Dallenwil — Wirzweli/Wiesenberg, 1600 m.
Sehenswert: **Pfarrkirche,** 17. Jh., mit romanischem Turm. — **Rathaus,** 18. Jh. — Winkelried-Denkmal und -Brunnen (Winkelried opferte sich in der Schlacht zu Sempach, um für seine Kampfgenossen eine Gasse in den feindlichen Lanzenwald zu reißen). — Pestalozzi-Gedenktafel. — **Historisches Museum** im alten Kornspeicher.

Orts- und Landschaftsbeschreibungen

Badegelegenheit: Hallenbad, Strandbad in Buochs.
Sportmöglichkeiten: Reiten, Vita-Parcours.
Wanderungen: **Ennetmoos** mit frühgotischer St.-Jakobs-Kirche, einer der ältesten in Unterwalden, 1 Std. südwestlich. – **Allweg**, Schlachtkapelle und Denkmal von 1798, ¹/₂ Std. – **Bürgenstock**, 1128 m, 2 Std. nördlich. – **Stanserhorn**, 1898 m, Standseilbahn und Luftseilbahn bis zum Gipfel (Panorama-Restaurant).

In der Umgebung

BÜRGENSTOCK, 6 km nördlich, 878 m, vielgerühmter Kurort, auf einer Halbinsel des Vierwaldstätter Sees am Westhang des gleichnamigen Bergrückens. Schiffsverbindungen Luzern–Kehrsiten, Straßenverbindung mit Stansstad und Buochs. Schwimmbad. Golf (9 Löcher).

FÜRIGEN, 4 km nordwestlich, 648 m, Ferien- und Ausflugsort östlich oberhalb von Stansstad über dem Vierwaldstätter See, mit dem es durch eine Seilbahn verbunden ist.

NIEDERRICKENBACH, 8 km südöstlich, 1156 m, 1200 Einw., hochgelegener Erholungs- und Wallfahrtsort mit Gnadenbild aus dem 14. Jh., Von der Bahnstation im Tal, 488 m, führt eine Luftseilbahn in den Ort. – Bergtouren: **Buochser Horn**, 1807 m, 1¹/₂ Std., leicht.

OBERRICKENBACH, 10 km südöstlich, 894 m, 1000 Einw., Luftkurort und Wintersportplatz. Aus dem Engelberger Tal führt von Wolfenschiessen aus ein Sträßchen zu dem Bergdorf hinauf. Zum nahen Bannalpsee 2 Drahtseilbahnen.

STANSSTAD, 3 km nordwestlich, 438 m, 2300 Einw., Badeort am „Flaschenhals" zwischen Alpnacher See und Vierwaldstätter See, mittelalterliche Schnitztüren an den Häusern. Busverbindung mit Hergiswil. Schiffsanlegestelle. Strandbad.

WIESENBERG, 8 km südlich, 967 m, 150 Einw., Ski- und Wandergebiet. 2 Seilbahnen ab Dallenwil.

WOLFENSCHIESSEN, 8 km, südöstlich, 514 m, 1700 Einw., Luftkurort mit schönen alten Holzhäusern im Zentrum des Engelberger Tales, Bahnstation, Wohnturm aus dem 13. Jh. im „Dörfli".

Unterkunft in Stans:

Hotels:
Motel Rex, Tel. 61 26 26, 55 B.
Engel, Tel. 61 14 14, 50 B.
Stanserhof, Tel. 61 41 22, 45 B.

Regina (garni), Tel. 61 31 73, 25 B.
Adler, Tel. 61 11 32, 18 B.
Tell, Tel. 61 14 03, 10 B.
Krone, Tel. 61 14 35, 9 B.

In 6366 Bürgenstock, 6 km nördlich:

Hotels:
Grand Hotel, Tel. 64 12 12, 130 B.
Palace Hotel, Tel. 64 11 22, 130 B.
Park Hotel, Tel. 64 13 31, 115 B.

Honegg, Tel. 64 11 75, 70 B.
Waldheim, Tel. 64 13 06, 70 B.
Baumgarten, Kehrsiten,
Tel. 64 17 77, 60 B.

In 6362 Stansstad, 3 km nordwestlich:

Hotels:
Schützen, Tel. 61 13 55, 90 B.
Freienhof, Tel. 61 35 31, 80 B.

Strandhotel Winkelried,
Tel. 61 26 22, 80 B.
Seehotel Acheregg, Tel. 61 36 26, 40 B.

In 6385 Niederrickenbach, 8 km südöstlich:
Hotels:
Engel, Tel. 61 41 46, 65 B.

In 6383 Wiesenberg, 8 km südlich:
Kurhaus Wiesenberg,
Tel. 61 15 60, 23 B.

In 6386 Wolfenschiessen, 8 km südöstlich:
Hotels:
Parkhotel Eintracht, Tel. 65 11 44,
120 B.

SURSEE (M 3), Kt. Luzern, 504 m, 7500 Einw., Städtchen im Voralpenland, am Nordende des Sempacher Sees. Sursee gilt wegen seines im historischen Stil erhaltenen Ortsbildes als eines der schönsten schweizerischen Städtchen.

Auskunft: Verkehrsbüro, Tel. 21 19 77.
Postleitzahl: 6210
Telefon-Vorwählnummer: 045
Verkehr: Straße 2 Olten–Luzern, Abzweigung am Sempachersee. – Bahnstation. – Busverbindung mit Beromünster.
Sehenswert: Spätgotisches **Rathaus** von 1539 mit Rundturm und achteckigem Treppenturm. – Schöne alte Stadttore und Reste der Ringmauern. – **Schnyderhaus** mit reichgeschmückter Fassade von 1631. – **Pfarrkirche St. Georg,** 1639–41. – **Kapelle Mariazell** von 1657 mit schönen Malereien und holzgeschnitzten Altären. – **Kapuzinerkloster,** 1606–08. – Schöne alte **Bürgerhäuser.**
Badegelegenheit: Strandbad am Sempacher See.
Sportmöglichkeiten: Angeln, Tennis, Rudern, Segeln, Wasserski, Reiten, Minigolf.
Brauchtum: Fastnachtsbräuche, Gansabhauet am Martinitag (11. November). Jodelgruppe. Trachten. Bäuerliche Festlichkeiten. Surseer Aenderig, 1. Sonntag im September.
Spaziergänge: **Surseer Wald,** 15 Min. nordwestlich. – **Mauensee** mit kleiner Insel, auf der ein Schloß steht, 45 Min. westlich. – Am Ostufer des Sempacher Sees nach **Eich,** 1½ Std. südöstlich.
Wanderungen (Wandertafel am Bahnhof und am Untertor): **Beromünster,** 2 Std. nordöstlich (s. dort). – Über Oberkirch, Iflikon, Schloß Tannenfels (Aussichtspunkt), Büel nach **Nottwil,** 2 Std. südöstlich. – Über Schenkon, Vogelsang, Schopfen, Schlachtkapelle nach **Sempach,** 3 Std. südöstlich.

Unterkunft in Sursee:
Hotels:
Kreuz, Tel. 21 11 66, 40 B.
Hirschen, Tel. 21 10 48, 30 B.
Central, Tel. 21 10 37, 30 B.
Bellevue am See, Mariazell, Tel. 21 18 44, 25 B.
Brauerei, Tel. 21 10 83, 25 B.
Eisenbahn-Bären, Tel. 21 13 57, 20 B.
Schwanen, Tel. 21 10 44, 12 B.
Sonne, Tel. 21 10 34, 10 B.

TICINO (Tessin), Kanton (s. S. 12). Der gleichnamige Fluß Ticino entspringt am Nufenenpass im hinteren Teil der Val Bedretto. Bei **Airolo** erhält er einen kräftigen Zufluß aus dem Gotthardgebiet,

Orts- und Landschaftsbeschreibungen

darauf biegt er nach Süden ab und durchfließt die Valle Leventina, in der sich mehrere Kraftwerke befinden, während der Fluß früher drei natürliche Talstufenschluchten überwand: gleich nach Airolo den Stalvedro-Engpass, weiter unten den Talriegel des Piottino in der Dazio-Grande-Schlucht und schließlich die Biaschina oberhalb Giornico, wo die Wasser über eine steinige enge Halde hinabfallen; von nun an hat der Fluß freien Weg. Bei **Biasca** strömt ihm der Brenno aus der Val Blenio zu. Durch das breite und fruchtbare Tal, das den Namen Riviera trägt, gelangt der Ticino nach **Castione**, wo er die wilde Moësa aus der Val Mesolcina (Misoxtal/Graubünden) aufnimmt. Das Flußbett ist später kanalisiert; an **Bellinzona** vorbei erreicht der Ticino die einst häufig überschwemmte und später versumpfte Ebene, die er im Lauf der Jahrtausende aus seinem von den Bergen mitgebrachten Geschiebe bereitete: den Piano di Magadino, der heute entsumpft und fruchtbringend bebaut ist. Am Ende dieser Ebene mündet der Fluß in den Nordostteil des Lago Maggiore auf schweizerischem Gebiet. Er verläßt den See an dessen Südende bei **Sesto Calende** auf italienischem Gebiet und fließt durch die Lombardische Ebene dem Po zu.

UNTERWALDEN, Kanton, bestehend aus den beiden Halbkantonen **Ob-** und **Nidwalden.**

UNTERWALDNER ALPEN. Die Berggruppe südlich des Vierwaldstätter Sees wird von dem vergletscherten, aber leicht besteigbaren **Titlis,** 3239 m, überragt (Seilbahn von Engelberg zum Klein-Titlis, 3020 m).

Gegen den Vierwaldstätter See erhebt sich vielfältiges Bergland, darunter die bekannten Aussichtsberge **Niederbauen,** 1923 m, **Klewenstock,** 1748 m, **Buochser Horn,** 1807 m, und **Stanserhorn,** 1898 m. Besondere Anziehungspunkte sind Trübsee, Melchsee und Engstlensee.

URNER ALPEN. Hochgebirge, aufgegliedert durch das Schächental mit dem **Grossruchen,** 3138 m, **Gross-** und **Klein-Windgällen,** 3187 m und 2986 m, das Maderanertal mit der Hüfihütte, das Fellital mit **Schattig Wichel,** 3096 m, und **Rienzenstock,** 2957 m, das Erstfelder Tal, das Meiental mit **Stucklistock,** 3308 m, **Fleckistock,** 3416 m, und **Sustenhorn,** 3504 m, das Göschener Tal

---

Wanderwege: **(1) Val Leventina:** Piotta (Seilbahn zum Lago Ritòm) – Rodi-Fiesso (Lago Tremorgio) – Dalpe bei Faido – Höhenweg über Ces nach Chironico. – **(2) Riviera:** Biasca – Iragna – Moleno (Val di Moleno). – **(3) Val Blenio:** Olivone – Höhenweg über Foppa – Muriscio nach Biasca. – **(4) Val Verzasca:** Höhenweg Contra – Mergoscia – Brione Verzasca – Sonogno. – **(5) Valle Maggia:** Höhenweg Tegna – Aurigeno – Someo.

Orts- und Landschaftsbeschreibungen

mit **Dammastock,** 3630 m, und **Galenstock,** 3583 m, und das U r s e r n t a l mit **Winterstock,** 3203 m, und **Mittagsstock,** 2994 m. Zu den Urner Alpen zählt auch die Gotthardgruppe; hier schneiden sich die großen Verkehrswege Süd—Nord und Ost—West und entspringen die großen Flüsse: Nach Norden fließt die Reuss, nach Osten der Rhein, nach Westen die Rhone, nach Süden der Ticino.

URSERNTAL. Romantisches Tal der F u r k a r e u s s zwischen Urner Loch und Andermatt. Das fast baumlose Hochtal ist die Hälfte des Jahres schneebedeckt. Durch seine Wiesengründe zieht sich die Gotthardstraße.

USTER (O 2), Kt. Zürich, 464 m, 23 000 Einw., Stadt und Ausflugszentrum des Z ü r c h e r O b e r l a n d e s, an der Ostseite des G r e i f e n s e e s. Der Ort wird bereits im 8. Jh. urkundlich erwähnt, im 19. Jh. war er Zentrum der liberalen Bewegung des Kantons.
A u s k u n f t : Verkehrsbüro, Zürichstr. 1, Tel. 87 04 36.
P o s t l e i t z a h l : 8610
T e l e f o n - V o r w ä h l n u m m e r : 01
V e r k e h r : Straße 136 Zürich-Rapperswil. — Bahnstation.
S e h e n s w e r t : **Schloß,** erstmals um 1000 erwähnt, 1916—1919 renoviert (Aussichtsterrasse). — Reformierte **Kirche.**
B a d e g e l e g e n h e i t : Freibäder, Hallenbad.
S p o r t m ö g l i c h k e i t e n : Angeln, Rudern, Paddeln, Tennis, Reiten.
S p a z i e r g ä n g e (Orientierungstafel am Bahnhof): Zum **Greifensee** (Naturschutzgebiet), ¹/₄ Std. westlich. — Über Wildsberg zur Ortschaft **Greifensee,** ³/₄ Std. nordwestlich. — Über Werrikon nach **Nänikon,** ³/₄ Std. nordwestlich.
W a n d e r u n g e n : Über den Tämbrig nach **Aathal,** 1 Std. südöstlich. — Zum **Pfäffiker See,** 1¹/₂ Std. östlich. — Durch den Hardwald nach **Fehraltorf,** 1¹/₄ Std. nordöstlich. — Über Niederuster, Riedikon, Kies nach **Maur,** 1¹/₂ Std. südwestlich. — Zum **Pfannenstiel,** 853 m, Aussichtsberg zwischen Greifensee und Zürichsee, 2¹/₂ Std. südwestlich.

U n t e r k u n f t i n U s t e r :
Hotels:
Illuster (garni), Zürichstr. 14, Tel. 87 85 85, 120 B.

Ochsen, Tel. 87 12 17, 52 B.
Eintracht, Tel. 87 12 19, 12 B.
Schweizerhof, Tel. 87 13 54, 9 B.

I n d e r U m g e b u n g :
Hotels:
Schwanen, 8607 Aathal, 3 km südöstlich, Tel. 77 04 50, 10 B.

Gasthöfe:
Löwen, 8606 Nänikon, 3 km nordwestlich, Tel. 87 18 45, 22 B.
Löwen, 8617 Mönchaltorf, 4 km südlich, Tel. 86 91 05, 10 B.
Sonnenhalde, 8611 Wermatswil, 2 km nordöstlich, Tel. 87 23 43, 5 B.

J u g e n d h e r b e r g e : In Fällanden, 10 km nordwestlich, Tel. 0 51/85 31 44, 54 B.

VAL BEDRETTO, Kt. Tessin. Stilles Hochgebirgstal im oberen Tessin, das sich vom Nufenenpass über All'Acqua bis Airolo erstreckt, es ist ein Teil des Quellgebietes des Ticino. Über den **Nufenenpass,** 2478 m, führt eine Straße in das Goms (Rhonetal) bei Ulrichen; sie ist im Winter stark lawinengefährdet und für den Verkehr gesperrt.

Auskunft: Pro Leventina, 6760 Faido, Tel. 0 94/38/16/16.
Postleitzahl: 6781 für die hier erwähnten Orte.
Telefon-Vorwählnummer: 0 94 für die hier erwähnten Orte.

Orte im Val Bedretto

OSPIZIO ALL'ACQUA, 1614 m, 13 km westlich Airolo, Weiler und höchster Ort im Tal, Ausgangspunkt für zahlreiche Bergwanderungen in interessante Tourengebiete.

RONCO, 1487 m, 10,5 km westlich Airolo, Weiler an der Baumgrenze.

BEDRETTO, 1402 m, 9 km westlich Airolo, Weiler unterm **Piz Rotondo,** 3192 m.

CARETTA, 1371 m, 8,3 km westlich Airolo, Bergweiler mit schwarzen Holzhäusern im typischen Gotthardstil.

VILLA, 1362 m, 7,5 km westlich Airolo, Dorf mit sehenswerter fünfeckiger, gelbgetünchter Chiesa Sanctibus Martyribus Machabaeis.

OSSASCO, 1313 m, 6,4 km westlich Airolo, Bergweiler.

FONTANA, 1281 m, 4,5 km westlich Airolo, Bergweiler. Von der Talstraße sind Wasserfälle, Lawinenschneisen, Lawinenschutzbauten und die Gewaltspuren der Lawinen deutlich sichtbar. Ein wilder Bergbach kommt aus der Valle Ruvino herab.

Unterkunft im Val Bedretto:
Gasthöfe:
All'Acqua, Ospizio all'Acqua, Tel. 88 11 85, 15 B.
Orelli, Villa, Tel. 88 17 07, 8 B.
Forni, Bedretto, Tel. 88 11 16, 6 B.
Turista, Villa, Tel. 88 11 16, 6 B.

VAL BLENIO, Kt. Tessin. Das Tal des Brenno, das vom Südhang des Lukmanierpasses herabführt und sich bei **Olivone** mit dem Zufluß aus dem Val Luzzone (Stausee) vereinigt. Der oberste Teil des Tals, an der Südrampe des **Lukmanier-Passes** (Passo del Lucomagno, 1916 m), wird Valle Santa Maria del Lucomagno genannt. Hier liegen die höchsten Siedlungen des Tals, **Acquacalda** (s. dort) und Casaccia. In dem Seitenarm des Brenno liegt der Ort **Campo Blenio** (s. Olivone). – S. auch Übersichtskarte S. 165.

Auf der Ostseite des Tales steigen die Hänge hoch zur Adulagruppe an, deren höchster Gipfel das **Rheinwaldhorn,** 3402 m, ist. Auf beiden Talseiten liegen hübsche typische Tessindörfer; viele von ihnen bergen in Kirchen und Kapellen romanische und auch gotische Kunstschätze. So die Kirchen von **Prugiasco** und **San Remigio** (s. Acquarossa). In **Malvaglia,** dem Hauptort des unteren Tals, zweigt eine neue Fahrstraße in das Val Madra ab; sie

führt bis Madra-Dandrio (großer Stausee der Blenio-Kraftwerke; in Dandrio alte Wassermühle).
Gleich oberhalb Biasca liegt die Buzza di Biasca, ein kolossaler Bergsturz, der 1512 vom Pizzo Magno herunterbrach und damals den Brenno aufstaute, so daß alsbald ein tiefer See den Talboden bis nach Malvaglia hinauf bedeckte. Nur wenige Jahre später durchbrach der Brenno das Trümmerfeld und zerschlug mit seiner Flutwelle Land und Siedlungen des Rivieratales bis hinunter zum Piano di Magadino.
Wintersport: Im Naragebiet (nördlich Leontica) und in Campo Blenio (Skilifts, Skischule).

VAL COLLA, Kt. Tessin. Das im Oberlauf alpin, im Unterlauf südländisch anmutende Tal erstreckt sich aus dem nordöstlichen Hinterland von Lugano, dem Luganese, über den Ort **Tesserete** in den Talkessel von **Lugano.** Die steilen Hänge des etwa 12 km langen oberen Tales sind von Kastanienwäldern bedeckt, in deren Schatten sommerliche Wanderungen besonders angenehm sind. Alte Dörfer schmiegen sich hoch oben an die Hänge; in der Tiefe rauscht der Cassarate.

VALLE LEVENTINA, Kt. Tessin. Der obere Teil des Ticino-Tals zwischen **Airolo,** 1175 m, an der Gotthardstraße und **Biasca,** 301 m. Seit Jahrhunderten ist das Livinental der Säumerweg für Handel und Verkehr vom Gotthardpass in den Südkanton gewesen, und noch heute sind Bahn und Straße des Tals die wichtigste transalpine Route im Nordsüdverkehr Europas.
Die Fahrt durch die Valle Leventina zu Tal mit dem Wechsel von Vegetation und Landschaftsbild vom alpinen zum südlichen Charakter ist einer der großartigsten Reiseeindrücke im Tessin.
Auskunft: Pro Leventina, 6760 Faido, Tel. 0 94/38 16 16.

VALLE MAGGIA, Kt. Tessin. Das Tal der Maggia, eines der größten Tessiner Bergtäler, beginnt genaugenommen am **Passo di Naret,** 2438 m, am Nordabfall der Cristallina, 2912 m, als **Valle di Sambuco** und zieht im Bogen südöstlich zum Lago Sambuco, unter dessen Staumauer die erste Ortschaft liegt: **Fusio.** Von hier südwärts über **Peccia,** Prato Sornico, Broglio, Menzonio und Brontallo bis **Bignasco** heißt es Val Lavizzara. Hier vereinigt es sich mit der von Nordwesten herankommenden Val Bavona und strebt schließlich als Valle Maggia in südöstlicher Richtung 24 km weit nach **Ponte Brolla** (9 km nordwestlich von Locarno), wo der Fluß eine Felsbarriere durchbricht (schöner Blick auf die Schlucht von der früheren Eisenbahnbrücke aus) und kanalisiert durch die Ebene von **Locarno** und **Ascona** zum Lago Maggiore strömt.
Auskunft: Ente Turistico di Valle Maggia, 6673 Maggia, Tel. 07 18 85.

VAL TREMOLA, Kt. Tessin. Das „Tal des Zitterns", Teil der Gotthardstraße zwischen dem Gotthardpass und Airolo, auf der Südseite des Alpenhauptkammes, mit 25 Spitzkehren, die über Geröllhalden und an Felswänden entlang zur Valle Leventina hinabführen. Seit dem Bau der Gotthard-Südrampen-Straße dient die alte Tremolastraße als Wanderweg. (Gotthard-Straßentunnel geplant.)
Bei der dritten Kehre südwärts der Paßhöhe malte der Schweizer Landschaftsmaler Rudolf Koller 1877 das bekannte Bild der talwärts eilenden Gotthardpost mit den fünf Pferden.

VAL VEDEGGIO, Kt. Tessin. Es verbindet das Tal des Ticino mit dem Westteil des Luganer Sees, dem Lago d'Agno. Der Vedeggio strömt bei **Bironico**, aus der **Val d'Isone** von Osten kommend, mit einer scharfen Wendung in die **Val d'Agno** hinein und folgt ihr bis zu seiner Mündung in den Luganer See östlich **Agno**. Das eigentliche Tal und mit ihm der Sotto-Ceneri (Südtessin) beginnt am Passo di Monte Ceneri, 554 m, über den der historische Weg von Bellinzona nach Lugano führt. Alte Häuser und Susten (schweizerisch für Raststätte) zeigen, daß der Monte-Ceneri-Pass seit Jahrhunderten einen regen Verkehr von Säumern und Wagen, von Handelsleuten, Pilgern und Soldaten sah. Hauptziele waren **Lugano**, aber auch Luino, Varese, Como und namentlich Mailand.

VAL VERZASCA, Kt. Tessin. Das Tal der Verzasca verläuft aus dem Gebiet der **Corona di Redorta**, 2804 m, in südöstlicher Richtung. Von **Sonogno**, 911 m (s. dort), über **Brione Verzasca**, den Hauptort des etwa 30 km langen Tals, und **Lavertezzo** mit einer mittelalterlichen zweibogigen Steinbrücke erreicht der Fluß den Stausee **Lago di Vogorno**, bis 1959 eine wilde Schlucht, und dann das Nordufer des Lago Maggiore zwischen Tenero und Gordola, an der Straße 21 Bellinzona—Locarno. (Siehe Übersichtskarte S. 165.)

VIERWALDSTÄTTER SEE. Der See hat seinen Namen nach den vier ihn umschließenden Kantonen Uri, Schwyz, Unterwalden und Luzern, die früher die Waldstätte hießen. Er gliedert sich in sieben, nach allen Richtungen ausgebuchtete und kulissenartig abgeteilte Seebecken. Anmutig ist der **Luzerner See** mit den gepflegten Kais und den besiedelten Ufern. Der **Küssnachter See** ist ein nach Nordosten vorstoßendes, nahe an den Zuger See heranreichendes Becken in Dreiecksform. Der **Bucht von Stansstad** schließt sich der **Alpnacher See** an, hier führt eine Brücke für Bahn und Straßen über eine Seenge. Einen wesentlichen Teil des Sees macht das **Weggiser Becken** aus, das durch die vorspringende Nase des Bürgenstocks vom anschließenden **Gersauer Becken** getrennt wird. Bei Brunnen beginnt der **Urner See,** der mit dem firngeschmückten Urirotstock ausgesprochen alpinen Charakter zeigt. Am Ostufer führen die Gotthardbahn sowie die berühmte Axenstrasse entlang. Der Urner See ist Mittelpunkt der Tell-Geschichte, hier liegen das Rütli und gegen Flüelen zu die Tellskapelle.

Vielgerühmte Aussichtspunkte des Vierwaldstätter Sees sind **Pilatus** und **Rigi.** Moderne Technik hat um den See eine ganze Reihe von Höhenverbindungen geschaffen; vor allem bekannt ist die älteste Bergbahn Europas, die Rigibahn (1871). Der Vierwaldstätter See ist ein riesiges Fremdenverkehrsgebiet. Liebliche Uferpartien wechseln ab mit schroff aufragenden Felsszenerien, darüber erheben sich die Firnkuppen der Hochalpen. Bei 113 qkm Oberfläche hat er eine Länge von 38 km (von Flüelen bis Luzern), seine größte Tiefe (zwischen Gersau und Beckenried) beträgt 214 m. Die Grundfarbe des klaren Gewässers ist ein tiefes Blaugrün, das je nach Witterung den See dunkler oder heller erscheinen läßt. An geschützten Uferstellen, u. a. in Weggis, Vitznau und Gersau, gedeihen Edelkastanien, Feigen und andere südliche Gewächse. Der See ist sehr fischreich und friert nie zu. Hauptzuflüsse sind die Reuss, die Muota, die Engelberger und Sarner Aa. Die typischen alten Raddampfer sowie eine Flotte moderner Schiffe verbinden die Uferstationen miteinander (siehe Abschnitt „Schiffsverkehr").

VITZNAU (N/O 3), Kt. Luzern, 435 m, 1000 Einw., Bade- und Luftkurort mit schönen Kais und Parkanlagen am Ostufer des Vierwaldstätter Sees und zu Füßen des Rigi gelegen. Die Saison beginnt hier schon im März und endet erst im späten Oktober. Die von Vitznau ausgehende, 1871 eröffnete Zahnradbahn auf den Rigi war die erste touristische Bergbahn in Europa.

Auskunft: Verkehrsbüro, Tel. 83 13 55.
Postleitzahl: 6354
Telefon-Vorwählnummer: 041
Verkehr: Straße 127 Küssnacht a. R.–Brunnen. – Bahnstation. – Busverbindung mit Küssnacht und Brunnen. – Schiffsanlegestelle.
Bergbahnen: Zahnradbahn nach Rigi-Kulm (im Sommer auch mit Dampfzug); Luftseilbahnen nach Hinterbergen und Wissifluh.
Badegelegenheit: Hallenschwimmbad, beheiztes Freibad, Strandbad Lido.
Sportmöglichkeiten: Angeln, Rudern, Tennis, Minigolf, Wasserski, Ponyreiten.
Veranstaltungen: Kurkonzerte. Folkloreabende. Sommernachtsfest. Höhlenfeste. Abendrundfahrten auf dem See mit Tanz und Folklore.

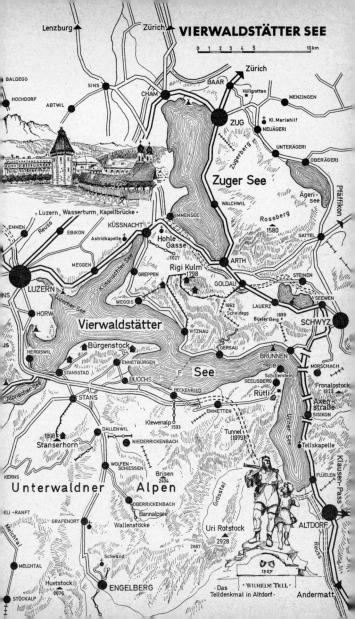

Orts- und Landschaftsbeschreibungen

Wanderungen (Wandertafel bei der kath. Kirche): **Gersau,** über Rotschuh, 2 Std. südöstlich. – **Wissifluh,** 942 m, 1¼ Std. südöstlich, auch Seilbahn. – Zur **Ober-Nas,** ½ Std. südwestlich, Ausläufer des Rigi, gegenüber der Unter-Nas, Ausläufer des Bürgenstock; die beiden weit in den See vorstoßenden Landzungen nähern sich einander auf rund 800 m. – **Vitznauer Stock,** 1452 m 2¾ Std. östlich. – **Rigi,** 4 Std. nördlich, über Freiberg, Rigi-First, Rigi-Staffel. – Aufstieg nach **Rigi-Scheidegg,** 1662 m, 2½ Std., dann Höhenwanderung über Dossen und Unterstetten nach **Rigi-Kaltbad,** 1¾ Std.

Unterkunft in Vitznau:

Hotels:
Park-Hotel, Tel. 83 13 22, 145 B.
Kreuz, Tel. 83 13 05, 100 B.
Vitznauerhof, Tel. 83 13 15, 100 B.
Alpenrose, Tel. 83 13 20, 52 B.
Terrasse, Tel. 83 13 03, 50 B.
Rigi, Tel. 83 13 61, 50 B.

Wissifluh, Tel. 83 13 27, 38 B.
Bellevue, Tel. 83 13 57, 25 B.
Waldheim, Tel. 83 11 74, 15 B.
Pensionen:
Lauigrund, Tel. 83 13 47, 15 B.
Ferienwohnungen.

Campingplatz: „Vitznau", Tel. 83 12 80, geöffnet April bis Oktober.

WÄGITALER SEE (P 3), Kt. Schwyz, 900 m, Stausee im Ostteil des Kantons, östlich des Sihlsees, mit dem er durch eine Straße verbunden ist. Am Nordende des von Bergen umrahmten Gewässers liegt der Ort **Innerthal,** der an höher gelegener Stelle neu aufgebaut wurde (Neu-Innerthal), nachdem hier 1921–26 ein großes Kraftwerk errichtet worden war. Eine 170 m lange und 100 m hohe Mauer, die am Fuß 70 m und oben 4 m breit ist, staut die Bergwasser zu einem See von 6 km Länge.

Jugendherberge: In Innerthal, Tel. 0 55/69 12 01, 150 B.

WALD (P 2), Kt. Zürich, 616 m, 7700 Einw., Luftkurort und Wintersportplatz im Zürcher Oberland, an einer Biegung des lieblichen oberen Ionatales und am Fuß des bekannten Aussichtsberges Bachtel. Am nahen Töss-Stock befinden sich alpine Wildreservate.

Auskunft: Verkehrsbüro, Tel. 95 14 44.
Postleitzahl: 8636
Telefon-Vorwählnummer: 055
Verkehr: Straße 139 Winterthur–Rapperswil. – Bahnstation.
Badegelegenheit: Freischwimmbad, Hallenbad.
Wintersport: Skilauf (Skilift).
Wanderungen (Wandertafel am Bahnhofplatz): **Bachtel,** 1113 m, mit Aussichtsturm und weiter Fernsicht, 2 Std. nordwestlich. – **Töss-Stock,** 1152 m, 2 Std. nordöstlich. – **Scheidegg,** 1200 m, 2 Std. nordöstlich.
Wanderparkplätze: Felmis, Wolfgrube, Scheidegg.

In der Umgebung
BAUMA, 14 km nordwestlich, 639 m, 3400 Einw., Erholungsort und Industriegemeinde im Tösstal. Bahnstation. Zentrum der Guyer-Zeller-Wege, die durch die Waldtobel des Tössberglandes auf die Höhen führen.

Unterkunft in Wald:
Hotels:
Baugarten, Tel. 95 11 83, 14 B.

Ochsen, Tel. 95 15 55, 12 B.
Schwert, Tel. 95 13 16, 6 B.

Wägitaler See – Wassen

WALDENBURG (K/L 2), Kt. Basel-Landschaft, 518 m, 1500 Einw., malerischer Bezirksort mit schönen alten Bürgerhäusern und einer Burgruine an einem Felsendurchbruch der Vorderen Frenke, Hauptsitz der Uhrenindustrie des Kantons.

Auskunft: Verkehrs- und Verschönerungsverein, Tel. 97 07 31.
Postleitzahl: 4437
Telefon-Vorwählnummer: 061
Verkehr: Straße 12 Liestal–Balsthal. – Bahnstation. – Busverbindung mit Langenbruck.
Bergbahnen: Luftseilbahn Reigoldswil–Wasserfallen.
Badegelegenheit: Beheiztes Schwimmbad.
Wintersport: Skilauf, Sprungschanze in Langenbruck.
Wanderungen (Wandertafel am Bahnhof): **Gerstelflue**, 930 m, ³/₄ Std. östlich. – **Kloster Schönthal**, Kirche des ehem. Benediktinerklosters, 1187 geweiht, schönes romanisches Westportal, 1 Std. südöstlich. – **Belchenflue**, 1123 m, bekannter Aussichtspunkt, 3 Std. südöstlich. – Im Tal der Frenke zur Paßhöhe **Ober-Hauenstein**, 731 m, mit Resten der Römerstraße, 1¹/₄ Std. südlich. – Zahlreiche markierte Wanderwege.

In der Umgebung

LANGENBRUCK, 5 km südlich, 710 m, 1100 Einw., Luftkurort mit vielen Möglichkeiten für schöne Spaziergänge und Wintersportplatz mit Skilifts am Südabfall der Paßhöhe Ober-Hauenstein im Jura.

REIGOLDSWIL, 7 km nordwestlich, 512 m, 1300 Einw., langgestrecktes Dorf im obersten Talbecken des Hinteren Frenkentales. Luftseilbahn nach **Wasserfallen** (Passwang, 1204 m).

Unterkunft in Waldenburg:
Hotels:
Stab, Tel. 97 00 17, 25 B.
Löwen, Tel. 97 01 21, 18 B.
Eden, Tel. 97 01 17, **10 B.**
Casino, Tel. 97 01 31, 8 B.

In 4438 Langenbruck, 5 km südlich:
Hotels:
Kurhaus, Tel. 0 62/60 12 55, 50 B.
Erica, Tel. 0 62/60 11 17, 30 B.
Bären (garni), Tel. 0 62/60 14 14, 20 B.
Kreuz, Tel. 0 62/60 14 41, 12 B.
Linde, Tel. 0 62/60 11 14, 10 B.
Ochsen, Tel. 0 62/60 13 23, 10 B.

In 4418 Reigoldswil, 7 km nordwestlich:
Hotels:
Wasserfallenhof, Tel. 96 18 88, 24 B.

WASSEN (O 5), Kt. Uri, 905–928 m, 900 Einw., anmutiges Dorf und Touristenstandort im Reusstal und am Eingang zum Meiental. Die weiße Pfarrkirche steht auf einer Anhöhe mitten im engen Reusstal. Wassen war zur Postkutschenzeit eine wichtige Relaisstation für den Pferdewechsel. Heute ist es Ausgangspunkt für die Sustenpass-Straße und Station der Gotthardbahn.

Auskunft: Verkehrsauskunft, Tel. 6 58 42.
Postleitzahl: 6484

Orts- und Landschaftsbeschreibungen

Telefon-Vorwählnummer: 044

Verkehr: Einmündung der N 11 (von Innertkirchen–Sustenpass) in die N 2/E 9 (Altdorf–Andermatt). – Bahnstation.

Wanderungen: **Maienschanze,** alte Befestigung von 1656, ¹/₂ Std. nordwestlich, Blick ins Tal auf die Trasse der Gotthardbahn; weiter ins alpine **Meiental.** – **Sustenpass,** 5 Std. westlich, auf Paßstraße und Saumweg. – **Amsteg,** 4 Std. nordöstlich auf Talstraße oder altem Saumweg und durch den Wassener Wald (Veilchenmoos!). – **Pfaffensprung-Kehrtunnel** und **Reuss-Stauwehr,** 1 Std. nördlich. – **Göschenen,** 1¹/₂ Std. südlich.

Unterkunft in Wassen:
Hotels:

Alte Post, Tel. 6 51 31, 40 B.	**Gerig,** Tel. 6 52 35, 15 B.
Des Alpes, Tel. 6 52 33, 30 B.	**Rothus** (garni), Tel. 6 52 55, 14 B.
Krone, Tel. 6 53 34, 28 B.	**Wattingen,** Tel. 6 52 34, 13 B.
Hirschen, Tel. 6 51 37, 25 B.	**Gemsbock,** Tel. 6 51 33, 12 B.
Gamma, Tel. 6 52 52, 16 B.	**Drei Eidgenossen,** Tel. 6 53 59, 6 B.

WEGGIS (N 3), Kt. Luzern, 440 m, 2500 Einw., vielbesuchter Badeort am Vierwaldstätter See mit langer Seeuferpromenade. Die Bucht von Weggis mit ihrer südlichen Vegetation im Schutz des Rigi wird als „Riviera des Vierwaldstätter Sees" bezeichnet.

Auskunft: Kurverein, Verkehrsbüro, Tel. 93 11 55.

Postleitzahl: 6353

Telefon-Vorwählnummer: 041

Verkehr: Straße 127 Küssnacht a. R.–Brunnen. – Nächste Bahnstation Küssnacht a. R. (10 km). – Schiffsanlegestelle.

Bergbahnen: Luftseilbahn nach Rigi-Kaltbad, 1440 m.

Badegelegenheit: Beheiztes Hallenschwimmbad, Freischwimmbad.

Sportmöglichkeiten: Angeln, Rudern, Paddeln, Wasserski, Tennis.

Veranstaltungen: Kurkonzert. – Heimatabende. – Rosenfest am ersten Juliwochenende.

Spaziergänge: **Mark-Twain-Anlage** an der Landeck am See. – Aussichtspunkt **Postunenkänzeli,** 30 Min. westlich. – **Chilchenwald,** 30 Min. nordöstlich. – **Bodenberg,** Aussichtspunkt, 1 Std. östlich. – **Sentiberg,** 864 m, 1¹/₂ Std. östlich (auch Autostraße). – **Lützelau,** 30 Min. südöstlich. – **Rigiblick,** 20 Min. nördlich. – 50 km markierte Wanderwege. Geführte Wanderungen.

In der Umgebung

GREPPEN, 4 km nördlich, 435–460 m, 400 Einw., Kurort am Ostufer des Küssnachter Beckens zu Füßen des Rigi, miteinbezogen in den Kurbereich der „Riviera des Vierwaldstätter Sees"

HERTENSTEIN, 3 km westlich, 435 m, hübscher Ferienort und Schiffsanlegeplatz an der Spitze der Landzunge, bei der das Küssnachter Becken beginnt. Schattiger Uferwanderweg.

Weggis — Winterthur

Unterkunft in Weggis:
Hotels:
Park-Hotel, Tel. 93 13 13, 110 B.
Albana, Tel. 93 21 41, 100 B.
Strandhotel Lützelau,
Tel. 93 19 92, 100 B.
Alexander, Tel. 93 22 22, 80 B.
Waldstaetten, Tel. 93 13 41, 75 B.
Beau-Rivage, Tel. 93 14 22, 70 B.
Central am See, Tel. 93 13 17, 70 B.
Seehof du Lac, Tel. 93 11 51, 60 B.
National, Tel. 93 12 25, 60 B.
Rigi am See, Tel. 93 21 51, 60 B.

Rössli, Tel. 93 11 06, 60 B.
Schweizerhof, Tel. 93 11 14, 55 B.
Bühlegg, Tel. 93 21 23, 50 B.
Paradies, Tel. 93 13 31, 50 B.
Gotthard, Tel. 93 21 14, 40 B.
Felsberg am See, Tel. 93 11 36, 35 B.
Friedheim, Tel. 93 11 81, 35 B.
Frohburg, Tel. 93 10 22, 35 B.

Pensionen:
Lindengarten, Tel. 93 21 01, 20 B.

Campingplatz: „Weggis-Lützelau", Tel. 93 12 22, geöffnet 27. 4.—30. 9.

In der Umgebung:
Hotels:
Hertenstein, 6352 Hertenstein, 3 km
westlich, Tel. 93 14 44, 100 B.
Pilatus, 6352 Hertenstein, 3 km
westlich, Tel. 93 13 34, 50 B.

St. Wendelin, 6404 Greppen, 4 km
nördlich, Tel. 81 10 16, 20 B.
Rigi, 6404 Greppen, 4 km nördlich,
Tel. 81 10 92, 15 B.

WILLISAU (L/M 3), Kt. Luzern, 550 m, 3000 Einw., kleine Stadt aus dem 13. Jh., die sich ihr mittelalterliches Aussehen bewahrte, einer der hübschesten Orte und Mittelpunkt des Luzerner Hinterlandes, wo die Täler der Wigger, Luthern, Enziwigger, Buechwigger und Seewag zusammentreffen. Die in der Umgebung gefundenen Pfahlbauten deuten auf eine frühe Besiedlung dieser waldreichen Gegend hin. Willisau ist Ausgangspunkt für Wanderungen in das südlich gelegene Napfgebiet.
Auskunft: Verkehrsauskunft, Tel. 81 17 02.
Postleitzahl: 6130
Telefon-Vorwählnummer: 045
Verkehr: Straße 132 Dagmersellen—Wolhusen. — Bahnstation. — Busverbindung mit Hergiswil, Nebikon und Sursee.
Sehenswert: Altes **Landvogteischloß** mit Stuckdecken von 1695. — Hauptgasse mit schönen alten **Bürgerhäusern** und dem Oberen **Stadttor.** — Pfarrkirche mit romanischem **Glockenturm.** — 3 Stadtbrunnen. — **Heiligblut-Kapelle,** unter Denkmalschutz. — Hirschpark.
Badegelegenheit: Freischwimmbad, Hallenbad.
Sportmöglichkeiten: Tennis, Reiten.
Unterkunft in Willisau:
Hotels:
Kreuz, Tel. 81 11 15, 55 B.
Adler, Tel. 81 17 39, 22 B.
Schlüssel, Tel. 81 13 20, 20 B.

Mohren, Tel. 81 11 10, 15 B.
Post, Tel. 81 25 06, 12 B.
Krone, Tel. 81 11 05, 11 B.

WINTERTHUR (O 1/2), Kt. Zürich, 439 m, 90 000 Einw., betriebsame Stadt mit mittelalterlichem Kern in der Talebene von Eulach und Töss, umgeben von den sanften Hügeln des Alpenvorlandes.

Orts- und Landschaftsbeschreibungen

Winterthur ist Verkehrsknotenpunkt und Pforte zum Zürcher Oberland, hier zweigen von den großen Routen aus der Westschweiz an den Bodensee Querverbindungen zum Rhein und ins Tösstal ab. Ein Kranz von alten Burgen umgibt die malerische Stadt.

Auskunft: Verkehrsbüro, am Bahnhofsplatz, Tel. 22 00 88.

Postleitzahl: 8400

Telefon-Vorwählnummer: 052

Verkehr: Autobahn N 1 Zürich–St. Gallen, Anschlußstellen. — Straße 1 Zürich–Kreuzlingen/Konstanz. — Straße N 4/E 70 Zürich–Schaffhausen. — Straße 7 Winterthur–Waldshut. — Bahnstation. — Busverbindung mit Flughafen Kloten (15 km).

Geschichtliches: Am Südhang des Lindberges wurde bereits 294 von Kaiser Diokletian ein starkes Kastell, die Festung „Vitodurum", errichtet. Nach der Völkerwanderung entstand hier in der Senke der Eulach eine Siedlung, die von dem mächtigen Grafen von Kyburg gefördert wurde. 1264 verlieh Rudolf von Habsburg, der Erbe der Kyburger Grafen, Winterthur die Rechte einer Stadt und einen eigenen Markt. Durch die Siege der Eidgenossen bedrängt, verpfändeten die österreichischen Herzöge 1467 Winterthur an Zürich. So blieb Winterthur eine aktive Politik versagt, und Gewerbebetriebe durften nur neu aufgenommen oder ausgebaut werden, wenn Zürich sie nicht schon betrieb. Um so eifriger wandten sich die Winterthurer daher dem Handel zu. Als die Fesseln fielen, blühte das Wirtschaftsleben der Stadt rasch auf. Innerhalb weniger Jahrzehnte trugen Erzeugnisse der Textil- und Maschinenfabriken den Namen Winterthur in alle Welt.

Auch auf kulturellem Gebiet hat die Stadt Tradition. Schon 1629 riefen musikliebende Winterthurer das Collegium Musicum ins Leben. Aus der Hausmusik wurden öffentliche Konzerte, aus dem Orchester der Kollegianten das angesehene Winterthurer Stadtorchester.

Sehenswert: Gotische **Stadtkirche** mit barocken Türmen und Rokoko-Orgel. — **Waaghaus**, 1503. — **Rathaus**, 1781–83. — Stadthaus von 1865 im klassizistischen Stil. — **Kunstmuseum**, Museumstr. 52, Malerei des 18., 19. und 20. Jh. Bedeutendes Münzkabinett und naturwissenschaftliche Sammlungen. — **Stiftung Oskar Reinhart**, Stadthausstr. 6, etwa 600 Werke schweizer, deutscher und österreichischer Künstler des 18.–20. Jh. — **Sammlung Oskar Reinhart „Am Römerholz"**, im Norden, Werke alter Meister (Cranach, Brueghel, Rubens, Rembrandt, Greco, Goya u. a.) sowie französischer Maler und Bildhauer (Delacroix, Daumier, Manet, Renoir, Cézanne u. a.). — **Museum Lindengut**, Römerstr. 8, Stadtgeschichte und Heimatkunde. — **Sammlung Jakob Briner** (holländische Kleinmeister) und **Uhrensammlung Konrad Kellenberger**, beide im Rathaus. — **Wildpark** beim Bruderhaus, am Eschenberg, im Süden.

Badegelegenheit: Hallenschwimmbad (Wettkampfbecken), Freischwimmbäder.

Winterthur

Sportmöglichkeiten: Tennis, Minigolf, Eislauf (Kunsteisbahn).

Veranstaltungen: Theater. — Konzerte. — Winterthurer Messe vor Weihnachten. — Mai-, Martini- und Klausmarkt.

Wanderungen: Schloß Kyburg, 634 m, 1½ Std. südlich, bedeutendster Rittersitz der Deutschen Schweiz, gelegen auf einem Felsvorsprung über der Töss, 1027 erstmals erwähnt, Stammschloß der gleichnamigen Grafen, die 1264 im Mannesstamm ausstarben und deren reiches Erbe an Rudolf von Habsburg fiel; Kyburg war einst Aufbewahrungsort für die Reichskleinodien und -reliquien; in der renovierten Burg (Eigentum des Kt. Zürich) des 11. und 12. Jh. ein Museum mit sehenswerter Waffensammlung. — **Hegi,** Wasserschloß mit romanischem Turm und gotischer Kapelle aus dem 16. Jh. (Volkskunstsammlung), ¾ Std. östlich. — **Schloß Mörsburg,** wuchtiges, uraltes Baugeviert aus unbehauenen Blöcken, vermutlich auf römischen Grundmauern errichtet, mit Kapelle aus dem 13. Jh. (Sammlungen des Historischen Vereins, Keramiken, Waffen), 2 Std. nordwestlich. — **Wülflingen** mit Herrenhaus, Landsitz des 17. Jh., in der Herrenstube schönes Beispiel der berühmten Winterthurer Öfen, 20 Min. westlich. — **Ruine Alt-Wülflingen** und **Hoh-Wülflingen,** 1 Std. südwestlich. — Im Tösstal zur **Ruine Wart** und weiter nach **Freienstein,** 2 Std. nordwestlich.

In der Umgebung

ELGG, 12 km östlich, 507 m, 2700 Einw., mit Schloß aus dem 16. und 18. Jh. und einer spätgotischen Pfarrkirche. In der Umgebung fanden sich Fossilien.

TURBENTHAL, 16 km südöstlich, 555 m, 2700 Einw., Ausflugsort im **Tösstal** mit altem Schloß und spätgotischer Kirche. Bahnstation. Oberhalb des Ortes die Burgruine Tössegg, nahebei **Gyrenbad** mit alkalischer Quelle.

Unterkunft in Winterthur:

Hotels:
Volkshaus, Meisenstr. 4, Tel. 22 82 51, 85 B.
Gartenhotel, Stadthausstr. 4, Tel. 23 22 31, 80 B.
Wartmann, Rudolfstr. 13, Tel. 22 84 21, 70 B.
Krone Stadt, Marktgasse 49, Tel. 23 25 21, 55 B.
Motel Wülflingen, Riedhofstr. 51 (an der N 1), Tel. 25 67 21, 45 B.

Zentrum Töss, Zürcherstr. 106, Tel. 22 53 21, 32 B.
Römertor, Guggenbühlstr. 6, Tel. 27 69 21, 27 B.
Hörnli, Zürcherstr. 208, Tel. 22 30 62, 20 B.
Albani, Steinberggasse 16, Tel. 22 69 96, 14 B.
Goldener Adler, Steinberggasse 51, Tel. 22 20 71, 10 B.
Lindberg (garni), Zinzikerbergstr. 25, Tel. 27 21 47, 8 B.

In der Umgebung:

Hotels:
Bären (Hallenbad), 8488 Turbenthal, Tel. 45 17 21, 20 B.
Motel Steighof, 8311 Brütten, Tel. 30 12 71, 20 B.
Sternen, 8352 Räterschen, Tel. 36 19 13, 15 B.

Gasthöfe:
Sonne, 8442 Hettlingen, Tel. 39 17 01, 25 B.
Frieden, 8310 Grafstal/Kemptthal, Tel. 33 11 35, 20 B.
Bahnhof, 8444 Henggart, Tel. 39 16 83, 10 B.
Rössli, 8483 Kollbrunn, Tel. 35 11 74, 9 B.

Jugendherberge: In Hegi, 3 km östlich, Schloß Hegi, Tel. 0 52/27 38 40, 44 B, geschlossen 1. 11.—31. 3.

Orts- und Landschaftsbeschreibungen

WOHLEN (N 2), Kt. Aargau, 423 m, 12 000 Einw., schöner Ort mit vielen Gartenanlagen im Tal der B ü n z , Zentrum der aargauischen Flechthutindustrie. – Zu Wohlen gehört der Ortsteil **Anglikon**.
Auskunft: Verkehrsauskunft, Tel. 6 01 11.
Postleitzahl: 5610
Telefon-Vorwählnummer: 0 57
Verkehr: Straße 1 Zürich–Aarau. – Straße 25 Wohlen–Cham b. Zug. – Bahnstation.
Sehenswert: **St.-Anna-Kapelle** mit spätgotischem Flügelaltar. – Sammlung der Historischen Gesellschaft. – Dorfkirche St. Leonard.
Badegelegenheit: Freibad.
Sportmöglichkeiten: Reiten, Tennis, Minigolf, Vita-Parcours. – Kunsteisbahn (im Winter).
Spaziergänge: **Waltenschwil** mit römischen Mosaiken, 40 Min. südöstlich. – **Göslikon** mit schöner Kirche, 1 Std. nordöstlich. – **Schloß Hilfikon** mit sehenswerter Kapelle, 1 Std. südwestlich. – **Erdmandlistein,** 45 Min. östlich. – **Bremgarten,** altes Städtchen an der Reuss, 1½ Std. östlich. – Zum **Hallwiler See,** 2 Std. südwestlich.
Unterkunft in Wohlen:
Hotels:
Freiämterhof, Tel. 6 36 73, 30 B.
Bären Casino, Tel. 6 11 35, 20 B.
Freihof, Tel. 6 17 75, 14 B.
Rössli, Tel. 6 15 61, 10 B.
Sternen, Tel. 6 13 30, 6 B.

WOLHUSEN (M 3), Kt. Luzern, 565 m, 4000 Einw., kleiner Industrieort im Tal der K l e i n e n E m m e . Den Eingang zu dem hier beginnenden **E n t l e b u c h** bewachte früher eine Burg, deren Ruinen den Ort überragen.
Auskunft: Gemeindekanzlei, Tel. 71 22 22; Gewerbe- und Verkehrsverein, Tel. 71 11 86.
Postleitzahl: 6110
Telefon-Vorwählnummer: 0 41
Verkehr: Straße 10 Luzern–Bern. – Bahnstation. – Busverbindung mit Ruswil und Romoos.
Sehenswert: **Totenkapelle** mit Totentanz-Malerei von 1661.

In der Umgebung
RUSWIL, 5 km nordöstlich, 637 m, 5900 Einw., Luftkurort in der Talsohle des L u z e r n e r R o t t a l e s , am Fluß des Ruswiler Berges, mit schönen Brunnen und der größten Landkirche des Kantons, die ihre reiche Innenausstattung 1780–94 erhielt. In der malerischen Moorlandschaft der Umgebung wurden Pfahlbauten gefunden.

Unterkunft in Wolhusen:
Hotels:
Rössli, Tel. 71 13 06, 30 B.
Bahnhof, Tel. 71 14 12, 22 B.
Bad, Tel. 71 12 07, 12 B.
Rebstock, Tel. 71 16 89, 12 B.

ZOFINGEN (L 2), Kt. Aargau, 432 m, 9600 Einw., mittelalterliches Städtchen mit reizvollem Ortsbild südlich der A a r e , an der Wigger. Zofingen war als Verkehrsknotenpunkt seit Römerzeiten befestigt.

Auskunft: Verkehrsbüro, Tel. 51 75 75.
Postleitzahl: 4800
Telefon-Vorwählnummer: 062
Verkehr: Straße 2/E 9 Olten–Luzern. – Bahnstation. – Busverbindung mit Oftringen.
Sehenswert: Spätgotische **Mauritiuskirche** mit schönen Glasmalereien und Resten einer romanischen Krypta mit Fresken. – Schöne Profanbauten des 18. Jh. – Frühere **Tuchhalle** mit Arkaden, 1727. – **Neues Museum** mit archäologischen und Münzsammlung. – **Bibliothek** von 1693 mit Inkunabeln und Manuskripten; Stadtbibliothek; **Naturhistorisches Museum.** – **Mosaikfußböden** einer Römervilla.

Badegelegenheit: Freibad.
Sportmöglichkeiten: Reiten, Tennis, Schießen, Fechten, Vita-Parcours.
Wintersport: Eislauf.
Spaziorgang: Zum Heiternplatz, Ausblick, Hirschpark, 20 Min. südöstlich.
Wanderungen (Wandertafel beim Bahnhof): Im Mühletal nach **Ilinterwil**, 1¼ Std. östlich. – **Neudorf**, 1¼ Std. östlich. – Über Wikon mit Schloß Mariaburg nach **Reiden**, oberhalb des Ortes ehemalige Komturei des Malteserordens, 1½ Std. südlich. – **Chilchberg**, 583 m, 40 Min. südwestlich. – Durch den Ramooswald nach **Ramoos**, 1 Std. westlich. – Über St. Ulrich, Fennern, Mättenwil nach **Brittnau**, 3 Std. südwestlich; zurück mit Bus.

Unterkunft in Zofingen:
Hotels:
Engel (garni), Tel. 51 50 50, 60 B.
Sternen, Tel. 51 26 91, 30 B.
Rössli, Tel. 51 71 91, 18 B.

Linde, Küngoldingen, Tel. 52 22 02, 15 B.
Römerbad, Tel. 51 12 93, 14 B.
Raben, Tel. 51 81 80, 8 B.
Krone, Tel. 51 11 44, 6 B.

ZÜRCHER OBERLAND. Ausflugs- und Erholungsgebiet östlich von Zürich mit Kurhäusern und zahlreichen ruhigen Ferienorten für Sommer- und Winteraufenthalt, im Süden vom Zürichsee, im Osten vom Tösstal begrenzt.

ZÜRICH (O 2), Hauptstadt des gleichnamigen Kantons, 408 m, 378 000 Einw., größte Stadt der Schweiz, Handels-, Industrie- und Fremdenverkehrszentrum, moderne Großstadt und zugleich Kurort, Gartenstadt und Badeort am Nordende des Z ü r i c h s e e s vor dem Hintergrund der Alpen. Die Stadt erstreckt sich zwischen den Höhenterrassen des L i m m a t t a l e s und den Ufern der S i h l, die hier in die dem See entströmende Limmat mündet. Die

Orts- und Landschaftsbeschreibungen

zentrale Lage macht Zürich zum größten Verkehrsknotenpunkt der Schweiz. Die Bahnhofstraße (Fußgängerzone) ist beliebtes und bekanntes Einkaufszentrum, die gepflegten Dekorationen der exklusiven Ladengeschäfte sind beispielhaft.

Zürich ist auch der kulturelle Mittelpunkt der Schweiz. Es hat den Ruf einer Musikstadt und ist führend im Theaterwesen. Zürich ist Geburtsort von Pestalozzi (1746–1827), Gottfried Keller (1819–90) und C. F. Meyer (1825–98).

Auskunft: Offizielles Verkehrsbüro des Verkehrsvereins Zürich, am Hauptbahnhof, Tel. 2 11 40 00. – Auskunftsbüro der Schweizerischen Bundesbahnen (SBB) am Hauptbahnhof. Tel. 2 11 50 11; Zweigbüro Paradeplatz, Tel. 2 11 45 00.

Postleitzahl: 8000

Telefon-Vorwählnummer: 01

Verkehr: Autobahn N 1 Bern–St. Gallen. – Autobahn N 3 (im Bau)/Straße 3 Basel–Chur. – Straße 1 Lenzburg–Zürich. – Straße 4 Zürich–Luzern. – Straße 17 Zürich–Rapperswil. – Eisenbahnknotenpunkt der Zentralschweiz (15 Bahnhöfe). – Zürich Airport in Kloten (12 km nördlich). – Schiffsanlegestelle.

Bergbahnen: Standseilbahn Limmatquai–Hochschulen. Standseilbahn Römerhof–Dolder Grand Hotel. Standseilbahn Universitätsstraße–Germaniastraße.

Geschichtliches: Die Pfahlbauten am Zürichsee reichen bis in die Steinzeit (um 3000 v. Chr.) zurück. Gegen Ende der Bronzezeit (um 1000 v. Chr.) begannen die Landsiedlungen. Um 400 v. Chr. erschienen keltische Stämme, zu welchen die Helvetier gehörten. Im Jahr 58 v. Chr. geriet das Gebiet unter römische Herrschaft. Um 200 erscheint zum ersten Mal der Name Turicum, um 450 erfolgte die Landnahme durch die Alemannen. Um das Jahr 800 stiftete Karl der Große das Grossmünster, 853 gründete Ludwig der Deutsche für seine Töchter die Fraumünster-Abtei. 1218 wurde Zürich reichsfreie Stadt. 1336 ereignete sich ein innerpolitischer Aufstand, dem 1350 die „Zürcher Mordnacht" folgte. Im Jahre 1351 erfolgte der Eintritt Zürichs in den Bund der Eidgenossenschaft.

Ulrich Zwingli, Pfarrer am Grossmünster, begann hier 1519 sein Reformationswerk, Zürich nahm die protestantischen Flüchtlinge auf, die mit der Seiden- und Baumwollverarbeitung neuen Wohlstand brachten. Auch die französischen Hugenotten fanden Zuflucht in der Stadt, die bis in jüngste Zeit immer wieder Verfolgten eine Heimstatt bot.

1 Grossmünster
2 Wasserkirche
3 Fraumünster
4 Zunfthaus zur Meisen
5 St.-Peter-Kirche,
   St.-Peter-Hofstatt
6 Rathaus
7 Predigerkirche, Zentralbibliothek
8 Kunsthaus
9 Universität
10 Eidg. Techn. Hochschule
11 Kunstgewerbemuseum
12 Landesmuseum
13 Museum Rietberg

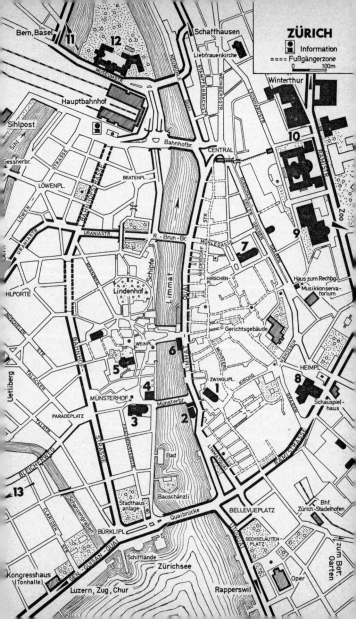

Sehenswert

Grossmünster, am rechten Limmatufer. Karl der Große soll die erste Kirche gegründet haben, im 9. Jh. stand hier ein Chorherrenstift. Der jetzige Bau ist die größte romanische Kirche der Schweiz, errichtet im 11.–13. Jh. Am Südturm (Karlsturm) die Statue Karls des Großen vom 15. Jh. Große Krypta, Kreuzgang mit lombardischem Skulpturenschmuck, bemerkenswerte Bronzeportale des Bildhauers Otto Münch.

Wasserkirche, aus dem 15. Jh., am rechten Limmatufer unterhalb des Grossmünsters; der Sage nach an der Stelle errichtet, an der die Schutzpatrone Zürichs, Felix, Regula und Exuperantius, enthauptet wurden. – Im angebauten **Helmhaus** baugeschichtliches Archiv und Wechselausstellungen.

Fraumünster, gegenüber dem Grossmünster auf dem linken Limmatufer, gegründet 853 von Ludwig dem Deutschen, der jetzige Bau romanisch und gotisch, Kirche im 18. Jh. und 1911 restauriert; unter dem romanischen Chor Krypta aus karolingischer Zeit; romanischer Kreuzgang mit neuen Fresken von Paul Bodmer, die alte Züricher Legenden darstellen; moderne Kirchenfenster von Marc Chagall.

Zunfthaus zur Meisen, Münsterhof 20, Barockbau mit Rokokoverzierungen (1757) mit Ehrenhof und Portal. Keramikausstellung.

Zunfthaus zur Waag, Münsterhof 8, erbaut 1636.

St.-Peter-Kirche, links der Limmat, Turmunterbau 13. Jh., Kirchenschiff von 1706 (Barock), Turmuhr (Durchmesser 8,67 m) aus dem 16. Jh. Vor der Kirche das Grab des berühmten Schriftstellers Pfarrer Lavater.

St.-Peter-Hofstatt, idyllischer Altstadtplatz mit Wohnhaus Lavaters und Gasthof, in welchem Goethe und der Herzog von Sachsen-Weimar abstiegen.

Rathaus, am Limmatquai (rechtes Ufer), Spätrenaissancebau aus dem 17. Jh. mit barocker Stuckdekoration und reicher Holztäfelung in den Sälen, Turmöfen. – Besichtigung Dienstag, Donnerstag und Freitag 10.00–11.30 Uhr. – Unterhalb des Rathauses alte **Bootslände.**

Lindenhof, Hügel in der Altstadt, links der Limmat, ehemals römisches Kastell (Ausgrabungen eines Turmfundaments), später Pfalz der Herzöge von Zähringen; Ausblick auf Limmat und Altstadt.

Schipfe, Teil der Altstadt am linken Limmatufer: schöne alte Häusergruppe.

Predigerkirche, in der Altstadt rechts der Limmat, mit gotischem Chor. Im Anbau Staatsarchiv des Kantons Zürich.

Zürich

Zentralbibliothek, neben der Predigerkirche, Kantons-, Stadt- und Universitätsbibliothek mit mehreren Spezialsammlungen, u. a. über Alpenkunde.

Haus zum Rechberg, Hirschengraben 40, schönstes Patrizierhaus der Stadt, im Rokokostil, kleine Wechselausstellungen. Terrassenförmig angelegter Garten mit schmiedeeisernen Gittertoren.

Universität, zwischen Rämistrasse und Hirschengraben, erbaut 1911–1914 durch Architekt Karl Moser.

Eidgenössische Technische Hochschule, nördlich der Universität, auf einer Anhöhe östlich über der Limmat, erbaut 1863–1867 durch Architekt Gottfried Semper; mit neueren Anbauten.

Museen:

Schweizerisches Landesmuseum, Museumstr. 2, am Platzspitzpark beim Hauptbahnhof. Kunst- und Kulturentwicklung auf Schweizer Boden. – G e ö f f n e t : Täglich 10.00–12.00 Uhr, 14.00–17.00 Uhr, Montag 14.00 bis 17.00 Uhr.

Kunsthaus, Heimplatz 1, Gemälde und Plastiken insbesondere des 19. und 20. Jh. – G e ö f f n e t : Täglich 10.00–17.00 Uhr, Montag 14.00–17.00 Uhr, Dienstag bis Freitag auch 20.00–22.00 Uhr.

Museum Rietberg, Gablerstr. 15, im Stadtteil Enge. Außereuropäische Kunst (Sammlung v. d. Heydt u. a.). – G e ö f f n e t : Täglich 10.00–12.00 Uhr, 14.00–18.00 Uhr, Samstag und Sonntag bis 17.00 Uhr, Mittwoch auch 20.00 bis 22.00 Uhr.

Kunstgewerbemuseum, Ausstellungsstr. 60, beim Sihlquai. Wechselausstellungen über Kunsthandwerk, Architektur, Gewerbe, Industrie. – G e ö f f n e t : Täglich 10.00–12.00 Uhr, 14.00–18.00 Uhr, Samstag und Sonntag 10.00–12.00 Uhr, 14.00–17.00 Uhr, Mittwoch bis 21.00 Uhr, Montag geschlossen.

Helmhaus, Limmatquai 31. Wechselausstellungen, baugeschichtliches Archiv, großes Modell der Stadt Zürich um 1800. – G e ö f f n e t : Täglich 10.00 bis 12.00 Uhr, 14.00–18.00 Uhr, Mittwoch auch 20.00–22.00 Uhr, Montag geschlossen.

Graphische Sammlung der Eidg. Techn. Hochschule, Leonhardstr. 33. Alte und moderne Graphik, Handzeichnungen. – G e ö f f n e t : Täglich 10.00 bis 12.00 Uhr, 14.00–17.00 Uhr, Sonntag 10.00–12.00 Uhr.

Völkerkundemuseum der Universität, Rämistr. 71. – G e ö f f n e t : Montag–Freitag 10.00–13.00 Uhr, 14.00–17.00 Uhr, Montag und Mittwoch auch 19.30–21.30 Uhr, Samstag 10.00–12.00 Uhr, 1. Sonntag im Monat 10.00 bis 12.00 Uhr.

Archäologische Sammlung der Universität, Rämistr. 73. – G e ö f f n e t : Montag und Mittwoch 14.00–17.00 Uhr.

Zoologisches Museum der Universität, Paläontologisches Museum, Künstlergasse 16. – G e ö f f n e t : Täglich 10.00–18.00 Uhr, Samstag 10.00 bis 17.00 Uhr, Sonntag 10.00–12.00 Uhr, 14.00–17.00 Uhr, Montag geschlossen.

Thomas-Mann-Archiv, Schönberggasse 15. Manuskripte, Bibliothek und Arbeitszimmer von Thomas Mann. – G e ö f f n e t : Mittwoch und Samstag 14.00–16.00 Uhr.

Orts- und Landschaftsbeschreibungen

Stiftung Sammlung E. G. Bührle, Zollikerstr. 172. Werke des französischen Impressionismus, mittelalterliche Skulpturen. — G e ö f f n e t : Dienstag und Freitag 14.00—17.00 Uhr.

Pestalozzianum, Pestalozzi-Gedenkstätte, Beckenhofstr. 31—37, im Norden der Stadt. Größte pädagogische Bibliothek der Schweiz. — G e ö f f n e t : Dienstag—Freitag 9.00—11.30 Uhr, 13.00—18.00 Uhr, Samstag bis 16.00 Uhr, Sonntag und Montag geschlossen.

Schweizer Heimatwerk, Rudolf-Brun-Brücke (Nationalbankgebäude). Erzeugnisse der Schweizer Volkskunst und des Kunsthandwerks, mit Verkauf. — G e ö f f n e t : 8.30—18.30 Uhr, Samstag bis 16.00 Uhr. Auch Bahnhofstr. 2 und Rennweg 14.

Neuer Botanischer Garten, Zollikerstr. 107, Weinegg, im Südosten. Große Freiluftanlagen, drei kuppelartige Schauhäuser mit seltenen exotischen Pflanzen. — **Sukkulentensammlung,** Mythenquai 88. Artenreichste Kakteensammlung Europas. — **Zoo,** Zürichbergstr. 221.

Museum der Zeitmessung, Bahnhofstr. 31. Antike Uhren des 16. Jh. bis zur Gegenwart. — **Wohnmuseum,** Bärengasse, bürgerliches Wohnen im Frühbarock (Wechselausstellungen).

S t a d t r u n d g a n g

(Auf prominente Persönlichkeiten oder historische Anlässe, die im Zusammenhang mit Baulichkeiten stehen, weisen jeweils Tafeln mit Aufschriften hin; über Persönlichkeiten, nach deren Namen Straßen benannt sind, geben die Straßentafeln Auskunft.) Vom B a h n h o f p l a t z, einem Brennpunkt des Zürcher Fremdenverkehrs, nach links, von der Bahnhofbrücke aus ein reizvolles Bild: Zu beiden Seiten der Limmat drängen sich die Häuser der Altstadt, überragt von den ehrwürdigen Kirchen: Predigerkirche, Grossmünster, Fraumünster und St. Peter. Vom C e n t r a l am Ostende der Bahnhofbrücke aus führt der breite, von lebhaftem Verkehr erfüllte L i m m a t q u a i (östlich davon Fußgängerzone) flußaufwärts gegen den See, der Weg führt dabei vorbei am **Rathaus,** dem **Grossmünster,** der **Wasserkirche,** schönen **Zunfthäusern** und, am gegenüberliegenden Ufer, **St. Peter** und **Fraumünster.** Die abwechslungsreiche Flußpromenade erstreckt sich über rund einen Kilometer und mündet in den belebten B e l l e v u e p l a t z am See. Hier steht das **Opernhaus** von 1893. Die ganze Seebucht umgeben schöne Quai-Grünanlagen. Der Rückweg führt über die Q u a i b r ü c k e durch die berühmte B a h n h o f s t r a s s e mit ihren luxuriösen Geschäften (ab Uraniastrasse Fußgängerzone) zum Hauptbahnhof zurück. Am P a r a d e p l a t z, dem Hauptverkehrszentrum der Stadt, stehen die großen Bauten der Schweizer Banken und weltweiter Geschäftsfirmen.

Das Verkehrsbüro am Bahnhofplatz vermittelt täglich Stadtrundfahrten von 1½ und 2 Std. Dauer, von März bis Oktober die Fahrt „Zürich bei Nacht" mit Darbietungen schweizerischer Volksmusik, mit Motorboot-

Zürich

fahrten auf dem nächtlichen Zürichsee und Barbesuch. Von Juni bis September dienstags, donnerstags und samstags begleitete Altstadtbummel, Dauer 2½ Std. — Stadtrundfahrten mit der alten Straßenbahn „Goldtimer" oder „Goldig Sächser".

Badegelegenheit: Hallenschwimmbäder, Freischwimmbäder.

Sportmöglichkeiten: Angeln, Tennis, Reiten, Golf, Segeln, Rudern, Wasserski, Windsurfing, Eislauf (Kunsteisbahn).

Veranstaltungen: Internationale Juni-Festwochen. — Oper, Operette und Ballett im Opernhaus. — Aufführungen im Schauspielhaus. — Konzerte im Zürcher Kongresshaus (Tonhalle).

Brauchtum: Sechseläuten im Frühjahr mit großem Umzug der Zürcher Zünfte (historische Darstellungen), abends 6 Uhr Verbrennen der Bögg-Figur beim Bellevueplatz. — Zürcher Knabenschießen im September.

Spezialitäten: Geschnetzeltes nach Zürcher Art, Zürcher Leberspiessli, Ratsherrentopf, Leckerli, Zürichsee-Fische, Zürichsee-Weine. Im Herbst Wildbret und Pfeffer.

Spaziergänge: Seepromenade vom **Bellevue** auf dem östlichen Seeufer, entlang dem Utoquai und vorbei am Opernhaus, dann **Seefeldquai** zum **Zürichhorn** mit Parkanlagen und Strandbad Tiefenbrunnen, ½ Std. — Vom **Bürkliplatz** (Schiffsstation für Fahrten nach allen Seegemeinden bis Rapperswil) am Ende der Bahnhofstrasse zunächst südwestlich des General-Guisan-Quai entlang, vorbei am **Kongresshaus** und der **Tonhalle** (Konzertsaal mit Terrassen- und Gartenrestaurant), dann südlich auf dem Mythenquai vorbei an der Städt. Kakteensammlung zum **Strandbad Mythenquai**, 25 Min. Dieser Spaziergang ist auch mit einem Rundgang durch den **Belvoirpark** und **Rieterpark** zu verbinden, die beide unweit der Städt. Kakteensammlung liegen. — **Zürichberg**, mit Drahtseilbahn vom oberen Ende der Universitätsstrasse (Straßenbahn 9 und 10) zum **Rigiblick**, von dort auf den schönen Waldwegen, vorbei am Kurhaus Zürichberg, in ½ Std. zum **Zoologischen Garten** (auch direkt von der Stadt mit Straßenbahn 5 zu erreichen). Im Bereich des Zürichbergs können weitere sehr schöne Spaziergänge und Wanderungen unternommen werden. — **Dolder** (Drahtseilbahn vom Römerhof, Straßenbahn 3, 8 und 15), Aussichtshöhe mit Grand Hotel und Sportanlagen (u. a. Wellenbad und Golfplatz); schöner Blick auf die Stadt. Waldspaziergänge östlich zum Adlisberg, 701 m. — **Uetliberg**, 871 m, nördlichster Gipfel der Albiskette, westlich von Zürich, mit Bahn von Zürich-Selnau. Zu Fuß von Albisgütli (Straßenbahn 13) in 1¼ Std. Oben Bergrestaurant, Fernsehsendeturm und Aussichtsturm (umfassende Rundsicht); interessante Molasseformationen; Ruinen der Römerzeit und einer mittelalterlichen Fluchtburg. — **Felsenegg**, 790 m, schönster Aussichtspunkt in der Albiskette, von Albisgütli in 2½ Std. südlich oder vom Uetliberg Kammwanderung in 1½ Std. südlich. Von Adliswil an der Sihltalbahn, Luftseilbahn. Schöne Kammwanderung weiter südlich über den bewaldeten Albis, 893 m, nach **Oberalbis** (Albispass, 971 m).

Wanderparkplätze: Albisgütli; bei der Talstation der Felseneggbahn in Adliswil.

Orts- und Landschaftsbeschreibungen

In der Umgebung

ADLISWIL, 7 km südlich, 451 m, 17 000 Einw., großes Dorf am Nordende des bewaldeten Sihltales und Ausgangspunkt für den **Albispass,** 791 m, der berühmt ist wegen seiner Aussicht auf Zürichsee und Gebirge. Adliswil ist Station der Sihltalbahn, von hier führt eine Luftseilbahn auf die **Felsenegg,** 790 m. – In **Langenberg,** 3 km südlich, großer Tierpark.

DIETIKON, 11 km westlich, 388 m, 23 000 Einw., geschichtsreiche Stadt im Tal der Limmat; zahlreiche Funde aus Römerzeit und Mittelalter. Bahnstation; Schmalspurbahn nach Bremgarten, Wohlen, Fahrwangen. Größerer Industrieort, mit Schlieren Vorort von Zürich. Jenseits der Limmat das **Kloster Fahr** vom 12. Jh. mit romanischer Kapelle und barocken Ausschmückungen.

DÜBENDORF, 10 km östlich, 440 m, 21 000 Einw., beliebter Ausflugsort am Beginn des Zürcher Oberlandes im Tal der Glatt mit Zivil- und Militärflugplatz. Bahnstation.

ERLENBACH, 9,5 km südlich, 419 m, 4600 Einw., beliebter Ausflugsort zwischen schönen Weinbergen am Ostufer des Zürichsees. Bahnstation. In der Nähe der Pflugstein, ein großer Findling. Auf den Höhen schöne Wälder mit markierten Spazierwegen.

HORGEN, 17 km südlich, 409 m, 17 000 Einw., große Gemeinde und Industrieort am Südwestufer des Zürichsees.

KILCHBERG, 6 km südlich, 406–424 m, 7500 Einw., terrassenartig aufsteigender Villenvorort am Westufer des Zürichsees. Bahnstation. Ehemals Wohnsitz des Dichters C. F. Meyer, der, wie Thomas Mann, hier begraben liegt.

KLOTEN, 10 km nördlich, 447 m, 17 000 Einw., ausgedehnte Gemeinde mit dem größten Flughafen der Schweiz ZÜRICH AIRPORT für interkontinentale Fluglinien. Modernste Anlagen mit unterirdischem Schnellzug-Bahnhof, U-Bahn-Station (ab 1980), Parkhäusern, Hotels usw. – In Kloten-Dorf sehenswerte spätgotische Kirche in quergestellter Kreuzform mit hohem Glockenturm.

KÜSNACHT (nicht zu verwechseln mit Küssnacht am Rigi, im Kt. Schwyz), 7 km südlich, 415 m, 12 500 Einw., hübscher Ort am Zürichsee und am Küsnachter Tobel. Bahnstation. Kantonales Lehrerseminar, moderne Villen und Kirche der ehemaligen Johanniter-Komturei aus dem 14. Jh.

RICHTERSWIL, 28 km südlich, 408 m, 7500 Einw., Ortschaft an der breitesten Stelle des Zürichsees nördlich des Dreiländersteins, 1190 m, wo die Kantone Zürich, Zug und Schwyz zusammenstoßen. Bahnstation und Ausgangspunkt für Schiffahrten zur Insel Ufenau.

RÜSCHLIKON, 11 km südlich, 433 m, 5000 Einw., Villenvorort am reich besiedelten Westufer des Zürichsees. Bahnstation.

SIHLWALD, großes, gutgepflegtes Waldgebiet mit Tierreservat.

THALWIL, 12 km südlich, 435 m, 15 000 Einw.

WÄDENSWIL, 24 km südlich, 408 m, 17 000 Einw., eine der größten Gemeinden am Südwestufer des Zürichsees. Bahnstation; Südostbahn nach dem Wallfahrtsort Einsiedeln. Als „Wadis vilare" ein Ort alemannischen Ursprungs. Ruine Alt-Wädenswil und neues Schloß von 1808.

Zürich

Unterkunft in Zürich:

Hotels:
Nova-Park, Badenerstr. 420,
Tel. 54 22 21, 1000 B.
International, Marktplatz Oerlikon,
Tel. 46 43 41, 700 B.
Zürich, Neumühlequai 42,
Tel. 60 22 40, 400 B.
Atlantis, Döltschiweg 234,
Tel. 35 00 00, 330 B.
Dolder Grand Hotel, Kurhausstr. 65, Tel. 32 62 31, 300 B.
Continental, Stampfenbachstr. 60,
Tel. 60 33 60, 250 B.
Baur au Lac, Talstr. 1,
Tel. 2 11 16 50, 230 B.
St. Gotthard, Bahnhofstr. 87,
Tel. 2 11 55 00, 200 B.
Glockenhof, Sihlstr. 31,
Tel. 2 11 56 50, 160 B.
Trümpy, Limmatstr. 5,
Tel. 42 54 00, 160 B.
Florida, Seefeldstr. 63,
Tel. 32 68 30, 150 B.
Stoller, Badenerstr. 357,
Tel. 52 65 00, 150 B.
Savoy Baur en Ville, Poststr. 12,
Tel. 2 11 53 60, 150 B.
Seidenhaus (alkoholfrei), Sihlstr. 7/9,
Tel. 2 11 65 44, 146 B.
Glärnischhof, Claridenstr. 30,
Tel. 2 02 47 47, 130 B.
Plaza, Goethestr. 18,
Tel. 34 60 00, 120 B.
Schweizerhof, Bahnhofplatz 7,
Tel. 2 11 86 40, 120 B.
Carlton Elite, Bahnhofstr. 41,
Tel. 2 11 65 60, 115 B.
Rigihof, Universitätsstr. 101,
Tel. 26 16 85, 115 B.
Simplon, Schützengasse 16,
Tel. 2 11 61 11, 115 B.
Waldhaus Dolder, Kurhausstr. 20,
Tel. 32 93 60, 114 B.
Ascot, Lavaterstr. 15,
Tel. 2 01 18 00, 110 B.
Scheuble, Mühlegasse 17,
Tel. 32 87 95, 110 B.
Storchen, Weinplatz 2,
Tel. 2 11 55 10, 110 B.
Bristol, Stampfenbachstr. 34,
Tel. 47 07 00, 100 B.
Central, Centralplatz,
Tel. 32 68 20, 100 B.
City, Löwenstr. 34, Tel. 2 11 20 55,
100 B.
Engemathof, Engimattstr. 14,
Tel. 2 01 25 04, 100 B.
Guesthouse Atlantis, Döltschihalde 49, Tel. 35 00 00, 100 B.
Im Park, Kappelistr. 41,
Tel. 2 01 65 65, 100 B.
Limmathaus, Limmatstr. 118,
Tel. 42 52 40, 100 B.
Neues Schloss, Stockerstr. 17,
Tel. 2 01 65 50, 100 B.
Opera, Dufourstr. 5, Tel. 47 32 93,
100 B.
Rothus, Marktgasse 17,
Tel. 34 15 30, 100 B.
Foyer Hottingen, Hottingerstr. 31,
Tel. 47 93 15, 96 B.
Bellerive au Lac, Utoquai 47,
Tel. 32 70 10, 90 B.
Leoneck, Leonhardstr. 1,
Tel. 47 60 70, 90 B.
Royal (garni), Leonhardstr. 6,
Tel. 47 67 10, 90 B.
Du Théâtre, Seilergraben 69,
Tel. 34 60 62, 85 B.
Zürichberg (alkoholfrei), Orellistr. 21, Tel. 34 38 48, 85 B.
Alexander, Niederdorfstr. 40,
Tel. 32 82 03, 82 B.
Krone-Unterstrass, Schaffhauserstr. 1, Tel. 26 16 88, 82 B.
Astor, Weinbergstr. 44,
Tel. 47 93 00, 80 B.
Regina, Hohlstr. 18,
Tel. 2 42 65 50, 80 B.
Sternen Oerlikon, Schaffhauserstr. 335, Tel. 46 77 77, 80 B.
Martahaus (garni), Zähringerstr. 36, Tel. 32 45 50, 80 B.
Basilea, Zähringerstr. 25,
Tel. 47 42 50, 75 B.
Ambassador, Falkenstr. 6,
Tel. 47 76 00, 75 B.
Buchzelg, Buchzelgstr. 50,
Tel. 53 82 00, 75 B.
Eden au Lac, Utoquai 45,
Tel. 47 94 04, 75 B.
Limmathof, Limmatquai 142,
Tel. 47 42 20, 75 B.
Sonnenberg, Aurorastr. 98,
Tel. 47 00 47, 75 B.
Splügenschloss, Splügenstr. 2,
Tel. 2 01 08 00, 75 B.
Adler, Rosengasse 10,
Tel. 34 64 30, 70 B.
Europe, Dufourstr. 4,
Tel. 47 10 30, 70 B.
Olympia, Badenerstr. 324,
Tel. 54 77 66, 70 B.

Orts- und Landschaftsbeschreibungen

Waldorf, Weinbergstr. 45,
Tel. 34 91 91, 70 B.
Rothaus, Langstr. 121,
Tel. 2 41 24 51, 70 B.
Coronado, Schaffhauserstr. 137,
Tel. 60 06 50, 68 B.
Excelsior (garni), Dufourstr. 24,
Tel. 34 25 00, 65 B.
Goldenes Schwert, Marktgasse 14,
Tel. 34 59 40, 65 B.
Poly, Universitätsstr. 63,
Tel. 28 94 40, 62 B.
Italia, Zeughausstr. 61,
Tel. 2 41 43 39, 60 B.
Quisisana (garni), Mainaustr. 23,
Tel. 47 27 40, 58 B.
Rex (garni), Weinbergstr. 92,
Tel. 26 96 46, 57 B.
Kronenhof, Wehntalerstr. 551,
Tel. 57 44 55, 56 B.
Florhof, Florhofgasse 4,
Tel. 47 44 70, 56 B.
Chesa Rustica, Limmatquai 70,
Tel. 32 92 91, 50 B.
Montana (garni), Konradstr. 39,
Tel. 42 69 00, 50 B.
Zürcherhof, Zähringerstr. 21,
Tel. 47 10 40, 50 B.
Gregory, Schönegstr. 6,
Tel. 2 41 22 02, 50 B.
Sunnehus, Sonneggstr. 17,
Tel. 32 65 80, 48 B.
Eos (garni), Carmenstr. 18,
Tel. 47 10 60, 45 B.
Helmhaus (garni), Schifflände 30,
Tel. 32 88 10, 45 B.
Plattenhof, Zürichbergstr. 19,
Tel. 32 19 10, 45 B.
Jura, Stampfenbachstr. 26,
Tel. 47 84 84, 42 B.
Franziskaner, Stüssihofstatt 1,
Tel. 34 01 20, 42 B.
Landhus, Katzenbachstr. 10,
Tel. 50 33 11, 42 B.
Seegarten, Seegartenstr. 14,
Tel. 34 37 37, 41 B.

Bahnpost, Reitergasse 6,
Tel. 2 41 32 11, 40 B.
Rössli, Rössligasse 7,
Tel. 31 71 66, 40 B.
Biber (alkoholfrei), Niederdorfstr. 7, Tel. 34 22 20, 40 B.
Goldener Brunnen (garni),
Rotachstr. 33, Tel. 33 67 33, 40 B.
Krone-Limmatquai, Limmatquai 88,
Tel. 32 42 22, 40 B.
Schifflände, Schifflände 18,
Tel. 69 40 50, 40 B.
Ammann, Kirchgasse 4,
Tel. 34 72 40, 37 B.
Rütli (alkoholfrei), Zähringerstr. 43, Tel. 32 54 26, 37 B.
Splendid, Rosengasse 5,
Tel. 34 58 50, 36 B.
Kindli (garni), Pfalzgasse 1,
Tel. 2 11 59 17, 35 B.
Spirgarten, Lindenplatz 5,
Tel. 62 24 00, 35 B.
Star (garni), Sternenstr. 15,
Tel. 2 01 12 66, 35 B.
Burma, Schindlerstr. 26,
Tel. 26 10 08, 32 B.
Rigiblick (alkoholfrei),
Germaniastr. 99, Tel. 26 42 14, 32 B.
Zelthof (garni), Zeltweg 18,
Tel. 47 80 66, 31 B.
Ascona, Meinrad-Lienert-Str. 17,
Tel. 35 27 23, 30 B.
Seefeld (garni), Seehofstr. 11,
Tel. 34 95 70, 30 B.
Breitinger (garni), Breitingerstr. 20, Tel. 2 01 62 30, 30 B.
Vorderer Sternen, Theaterstr. 22,
Tel. 32 49 49, 30 B.
Ferrari, Regensbergstr. 175,
Tel. 46 82 53, 30 B.
Hinterer Sternen, Freieckgasse 7,
Tel. 32 32 68, 28 B.

Weitere kleinere Hotels und
Pensionen.

Jugendherberge, Mutschellenstr. 114, Tel. 45 35 44, 480 B.
Campingplatz: „Seebucht", Tel. 45 16 12, geöffnet Mai bis September.
In der Umgebung:
Hotels:

Mövenpick Holidy Inn, 8058 Zürich Airport (Kloten), 10 km nördlich,
Tel. 8 10 11 11, 575 B.
Zürich Hilton, 8058 Zürich Airport (Kloten), 10 km nördlich,
Tel. 8 10 31 31, 560 B.
Mövenpick Holiday Inn,

8105 Regensdorf, 10 km nordwestlich, Tel. 8 40 25 20, 271 B.
Seehotel Meierhof, 8810 Horgen,
17 km südlich, Tel. 7 25 29 61, 230 B.
Welcome Inn, 8058 Zürich Airport (Kloten), Tel. 8 14 07 27, 190 B.
Hostellerie Geroldswil, 8954
Geroldswil, 10 km nordwestlich,
Tel. 7 48 18 20, 160 B.

Jolie Ville Motor Inn, 8134 Adliswil, 7 km südlich, Tel. 7 10 85 85, 145 B.
Tivoli (garni), 8952 Schlieren, 8 km nordwestlich, Tel. 7 30 42 48, 100 B.
Salmen, 8952 Schlieren, 8 km nordwestlich, Tel. 7 30 60 71, 80 B.
Airport, 8152 Glattbrugg, 6 km nördlich, Tel. 8 10 44 44, 70 B.
Belair, 8304 Wallisellen, 7 km nordöstlich, Tel. 8 30 03 81, 70 B.
Thalwiler Hof, 8800 Thalwil, 12 km südlich, Tel. 7 20 06 03, 50 B.
Ermitage, 8700 Küsnacht, 7 km südlich, Tel. 9 10 52 22, 45 B.
Motel Sihlbrugg, 8944 Sihlbrugg, 19 km südlich, Tel. 7 29 96 00, 40 B.
Schwan, 8810 Horgen, 17 km südlich, Tel. 7 50 47 19, 40 B.
Du Lac, 8820 Wädenswil, 24 km südlich, Tel. 7 80 00 31, 36 B.
Krone, 8953 Dietikon, 11 km westlich, Tel. 7 40 60 11, 35 B.
Löwen, 8802 Kilchberg, 6 km südlich, Tel. 7 15 43 02, 35 B.
Erlibacherhof, 8703 Erlenbach, 9 km südlich, Tel. 9 10 55 22, 34 B.
Alexander am See, 8800 Thalwil, 12 km südlich, Tel. 7 20 97 01, 32 B.
Freihof, 8703 Erlenbach, 9 km südlich, Tel. 9 10 56 31, 30 B.
Sonne, 8700 Küsnacht, 7 km südlich, Tel. 9 10 02 01, 30 B.
Sonnental, 8600 Dübendorf, 10 km östlich, Tel. 8 21 80 52, 30 B.
Löwen, 8152 Glattbrugg, 6 km nördlich, Tel. 8 10 73 33, 28 B.
Löwen (garni), 8157 Dielsdorf, 14 km nordwestlich, Tel. 8 53 11 32, 26 B.
Belvoir, 8803 Rüschlikon, 11 km südlich, Tel. 7 24 18 08, 25 B.
Löwen, 9844 Sihlbrugg, 19 km südlich, Tel. 7 29 95 55, 22 B.

C a m p i n g p l ä t z e : In Sihlwald, 12 km südlich, Tel. 01/7 20 60 79, geöffnet Mai bis September. — Am Türlersee, 13 km südwestlich, Tel. 01/99 23 28, geöffnet Mai bis September. — In Stäfa, 22 km südöstlich, „Stäfa-Kehlhof", Tel. 01/9 26 98 41, geöffnet April bis September. — In Wetzikon, 20 km südöstlich, Tel. 01/77 53 29, geöffnet April bis Oktober.

ZÜRICHSEE, 406 m, 87,8 qkm, hauptsächlich zum Kt. Zürich gehörend, im Ostteil grenzen Kt. St. Gallen und Kt. Schwyz an. Ein langgestrecktes, in sanftem Bogen von Nordwesten nach Südosten ziehendes Seebecken, das den Mittelpunkt der Nordschweiz bildet. Zu seinen beiden Seiten zieht sich ein anmutiges Moränenhügelgelände entlang, Spuren des großen Linthgletschers der Eiszeit aus dem Glarner Land. Der Hauptsee ist bis 4,5 km breit, 145 m tief und bis Rapperswil 35 km lang; dort beginnt der 10 km lange O b e r s e e . Beide trennt der unter Ausnützung der Endmoräne erbaute S e e d a m m Pfäffikon-Rapperswil, auf dem die Bahnstrecke sowie die Straße 8 verläuft. Der Zürichsee wird in der Hauptsache von der L i n t h gespeist, die aus dem Glarner Land kommt und ihn durch den Walensee und einen Kanal unweit südlich von Schmerikon am Obersee erreicht. Abfluß ist die L i m m a t : sie verläßt den See am Nordende und fließt durch Zürich auf Baden zu und bald danach in die Aare. Rings um den See gibt es zahlreiche Sommerfrischen und Kurorte, alle Uferorte haben Strandbäder. Ein dichter Schiffsverkehr verbindet alle Seegemeinden untereinander. Drei kleine Inseln sind beliebte Ausflugsziele.

A u s s i c h t über das gesamte Seegebiet mit seinen dichtbesiedelten Ufern und über das umliegende Land der Nordschweiz bietet die Uetliberg-Albis-Bergkette (871 m) südwestlich von Zürich, der Etzel (1093 m)

Orts- und Landschaftsbeschreibungen

südlich von Pfäffikon und der Bachtel (1115 m) zwischen Hinwil und Wald nördlich von Rapperswil. Von der Halbinsel Au, einem Ausflugsziel mit Restaurant, überblickt man die gesamte Länge des Sees.

Die Inseln im Zürichsee

AU, Kt. Zürich, 410 m, kleine Halbinsel am Westufer zwischen Horgen und Wädenswil. Bahnstation. Das sehr beliebte Ausflugsziel bietet nach beiden Seiten Sicht auf den See sowie auf die Alpenkette im Hintergrund. Das alte General-Rudolf-Waldmüller-Haus ist Gastwirtschaft. Klopstocks Ode „Der Zürchersee" entstand 1750 anläßlich einer Lustfahrt auf die Au.

LÜTZELAU, Kt. Schwyz, unweit östlich der Ufenau gelegen, ist eine schilfumgebene kleine Sandinsel.

UFENAU, Kt. Schwyz, 406 m, idyllische Kleininsel im Frauenwinkel bei Rapperswil. Schiffsstation, Motorboot von Rapperswil oder den umliegenden Seegemeinden, Fahrzeit etwa 15 Min. Das Kloster Einsiedeln erhielt die Insel 965 als Schenkung von Kaiser Otto I. und ließ sie vom Stift Pfäffikon verwalten. Das von einem Uferweg umzogene Eiland besteht aus Wiesengrund, geschmückt von Bäumen und der sehr alten Kirche St. Peter und Paul, die ein sogenanntes Kässpitzdach trägt und alljährlich zu Peter und Paul (29. Juni) Wallfahrtsziel der Schwyzer ist. Ausflugsgaststätte. Die Ufenau wurde durch die Besuche berühmter Männer weithin bekannt, unter ihnen Ulrich von Hutten, der 1523 hier Asyl fand, doch schon im selben Jahr 35jährig auf der Ufenau starb und dessen Grab 1958 aufgefunden wurde, ferner Klopstock, Goethe, Richard Wagner, Brahms und andere. C. F. Meyer hat in seinem Gedichtzyklus „Huttens letzte Tage" dessen kurzen Aufenthalt auf der Ufenau beschrieben.

ZUG (N/O 3), Hauptstadt des gleichnamigen Kantons, 425 m, 24 000 Einw., Verwaltungszentrum des kleinsten schweizerischen Ganzkantons (238 qkm), am Nordostende des Zuger Sees und am Fuß des Zugerberges gelegen. Die malerische, noch mittelalterlich anmutende Stadt mit ihren spitzen Türmen birgt in ihren Mauern zahlreiche Sehenswürdigkeiten. Entlang dem Seeufer läuft eine breite Promenade mit hübschen Anlagen und Volieren. Das Hinterland der Stadt ist ein prächtiges Wandergebiet.

Auskunft: Verkehrsbüro, Tel. 21 00 78.
Postleitzahl: 6300
Telefon-Vorwählnummer: 0 42
Verkehr: Straße 4 Zürich–Luzern. – Straße 25 Lenzburg–Arth. – Bahnstation.
Bergbahnen: Drahtseilbahn auf den Zugerberg, 935 m (Bergrestaurant).
Geschichtliches: Funde aus der Zeit von 2500 bis 1900 v. Chr. deuten auf eine sehr frühe Besiedelung des Gebietes hin. Um die Zeitenwende ließen sich die Römer hier nieder. Das Stadtrecht erhielt Zug 1242. 1273 fiel es an Österreich. 1315 fand die Schlacht bein nahen Morgarten statt, die zum Sieg der Eidgenossen führte. 1352 trat Zug dem Bund der Eidgenossen bei. 1435 und 1887 versanken einige auf Mergelschichten stehende Häuser der Stadt im See.

Zürichsee – Zug

Sehenswert: **Kirche St. Oswald**, bedeutender Bau der Spätgotik mit Königspforte, Gemälde von Deschwanden und reicher Kirchenschatz. – **Kapuzinerkirche** mit Altarbild von Calvaert. – **Friedhofskapelle** oberhalb der neuen Pfarrkirche mit geschnitzter Holzdecke von 1506. – Spätgotisches **Rathaus** von 1505 mit dem alten Stadthaus, Glasmalereien. – **Zytturm** mit astronomischer Uhr und Mondkugel von 1440. – Türme und Mauerreste der alten Stadtbefestigung. – Schwarzmurer- und Kolinbrunnen. – Alte **Münzstätte** von 1600. – **Hotel Ochsen**, 1480, eine der ältesten Gaststätten der Innerschweiz, Absteigequartier von Kardinal Borromeo, Goethe, Klopstock, Uhland und anderen. – **Burg**, Verwaltungssitz der Kyburger und Habsburger. – **Zurlaubenhof**, Stammsitz der Zurlauben, eines berühmten Zuger Geschlechts. – Museum für Frühgeschichte. – Korn- und Kaufhaus, 15. Jh., Kunst-Wechselausstellungen.

Badegelegenheit: Freibäder.

Sportmöglichkeiten: Angeln, Rudern, Segeln, Reiten, Tennis.

Wintersport: Skilauf am Zugerberg, Eislauf (Kunsteisbahn), Langlauf-Loipen.

Wanderungen: Zur **Hochwacht**, 1039 m, mit weiter Rundsicht auf die Berge der Ostschweiz bis zur Innerschweizer Alpenwelt sowie auf drei Seen. Abstieg nach Unterägeri, 1 Std. – **Gnipen**, 1568 m, Blick auf das Gelände des Goldauer Bergsturzes von 1805. Kammweg in 20 Min. zum Wildspitz, 1580 m, mit Aussicht ins Tal von Schwyz. – **Zugerberg**, 1039 m (mit Drahtseilbahn oder auf Fahrstraße), Ausgangspunkt zahlreicher Wanderwege.

In der Umgebung

BAAR, 3 km nördlich, 444 m, 14 000 Einw., Ausflugsziel in einer fruchtbaren Ebene mit vielen Obstbäumen, überragt von der **Baarburg**. Der Ort entstand aus dem 1045 erwähnten Hof Barra. Sehenswert sind die barock umgebaute Pfarrkirche St. Martin (restauriert) mit Deckengemälden und Hochaltar sowie schwerem Glockenturm, die Friedhofskapelle St. Anna von 1507 mit Flügelaltar und das Rathaus aus dem 17. Jh.

CHAM, 5 km westlich, 418 m, 8000 Einw., Badeort am Nordende des Zuger Sees, beim Ausfluß der Lorze. Schloß und Kirche St. Andreas sind eine der ältesten Kultstätten der Zentralschweiz; in der Krypta der Kapelle Fresken der Karolingerzeit. Ludwig der Deutsche schenkte 858 die „Villa Chamo curtis regia" seiner Tochter Hildegard, der Äbtissin am Frauenmünster zu Zürich, 1477 fiel der Besitz an Zug. Die große sehenswerte Barockkirche mit dem spitzhelmigen Turm ist das Wahrzeichen der Gegend. Am See sind Spuren von Pfahlbauten erhalten. In der Nähe liegen die Ruine der Burg Hünenberg sowie die spätgotische Wallfahrtskirche St. Wolfgang.

MENZINGEN, 8 km östlich, 807 m, 3400 Einw., Luftkurort mit gotischer Kirche und Gasthof aus dem 16. Jh., in abwechslungsreicher Moränen-

Orts- und Landschaftsbeschreibungen

landschaft mit Mooren, Seen und hübschen Siedlungen. 3 km nordwestlich die sehenswerten **Höllgrotten**, 2 km westlich **Schönbrunn** mit spätgotischer Kapelle und Ruine Wildenburg.

ROTKREUZ, 12 km südwestlich, 429 m, 2500 Einw., Kurort und mit den Weilern **Risch** und **Buonas** auch Badeort, am Westufer des Zuger Sees. Die Uferzone hat ihre stille Schönheit bewahrt und eignet sich vorzüglich zur Erholung. In Buonas alte Burg, Stammsitz der Ritter von Hertenstein, mit besonders schönem Park; in Risch hübsche Barockkirche mit altem Turm und sehenswertem Burgunderkelch.

WALCHWIL, 8,5 km südlich, 449 m, 1500 Einw., Sommerkurort am Ostufer des Zuger Sees. Bahnstation und Schiffsanlegestelle. In dem milden Klima gedeihen Edelkastanien, Feigen und Wein.

Spezialitäten: Rötel (Forelle), Kirsch, Kirschtorte.

Unterkunft in Zug:

Hotels:
Rosenberg, Tel. 21 43 43, 62 B.
City-Hotel Ochsen, Tel. 21 32 32, 60 B.
Guggithal, Tel. 21 28 21, 52 B.

Löwen au Lac, Tel. 21 77 22, 35 B.
Rössli, Tel. 21 03 94, 30 B.
Central, Tel. 21 09 75, 25 B.
Zugertor, Tel. 21 15 28, 21 B.
Pilatus, Tel. 21 04 60, 15 B.

Jugendherberge: Tel. 21 53 54, 60 B.

Campingplatz: „Innere Lozenallmend", Tel. 21 84 42, geöffnet April bis Oktober.

In der Umgebung:
Hotels:
Zuger See, 6318 Walchwil, 8,5 km südlich, Tel. 77 12 10, 60 B.
Aesch, 6318 Walchwil, Tel. 77 11 26, 50 B.
Gulm, 6315 Oberägeri, Tel. 72 12 48, 40 B.
Adler, 6317 Oberwil am See, 2 km südlich, Tel. 21 16 94, 33 B.
Seefeld, 6314 Unterägeri, Tel. 72 27 27, 32 B.
Bauernhof, 6343 Rotkreuz, 12 km südwestlich, Tel. 63 13 01, 30 B.
Lindenhof, 6340 Baar, 3 km nördlich, Tel. 31 12 20, 25 B.

Raben, 6330 Cham, 5 km westlich, Tel. 36 13 12, 16 B.
Kreuz, 6343 Rotkreuz, Tel. 64 12 57, 15 B.
Linderhof, 6314 Unterägeri, Tel. 72 11 88, 15 B.
Raten, 6315 Oberägeri, Tel. 72 22 50, 15 B.
Waldheim, 6343 Risch, 12,5 km südwestlich, Tel. 64 11 55, 15 B.
Sternen, 6318 Walchwil, 8,5 km südlich. Tel. 77 12 01, 12 B.
Seehotel Lothenbach (garni), 6318 Walchwil, 8,5 km südlich, Tel. 77 12 82, 10 B.

ZUGER SEE, 413 m, Seefläche 38 qkm, Tiefe bis zu 198 m, 16 km Länge, 4½ km größte Breite, beliebter Badesee mit großem Fischreichtum. Spezialität ist der Zuger Rötel, eine delikate Forellenart. In dem milden Klima gedeihen Edelkastanien und Feigen.

ZURZACH (N 1), Kt. Aargau, 339 m, 3300 Einw., Thermalbad und mittelalterlicher Markt am Hochrhein unweit der Aaremündung. Eine Rheinbrücke führt nach Rheinheim am deutschen Ufer.

Zug – Zurzach

In der Umgebung zahlreiche Reste des römischen „Castrum Tenedo" an der wichtigen Römerstraße in den Klettgau und ins Wutachtal, ferner auch Alemannengräber. – Rheumaklinik.
Auskunft: Verkehrsbüro, Tel. 49 24 00; Thermalbad, Tel. 49 25 21.
Postleitzahl: 8437
Telefon-Vorwählnummer: 056
Verkehr: Straße 7 Säckingen–Winterthur. – Bahnstation. – Busverbindung mit Brugg und Waldshut.
Sehenswert: Römische Ruinen mit **Brückenkastell** auf dem Kirchlibuck. – **Stiftskirche**, 14. Jh., im Innern barock, mit gotischer Krypta und Grab der hl. Verena. – Alte Kapelle mit barockem Altar.
Badegelegenheit: Thermalhallenbad, Thermalfreibad (35°C).
Sportmöglichkeiten: Angeln, Tennis, Minigolf, Vita-Parcours.
Spaziergänge (Wandertafel am Bahnhof): **Acheberg**, 534 m, 1 Std. westlich. – **Probstberg**, 496 m, 1¼ Std. südwestlich. – Am Waldrand entlang nach **Rekingen** mit Wachtürmen und römischen Mauerresten in den Schloßäckern und bei der Oberen Mühle, ³/₄ Std. südöstlich, weiter im Tal des Chrüzlibachs nach **Baldingen**, 30 Min. südlich oder nach **Böbikon**, 30 Min. südöstlich, mit Burgruine. – Rheinuferweg nach **Kaiserstuhl**, 2¾ Std. östlich, oder nach **Koblenz**, 2 Std. westlich. – Mit Rheinfähre nach **Kadelburg** (Deutschland), 45 Min. nördlich. – Über den Schluchen (487 m), südlich zum Aussichtsturm Ämmeribuck, 514 m, weiter nach **Tegerfelden** (Weinbauerndorf mit Burgruine), 1 Std. südlich. – Über die Rheinbrücke nach **Rheinheim** (Deutschland), 20 Min. nördlich, weiter zur **Küssaburg**, 629 m, Burgruine und Aussichtspunkt, 2½ Std. nordöstlich (s. GRIEBEN-Band 238 „Schwarzwald Süd").

In der Umgebung

KAISERSTUHL 12 km östlich, 359 m, 450 Einw., mittelalterliches Rheinstädtchen von dreieckiger Bauanlage mit Bergfried, 13. Jh., gotischer Kirche und Kapelle. Bahnstation Kaiserstuhl-Weiach.

KLINGNAU, 5 km südwestlich, 332 m, 2600 Einw., Ferienort an der unteren Aare mit Stauwehr und Niederdruckkraftwerk. Bahnstation. Hübscher Platz mit Kirche des 15. Jh. im Mittelpunkt, ringsum altertümliche, giebelgeschmückte Häuserzeilen.

Unterkunft in Zurzach:

Hotels:
Turmhotel/Turmpavillon, Tel. 49 24 40, 130 B.
Zurzacherhof, Tel. 49 01 21, 90 B.
Ochsen, Tel. 49 23 30, 35 B.
Schwert, Tel. 49 11 80, 14 B.
Glocke, Tel. 49 14 50, 12 B.

Fremdenheime:
Regina, Tel. 49 12 86, 20 B.
Eden (garni), Tel. 49 22 50, 16 B.
Waldrand (garni), Tel. 49 19 30, 15 B.
Trinkler, Tel. 49 12 76, 8 B.
Ferienwohnungen. Privatzimmer.

Campingplatz: „Barz", Tel. 26 17 88, geöffnet 1. 4.–31. 10. – „Oberfeld", Tel. 49 25 75.

In 5313 Klingnau, 5 km südwestlich:
Hotels:
Elephanten, Tel. 5 74 26, 15 B.

Orts- und Sachverzeichnis

Fett gedruckte Seitenzahlen weisen auf ausführlichere Angaben hin.

Alpenpässe 8
Alpenpaßstraßen 52
Anfahrtstrecken 46
Automobilclubs 28
Bahnverkehr 41
Busverkehr 42
Diplomatische
 Vertretungen 28
Einkaufstips 33
Eurocheque 33

Feiertage 32
Flugverkehr 42
Heilbäder 30
Informationsbüros 28
Kantone 9–12, 22
Küche 35–38
Luftkurorte 30
Öffnungszeiten 32
Pässerundfahrten 56
Portokosten 32

Postsparbuch 33
Radiosendung 34
Schiffsverkehr 43
Spezialitäten 36
Straßenverkehr 39
Streckenbeschreibungen
 46–52
Telefon 33
Tourenvorschläge 54–56
Trinkgeld 33

Aarau 66
Aarburg **67**, 145
Aare 66, **67**, 94, 144, 150, 178, 193
Aatal 126
Aathal 166
Acheberg 193
Acquacalda **68**, 167
Acquarossa 68
Adliswil 186
Adulagruppe **69**, 167
Ägerisee 70
Aesch 85
Aeugsterberg 69
Affoltern am Albis 69
Agno **122**, 169
Agra 122
Airolo **70**, 108, 163, 168
Albert-Heim-Hütte 75
Albinasca 71
Albishorn 69
Albispass 69, 186
Allweg, Kapelle 162
Alpe di Sorescia 108
Alpe Foppa 122, 123
Alpe Piumogna 105
Alpe Predelp 105
Alpenrhein 150
Alp Gschwänd 109
Alpnach Dorf 71

Alpnacher See **71**, 162, 169
Alpnachstad **71**, 147
Altanca 71
Altdorf **72**, 74
Altenburg 94
Altendorf 146
Alt-Wartburg, Ruine 67, 144
Alt-Wülflingen, Ruine 177
Ambri 105
Amsteg **160**, 174
Andelfingen 74
Andermatt 74
Anglikon 178
Aranno 99
Arbedo 87
Arlesheim 84
Arni 160
Arnialp 103
Arnitobel 103
Arogno 92
Arosio 99
Arth-Goldau 76
Ascona **77**, 112, 118, 137, 168
Astano 99
Attinghausen 73, 74
Au, Halbinsel 190

Axenstrasse 96

Baar 191
Baarburg 191
Bachenbülach 97
Bachtel 172
Baden **78**, 117
Bad Schinznach 95
Badus 75
Bäch b. Pfäffikon 147
Bächau, Halbinsel 146
Baldegg 79, 109
Baldegger See **80**, 88, 109, 159
Baldingen 193
Balerna 100
Ballwil 109
Bannalpsee 80, 162
Basel **80**, 150
Basel-Augst 84
Basodino-Gruppe 85
Bauen 73
Bauma 172
Beckenried 98
Bedretto 167
Beinwil am See 85
Belchenflue 173
Bellinzona **86**, 164
Bergsturzgebiet
 b. Goldau 76

Beroldingen, Schloß 158
Beromünster **88,** 163
Biasca 71, **89,** 164, 168
Biberstein 67
Bienenberg 117
Bignasco **90,** 120, 137, 168
Binningen 82
Bioggio 122
Bironico 122, 169
Birs **91,** 150
Birsfelden 91
Birsig **91,** 150
Bisis 142
Bissone **91,** 112, 125
Blauen 137
Blauseeli 139
Bodenberg b. Weggis 174
Bodensee 150
Böbikon 193
Bölchenfluh 145
Boniswil 86
Born 67, 145
Boschetto Sasso Rosso 71
Bosco-Gurin 90
Bottmingen 82
Brandchnubel 155
Breganzona 123
Bremgarten **93,** 178
Brenno 167
Brienzer Rothorn 138, 155, 156
Brione b. Locarno 117, 120
Brione Verzasca **161,** 169
Brissago **93,** 112
Bristen-Maderanertal 160
Brittnau 179
Bruderholz 82
Brünigpass 126
Brugg **94,** 150
Brugger Berg 95
Brugnasco 71
Brunnen **95,** 106, 157
Brunni 102
Brunnital 73
Bubendorf 117

Bubikon 149
Bülach 97
Bünz 178
Bürgenstock 98, 133, **162**
Bürglen 73
Buonas 192
Burg b. Mariastein 138
Burg b. Meilen 138
Burghorn 79
Buochs 98
Buochser Horn 98, 162, 164
Busskirch 149

Cademario 98
Cadempino 123
Cadro 123
Calonico 105
Camedo 100
Campione d'Italia 92, **100,** 111, 140
Campo Blenio **144,** 167
Campo Tencia 85
Campo Tencia, Berghütte 105
Cantine di Caprino 122
Capolago 141
Carasso 87
Cardada 120
Caretta 167
Cari 105
Carona 122, 140
Carvadirashütte 160
Casaccia 68
Cascata di Piumogna 105
Caslano 112, **148**
Cassarate 120, **124,** 168
Castagnola 112, 120, **121,** 124
Castello San Pietro 141
Castione **87,** 88, 164
Centovalli 77, **100**
Ceresio 121
Cevio 90
Cham 191
Chesterberg 116
Chiasso 100
Chiggiogna 105
Chilchberg 179
Chilchenwald 174
Chironico 89
Chlusboden 155

Chrüzliberg 79
Chüsenrainwald 159
Coglio 120
Collina d'Oro 100, 122, 123
Comano 123
Comprovasco 68
Contra 119
Cornone-Dalpe 105
Corona di Redorta 169
Corzonesco 68

Dättenberg 97
Dammastock 166
Dangio 144
Daro 87
Diegertal 145
Dietikon 186
Dietschiberg 133
Dino 123
Dornach 84
Dorneck 84
Dreiländerecke 80
Dübendorf 186
Dundelbach-Wasserfall 126

Egg 102
Eggberge 73
Eglisau 97
Eich 163
Eichberg 116
Eienwäldli 103
Eigental 134
Einsiedeln 101
Elgg 177
Emmetten **98,** 158
Engelberg 102
Engelberg b. Olten 67, 145
Engelberger Aa **104,** 170
Engelberger Tal 162
Ennetbürgen 98
Ennetmoos 162
Entlebuch **104,** 155, 178
Entlental 104
Eptingen 145
Ergolz 116, 117, 150
Erlenbach 186
Erdmandlistein 178
Erstfeld 104
Erstfelder Tal **104,** 164

Orts- und Sachverzeichnis

Eschenbach 109
Etzel 102, 146
Etzlihütte 160
Eulach 175

Fahr, Kloster 186
Faido 105
Feraltorf 146, 166
Feldmeilen 138
Fellital 164
Felsenegg 185, 186
Feusisberg **146,** 147
Finishütte 155
Fleckistock 164
Flüelen **73,** 74
Flüeli-Ranft 139, 154
Flüematt 103
Flüh 91
Flühli 138, **155**
Fontana 71, **167**
Frackmüntegg 109, 134, **147**
Frasco 161
Freienbach (Pfäffikon) 146
Freienstein 97, 177
Frenke, Vordere und Hintere 173
Frick 114
Friherrenberg 102
Froburg, Kurhaus 144
Fronalpstock 157
Fürigen 162
Furkahorn, Großes und Kleines 75
Furkareuss 150, 166
Fusio **91,** 137, 168

Galbisio 87
Galenstock 75, 166
Gambarogno **106,** 136
Gandria 112, 123, 125
Gebenstorfer Horn 79, 95
Gelfingen 109
Gelterkinden 117
Gemsstock 75
Gentilino 122
Gerra 136
Gersau **106,** 172
Gersauer Becken 159, 170
Gerschnialp 103

Gerstelflue 173
Giornico 89
Gisliflue 67
Giswil 154
Giubiasco **87,** 88
Glatt 97, **107,** 150
Glattfelden 107
Glaubenberg 154
Gletschhorn 75
Gmeinwerch 155
Gnipen 191
Göschenen **107,** 174
Göscheneralp 107
Göscheneralp-Stausee 107
Göschener Reuss 150
Göschener Tal 107, 164
Goetheanum 84
Gola di Stalvedro 71
Goldau 152
Golzern 160
Gordola 119
Gorduno 87
Gormund, Wallfahrts- kapelle 159
Gotterli 96
Gotthardgruppe 107
Gotthardpass 71, **108**
Gotthardreuss 150
Greifensee 107, **108,** 166
Greppen 174
Grosser Mythen 157
Grossruchen 164
Gross-Windgällen 164
Grünenwald 103, 104
Grynau, Schloß 155
Gschwend 106
Gütsch b. Andermatt 75
Gütsch b. Luzern 133
Gurschenstock 75
Gurtnellen Dorf 160
Gyrenbad 177

Habsburg, Schloß 95
Hallwil, Wasserschloß 86, **108,** 116
Hallwiler See 86, **108,** 143, 159, 178
Haselbuck 79
Hauenstein 144
Heidenloch 67
Hegi, Wasserschloß 177

Heiligkreuz 155
Hergiswald 134
Hergiswil 108
Herlisberg 88
Herrenrütli 103
Herrliberg 138
Hertenstein 79, 174
Heuberg 114
Hilfikon, Schloß 178
Hintere Frenke 173
Hinter-Horbis 103
Hinterrhein 69, 150
Hinterwil 179
Hochdorf 109
Hochrhein 97, 150, 151, 192
Hochstucki 76
Hochwacht b. Baden 79
Hochwacht b. Lenzburg 116
Hochwacht b. Zug 191
Höfnerland **109,** 146
Höllgrotten b. Menzingen 192
Höllochgrotten b. Stalden 157
Hohenrain 109
Hohle Gasse 110
Hoh-Wülflingen 177
Holzegg-Pass 157
Homberg 85, 116
Homburgtal 145
Horben, Schloß 109, 143
Horgen 186
Hospental 71, **75,** 76
Hüfihütte 160
Hungerberg 67
Hurden 147
Hurden, Halbinsel 149

Ibach 156
Ibergeregg 157
Immensee 76, **109**
Indemini 136
Ingenbohl **95,** 96
Innerthal 172
Intragna **77,** 78, 119
Ionatal b. Wald 172
Isental 110
Isenthal 73, 110
Islisberg 69
Isole Borromee 112

Orts- und Sachverzeichnis 197

Isole di Brissago 77, 78, 93, 112

Jonen, Wallfahrtskapelle 69
Jonental b. Affoltern 69

Kadelburg 193
Känzeli, Oberes und Unteres 96, 158
Kaiseraugst 84
Kaiserstuhl b. Zurzach 193
Kaisten 114
Kappel am Albis 69
Kerns 72, **139**, 154
Kilchberg 186
Kirchbühl-Eich 159
Klausenpass 154
Klein-Andelfingen 74
Kleine Emme 104, 138, 155, 178
Klein-Windgällen 164
Klewenalp 98
Klewenstock 164
Klimsen (Pilatus) 147
Klingnau 193
Kloten 186
Koblenz 193
Königsfelden 94
Kriens 134
Krübel 153
Küsnacht Kt. Zürich 186
Küssaburg, Ruine 193
Küssnacht am Rigi 110
Küssnachter Becken 134, 174
Küssnachter See 169
Kyburg, Schloß 177

Lachen 147
Läufelfingen 145
Laghetto di Muzzano 123
Laghetto d'Orbello 87
Laghi della Crosa 90
Lago della Sella 108
Lago di Lucendro 108, **111**
Lago di Lugano 91, 92, 100, 101, **111**, 120, 123, 137, 140, 141, 142, 148

Lago Maggiore 77, 78, 93, 106, **112**, 135, 136, 164, 168, 169
Lago Maggiore, Schiffsfahrten 60
Lago Ritòm 71, 105, **112**
Lago Sambuco 91, 137, 168
Lago Tremorgio 105
Lago di Vogorno 169
Landskron, Ruine 137
Langenberg b. Zürich 186
Langenbruck 173
Lauerz 112
Lauerzer See 76, **112**, 152, 157
Laufenburg 114
Lavertezzo 169
Lavorgo **89**, 90
Leidikon 114
Leitschach-Hütte 160
Lenzburg 67, **114**, 159
Leontioa 68
Liestal 116
Limmat 78, **117**, 179, 186, 189
Lindenberg 143
Linth(ebene) 147, 155, 189
Locarno 112, **117**, 137, 168
Losone 118
Lottigna 91
Lützelau 174, **190**
Luft, Aussichtspunkt 138
Luganese 121, 168
Lugano 112, **120**, 168, 169
Luino 112
Lukmanierpass 167
Lungern 126
Luzern 106, **126–135**, 150, 159
Luzerner Hinterland 175
Luzerner Rottal 178
Luzerner See 169

Maderanertal 160, 164
Madonna del Monte 90
Madonna del Sasso 117
Madra-Dandrio 168
Madrano 71

Männedorf 139
Magadino 120, **135**
Magden 151
Maggia (s. auch Valle Maggia) 119
Magliaso 148
Maienschanze 174
Mairengo 105
Maisprach 151
Malcantone 99, **137**
Malvaglia **89**, 167
Maria Sonnenberg, Kapelle 158
Mariastein 91, **137**
Mariental **138**, 156
Maroggia 92
Marzano 143
Mauensee 163
Maur 166
Medel 150
Meggen 111, 134
Meienreuss 150
Meiental **138**, 164, 173, 174
Meilen 138
Meinradsberg 102
Melano 92
Melchaa 139
Melchsee-Frutt **139**, 140
Melchtal **139**, 154
Melezza 100, 137
Melide 112, **140**
Mendrisio **141**, 142
Mendrisiotto 91, 100, 121, 141, **142**
Menziken 86
Menzingen 191
Menzonio 90
Mergoscia 119
Meride 142
Merlischachen 111
Mesocco 87
Mettmenstetten 69
Metzerlen 137
Mezzovico-Vira 123
Michaelskreuz 111
Miglieglia **99**, 122
Minster 157
Minusio 117, **118**
Mittagsstock 166
Möhlin 151
Mörsburg, Schloß 177

Orts- und Sachverzeichnis

Molinazzo 87
Montaccio 99
Montagnola 123
Monte Boglia 122
Monte Brè b. Lugano 122, 123, 125
Monte Brè b. Locarno 119, 120
Monte Carasso 87
Monte Caslano 148
Monte Ceneri 122
Monte Generoso 92, 122, **141**, 142
Monte Lema 99, 122, 137
Monte Mottarone 112
Monte San Giorgio 140, 141
Monte San Salvatore 122, 140
Monte Tamaro 122
Monti b. Locarno 117
Monti della Trinità 118
Morcote 112, 140, 141
Morgarten 70, 76
Morgartenberg 76
Morschach **96**, 97
Mostel 157
Motto Bartola 71
Motto della Croce 87
Mumpf 152
Muota(tal) 91, **142**, 170
Muotathal 91, **157**
Muralto 117, **118**
Muri 143
Mutschellen 93
Muttenhorn, Großes 75
Muttenz 82
Muzzano 123

Nänikon 166
Nante 71
Napfgebiet 175
Neudorf 179
Niederbauen 164
Niederrickenbach 162
Nieder-Surenenalp 103
Niederweningen 97
Nottwil 163
Novaggio 99
Nufenenpass 167
Nussbäumli, Waldhaus 73
Nussbaumer See 74

Oberägeri 70
Oberalbis 185
Oberalppass 75, 143
Oberalpsee 75, 143
Ober-Erlinsbach 67
Ober-Hauenstein, Pass 173
Oberiberg 157
Obermeilen 138
Ober-Nas 172
Oberrainach, Burg 88
Oberrickenbach 162
Obersee (Zürichsee) 189
Olivone **143**, 167
Olten 67, **144**
Orselina 117, **118**, 120
Osco 71, 105
Osola(tal) 161
Ospizio all'Acqua 167
Ossasco 167

Palagnedra 100
Pambio-Noranco 123
Paradies 69
Paradiso 112, 120, 125
Passo di Naret 137, 168
Paudo 87
Peccia **90**, 168
Pedemonte 78
Pedevilla 87
Pfäffiker See **145**, 146, 166
Pfäffikon-Freienbach Kt. Schwyz 146
Pfäffikon Kt. Zürich 145
Pfaffensprung-Kehrtunnel 174
Pfannenstiel 138, 166
Pianezzo 87
Piano di Magadino 87, 164
Piano di Peccia 91
Piazzogna 136
Pieve Capriasca 123
Pilatus 72, 108, 133, 134, **147**, 170
Pilatus-Kulm 134, **147**
Piora 105
Piotta **105**, 108
Piz Rotondo 107, 167
Ponte Brolla 100, 118, 137, 168
Ponte Capriasca 123

Ponteletto 90
Ponte Tresa 111, 112, **148**
Porlezza 111
Porto Ceresio 111
Porto Ronco 78
Postunenkänzeli 174
Pragelpass 157
Pratteln 84
Pregassona 123
Probstberg 193
Prugiasco 68, 167
Pura 148

Quinto 105

Ränggbachtal 134
Ramoos 179
Rapperswil 146, **148**, 149
Rasa 100
Raveccia 87
Realp 75
Reiden 179
Reigoldswil 173
Reinach 86
Rekingen 193
Reuss 93, 104, 126, 138, 14? **150**, 160, 170, 174
Rhein 150
Rheinau 74
Rheinfelden **151**, 152
Rheinfelden/Baden 151
Rheinheim 193
Rheinwaldhorn 167
Riburg 151
Richterswil 186
Rickenbach 156, 158
Rienzenstock 164
Rigi 112, 133, **152**, 170, 17?
Rigiblick b. Weggis 174
Rigidächli 76
Rigi-Kaltbad **152**, 153, 172
Rigi-Klösterli 76, **152**
Rigi-Kulm 106, **152**
Rigi-Scheidegg 106, **153**, 172
Risch 192
Rivapiana 118
Riva San Vitale 142

Orts- und Sachverzeichnis 199

Rivera 123
Riviera (Ticino) 164
Riviera del Gambarogno 136
Robiei 90
Rodersdorf 91
Rodi-Fiesso 105
Römische Warte 151
Roggenhausen, Wildpark 67
Ronco b. Airolo 167
Ronco sopra Ascona **78**, 112
Rossura 105
Rotberg, Burg 137
Rotenfluh 157
Rotkreuz 192
Rotsee 133
Rotzloch 72
Rovanschlucht 90
Rovio 92
Rüschlikon 186
Rüssspitz (NSG) 69
Rüti 149
Rütialp 139
Rütli 96, **158**
Ruosalper Kulm 91
Ruswil 178

Sachseln 154
Sallo 144
Sandbalmhöhle 107
San Carlo 90
St. Chrischona 82
St. Niklausen 139
San Nazarro 136
San Panerizzio 78
San Remigio 68, 167
Sant' Abbondio 136
Sant' Apollinare 78
Sarnen 153
Sarner Aa 170
Sarner See 72, **153**, 154
Sattel 76
Sattelwald 126
Schachen, Insel 67
Schächental 72, 150, **154**, 164
Schaffhausen 150
Schartenfels 79
Schattig Wichel 164
Scheidegg b. Wald 172

Schillerstein 96, 159
Schiltenberg 155
Schindellegi 146
Schinznach Dorf 95
Schleifenberg 117
Schmerikon 155
Schöllenenschlucht 75, 107, **150**
Schönbrunn 192
Schönthal, Kloster 173
Schüpferegg 155
Schüpfheim 138, **155**
Schwanau, Insel 112
Schwand 103
Schwarzenbach 88
Schwarzenberg 134
Schwendi 103
Schwendi Kaltbad 154
Schwibbogen am See 158
Schwyz 102, **156**
Scona 143
Seebodenalp 111
Seedamm (Zürichsee) 189
Seedorf 73
Seelisberg 96, **158**
Seelisberger Seeli 158
Seetal 159
Seewen 156, 157
Seminone 89
Sempach **159**, 160, 163
Sempacher See 159, 163
Sentibérg 174
Serpiano 140, 141
Sesto Calende 164
Siebnen 147
Sichteren 117
Sihl 179, 186
Sihlsee 101, **102**
Sihlwald 186
Silenen 160
Sisikon **73**, 74
Sissach 117
Sisseln b. Laufenburg 114
Sisseln, Fluß 150
Sobrio 71
Sörenberg 138, 155, **156**
Sommascona 143
Sonnenberg 133, 134
Sonogno **161**, 169

Sonvico 124
Sotto-Ceneri 121, 169
Spitzigrat 75
Stabio 142
Stäfa 139
Stalden b. Sarnen 153, **154**
Stans 161
Stanserhorn 162, 164
Stansstad **162**, 169
Stein am Rhein 150
Stein, Ruine 79
Steinenbühlweiher 159
Steiner Aa 76
Steinerberg 76
Stöckalp 139
Stoos 157
Stresa 112
Stucklistock 164
Sunnenberg 151
Sunniggrathütte 160
Surbtal 97
Surenenpass 104
Sursee 163
Surseer Wald 163
Sustenhorn 164
Sustenpass 138, 174

Tätschbachfall 103
Tegerfelden 193
Tellskapelle **73**, 110
Tenero 119
Tenero-Contra 120
Tesserete **124**, 168
Thalwil 186
Thierstein, Ruine 114
Thur 74, 150
Ticino/Tessin 163
Ticino, Fluß 112, 168
Tiefenstock 75
Titlis 102, **103**, 164
Töltsch 155
Töss 150, 172, 175, 177
Tössegg 97
Tomasee 150
Tomlishorn (Pilatus) 147
Torre dei Pagani 71
Tosa/Tóce 112
Treib 96, **159**
Tresa 112, 148
Tribschen, Halbinsel 133
Trübsee 103

Tschütschi, Einsiedelei 157
Türlersee 69
Turbenthal 177

Uetliberg 69, 185
Ufenau, Insel 146, **149**, 190
Unterägeri 70
Unterberg b. Schüpfheim 155
Unterschächen 73
Unterwalden, Kanton 164
Unterwaldner Alpen 164
Urmiberg 96
Urner Alpen 80, 150, **164**
Urner Becken 158
Urner Loch 75
Urner See 72, 96, 110, 159, 170
Urserntal 74, 75, **166**
Uster 166

Val d'Agno 123
Val Bavona 90
Val Bedretto 70, 108, 163, **167**
Val Blenio 68, 89, 143, 144, **167**
Valle di Bosco 90
Val Calneggio 90
Valle di Campo 90
Valle Cassarate 123, 124
Val Colla 124, **168**
Valle d'Efra 161
Val d'Isone 169
Val Lavizzara 91, 137, 168
Valle Leventina 70, 89, 105, 164, **168**, 169
Val Madra 167
Valle Maggia 77, 90, 91, 112, **137, 168**
Val Mara 92
Valle Mesolcina 87
Val Peccia 90
Val Piora 71, 112
Valle di Sambuco 168
Val Soja 144
Val Tremola 169
Val Vedasca 136
Val Vedeggio 122, 123, 137, **169**
Val Verzasca 119, 161, 169
Vedeggio 112
Verbania 112
Verdasio 100
Verscio 78
Vezia 125
Vico-Morcote 122
Vierwaldstätter See 95, 98, 104, 106, 108, 110, 126, 133, 142, 150, 152, 158, 161, 162, **169**, 170, 174
Vierwaldstätter See, Schiffsfahrten 57–58
Villa 167
Vira 136
Vira-Gambarogno 120
Vitznau 106, 152, 170
Vitznauer Stock 172
Vordere Frenke 173
Vorderrhein 150

Wädenswil 186
Wägitaler See 172
Walchwil 76, **192**
Wald 172
Waldemme 138, 155
Waldenburg 173
Waltenschwil 178
Wart, Ruine 177
Wassen 138, **173**
Wasserfallen 173
Wasserflue 67
Weggis 153, 169, **174**
Wettingen **79**, 80
Wetzikon 146
Widderfeld (Pilatus) 147
Wiesenberg **162**, 163
Wigger 178
Wilen b. Sarnen 153, **154**
Wildegg, Schloß 67, **95**, 116
Wildenstein, Burg 95
Wildspitzhorn 112
Willerzell 102
Willisau 175
Windegg (Pilatus) 147
Windgällenhütte 160
Windisch 94
Wissifluh 172
Winterstock 75, 166
Winterthur 175
Wohlen 178
Wolfenschiessen **162**, 163
Wolfsprung 96
Wolhusen 178
Wülflingen, Landsitz 177
Würenlos 79
Wurmsbach 149

Zofingen 178
Zürcher Oberland 145, 14⟨9⟩, 149, 166, **179**, 186
Zürcher Obersee 147
Zürich 179–189
Zürichsee 138, 139, 148, 1⟨52⟩, 155, 179, 186, **189**
Zug 190
Zugerberg 191
Zuger See 76, 110, 152, 1⟨90⟩, 191, **192**
Zurzach 192

E 53 179 / I 10